HEYNE <

JOSI WISMAR

Words I KEEP

Roman

WILHELM HEYNE VERLAG
MÜNCHEN

Sollte diese Publikation Links auf Webseiten Dritter enthalten,
so übernehmen wir für deren Inhalte keine Haftung,
da wir uns diese nicht zu eigen machen, sondern lediglich
auf deren Stand zum Zeitpunkt der Erstveröffentlichung verweisen.

MIX
Papier aus verantwortungsvollen Quellen
FSC® C083411
FSC www.fsc.org

Penguin Random House Verlagsgruppe FSC® N001967

by Wilhelm Heyne Verlag, München,
in der Penguin Random House Verlagsgruppe GmbH,
Neumarkter Str. 28, 81673 München
Redaktion: Nina Basovic Brown
Printed in Germany
Umschlaggestaltung: ZERO Werbeagentur, München,
unter Verwendung von FinePic®, München
Satz: Satzwerk Huber, Germering
Druck und Bindung: CPI books GmbH, Leck
ISBN: 978-3-453-42520-0

www.heyne.de

Für meine Schwestern:
Für Juli, weil du meine Welt bist.
Für Jessi, weil du mich siehst,
wie niemand sonst es kann.
Für Jacqueline, weil du so viel mehr bist
als die große Große.

Und für Mama,
auf welchem Berg auch immer du gerade stehst.
Danke für all die großen und die kleinen Dinge.
Aber vor allem die kleinen.

Kapitel 1

Meine Decke lag auf mir wie eine Wolke aus Daunen. Ich drückte ein drittes Mal auf die Schlummertaste des Weckers und zog die Bettdecke über meine nackte Schulter. Aus der Küche drang das Klappern von Geschirr in mein Zimmer. Typisch Cassidy. Sicher stand sie schon frisch geduscht und energiegeladen in der Küche und spülte ihr Frühstücksgeschirr ab. Nur wenige Momente später hörte ich ihre Schritte auf dem Flur und meine Zimmertür, die sich knarzend öffnete.

»Morgen, Emely. Lieblingstee?« Cassidy setzte sich auf die Bettkante und stellte eine dampfende Tasse, die den intensiven Duft von Waldbeeren verströmte, auf den Nachttisch. »Du kannst heute das Auto haben. Andrew holt mich ab und bringt mich auch nach der Schicht wieder heim.«

Verschlafen blickte ich in die moosgrünen Augen meiner großen Schwester, die mit einem perfekt geschwungenen Lidstrich betont waren. Ich rutschte näher an sie heran und setzte mich auf. Sie hatte sicher ihren Tag schon komplett durchgeplant und die ersten Haken auf ihrer To-do-Liste gesetzt. Sogar heute, an einem Tag, der nicht wie alle anderen Tage war.

»Gut geschlafen?«, schob sie nach und checkte mit einem Seitenblick die Uhrzeit auf meinem Wecker.

Ich setzte mich auf, griff nach der Tasse und legte behutsam meine Finger um das warme Porzellan.

»Ja«, sagte ich knapp und lächelte, obwohl alles in mir *NEIN* schrie.

»Womit habe ich das verdient?«, fragte ich und pustete in die dampfende Teetasse.

»Weil nach einer Tasse Tee die Welt schon wieder ganz anders aussieht.« Cas musterte mich, ihre Augen hatten binnen Sekunden das Strahlen verloren.

»Ganz besonders heute«, fügte sie hinzu, und ich sah ihr an, wie die Trauer sich ihren Weg bahnte.

Dads erster Todestag fiel auf einen ganz normalen Wochentag, was nichts von alldem erträglicher machte. Hastig nahm ich einen Schluck Tee und rang mir ein Lächeln ab.

»Danke«, flüsterte ich, den Blick auf die Tasse gerichtet. Ich fand keine Worte, aber das musste ich auch nicht. Ich schaute Cas in die Augen und für diesen Moment war alles gesagt. Mir wurde wieder bewusst, wie froh ich war, sie zu haben.

»Cas«, begann ich leise und sah sie unsicher an. »Ich schaff das nicht ... mit dem College heute.«

»Du weißt, dass das nicht geht«, entgegnete Cas mir mit einem leichten Kopfschütteln.

Ich will nicht ins College. Ich will den Tag hier verbringen. Oder irgendwo anders, Hauptsache mit dir, wollte ich ihr antworten, stattdessen nahm ich nur einen weiteren Schluck Tee und schwieg.

Cas wandte sich kurz von mir ab, wie immer, wenn ihre Gefühle sie überrollten. Gefühle zu zeigen war nicht ihr Ding. Leider.

»Em, ich weiß, wie schwer das ist«, begann sie und zupfte am Saum ihres Pullovers herum, vermied es aber, mich direkt anzusehen. »Dad fehlt mir auch, und ich denke jeden Tag an ihn, aber wir haben das letzte Jahr geschafft, wir werden die nächsten auch noch schaffen, nicht wahr?« Sie strich sich eine Strähne ihrer dunkelblonden Haare hinters Ohr und atmete tief durch, bevor sie mir wieder in die Augen sah.

Du sprichst von Jahren, und ich zweifle daran, ob ich es schaffe, nur diesen einen Tag zu überstehen.

»Aber wir sehen uns später im *Basil*. Nach deinen Vorlesungen. Okay?« Cas legte eine Hand auf meinen Arm. Ihre Berührung war sanft.

»Hmm«, brummte ich nur und stellte mich darauf ein, den Tag am College zu verbringen, den Tag zu überstehen. Irgendwie.

Anstatt dem Seminar über frühe englische Literatur zu folgen, widmete ich meine ungeteilte Aufmerksamkeit lieber dem Buch, das gut versteckt hinter meinem Laptop aufgeklappt lag.

Katniss aus *Die Tribute von Panem* zeigte mir seit einer halben Stunde, wie wichtig es war, für das, was man liebte, einzustehen. Ich beneidete sie dafür, dass sie den Mut aufbrachte, nicht stumm zu bleiben, und ihre Angst sie nicht davon abhielt zu kämpfen.

Seufzend blickte ich von den Buchseiten auf und schaute mich im lichtdurchfluteten holzverkleideten Seminarraum um. Einige meiner Kommilitonen, die aufmerksam Mr. Arnolds monotoner Vortragsstimme folgten, gingen sicher heute Abend noch feiern. Im *Bronze*, einem der angesagtesten Clubs der Stadt, konnte man jeden Abend neue Freunde finden. Wenn man das wollte. Gedankenverloren blätterte ich eine Buchseite um. Ich hatte schon wieder ein Kapitel beendet. Wenn ich weiter in all meinen Seminaren so viel las, würden die Bücher für diesen Lesemonat kaum auf das Foto dafür passen. Doch ich freute mich jetzt schon auf den Post und hatte mir den gesamten Monat bereits Notizen zu den Büchern gemacht.

Ich nahm einen Schluck Waldbeerentee aus meiner Thermosflasche und fragte mich wieder einmal, ob ich das Richtige studierte. Literatur war mein Leben und gehörte zu mir wie Jon Snow zu Ygritte. Jeder, der mich und mein Bücherregal kannte, würde bestätigen, dass dieser Studiengang zu mir passte. Doch alle blickten immer nur an die Oberfläche. Kaum einer machte sich die Mühe, hinter das zu schauen, was man auf den ersten Blick wahrnahm, und so begann ich immer wieder an dem zu zweifeln, was ich hier tat. Ich wusste allerdings nicht, ob meine Bedenken wirklich etwas bedeuteten. Denn an wirklich allem zu zweifeln, was ich tat, war das Einzige, was ich in meinem Leben außergewöhnlich gut konnte. Meine Zweifel kamen mir allerdings auffällig oft, wenn meine Gedanken Vorträgen über altertümliche Literatur folgten. All diese Analysen nahmen den Büchern die Magie und den Zauber, den sie versprühten. Wenn ich in Illéa war, wollte ich nichts von der literarischen Aufarbeitung von Gesellschaftssystemen und Revolutionen wissen. Viel eher wollte ich wissen, warum ich nicht im Ballkleid vor meinem Prinz Maxon stand.

Ich blickte auf das leere Dokument, das auf dem Display meines Laptops leuchtete. Kurz dachte ich daran, was Dad dazu gesagt hätte, wenn er mich noch sehen könnte. Wäre er stolz gewesen, oder hätte er ein ernstes Gespräch mit mir über meine Zukunft geführt, so wie Cassidy es oft tat? Ich seufzte, hörte Gemurmel und begriff, dass ich wohl etwas zu laut geseufzt hatte.

»Langweile ich sie, Miss Glen?«, wandte sich Mr. Arnold an mich, und ich spürte die Hitze in meine Wangen aufsteigen. Vereinzeltes Gelächter übertönte mein Schweigen, während ich mir eine braune Haarsträhne hinters Ohr schob.

»Nein ... Entschuldigung«, stammelte ich, zog meinen Laptop zu mir ran und richtete meinen Blick stoisch auf das Display, um dem Starren zu entgehen. Wie ferngesteuert öffnete ich Instagram im Browser und rutschte auf meinem Stuhl hin und her. Mit einem Mal fand ich es viel zu heiß hier drin. Mein Herz schlug so schnell, dass ich mir sicher war, jeder konnte es in meiner Brust pochen hören. Selbst Mr. Arnolds theoretische Ausführungen, die ohne hörbare Höhen und Tiefen sonst so meditativ auf mich wirkten, beruhigten mich nicht. Ich scrollte durch meine Timeline und las mir einige Rezensionen zu einem Buch durch, das ich in letzter Zeit überall auf Bookstagram gesehen hatte. Nach und nach verlangsamte sich mein Herzschlag wieder. Das Fantasy-Epos wanderte zusammen mit zwei anderen auf meine Wunschliste auf *Goodreads*, die mittlerweile auf eine beträchtliche Länge angewachsen war. Eigentlich machte ich einen Bogen um Hypes. Ploppten aber auf allen Plattformen Rezensionen auf, las ich das gehypte Buch doch manchmal, nur um mir eine eigene Meinung zu bilden und mitreden zu können.

Ich zog mein Buch wieder hervor und kehrte mit Katniss in die Arena zurück. Doch der peinliche Moment von vorhin hatte mir die Konzentration geraubt, und so zogen die Worte ohne jede Bedeutung an mir vorbei. Obwohl die Geschichte gerade so richtig spannend wurde, klappte ich das Buch wieder zu, schaute abwechselnd aus dem Fenster und schob mein Handy auf dem schmalen Tisch vor mir hin und her. Viel lieber säße ich jetzt mit meiner Thermosflasche auf meiner Lieblingsbank im Burberry Park.

Die Uhr auf dem Sperrbildschirm meines Handys zeigte an, dass mir noch quälende elf Minuten Seminarzeit bevorstanden. Also scrollte ich durch die Verlagsvorschauen und blieb bei den neuen Gedichtbänden von Rupi Kaur hängen, die ich mir für die Vorbestellung markierte. Sie erzählten in so wenigen Worten von Liebe, Akzeptanz und dem Kampf, den man mit sich selbst ausmachte. Jedes ihrer Gedichte war eine Reise, ein ehrliches Gespräch mit sich selbst. Das Gemurmel der anderen ließ mich aufschauen. Endlich war das Seminar vorbei. Ich schmiss alles, was quer über dem Tisch vor mir verteilt lag, in meinen Rucksack, warf ihn mir über die Schulter und hastete zum Ausgang. Die letzte Vorlesung für diesen Tag ließ ich ausfallen. Es wäre zwar die einzige gemeinsame Veranstaltung mit Lexie gewesen, aber selbst unter Anwesenheit meiner besten Freundin hielt ich es keine einzige weitere Minute hier drin aus.

Ich ließ das Auto auf dem College-Parkplatz stehen und schlug den Weg zum Burberry Park ein. Der Wind blies mir ins Gesicht und kündigte den nahenden Winter an. Am Horizont trafen die herbstlich gefärbten Amberbäume, die Amber Falls ihren Namen gaben, auf die schneebedeckten Rocky Mountains. Der Wind wehte buntes Laub durch die Luft, und auch wenn es hieß, Abschied von etwas zu nehmen, das starb, empfand ich keine Trauer bei diesem Anblick.

Die Straße war gesäumt von aneinandergereihten Backsteinhäusern mit geschwungenen Bögen über den meisten Fenstern, die ihnen einen besonderen Charme verliehen. Ich legte einen kurzen Stopp an meiner Lieblingsbuchhandlung, dem *Book Attic,* ein und musterte durch die grün umrahmten Fensterfronten die Buchcover. Ein paar davon standen bereits auf meiner Wunschliste. Es kostete mich einige Selbstbeherrschung, den Buchladen, der sich rühmte, Colorados älteste Buchhandlung zu sein, nicht zu betreten und nur schmachtend vor den Fenstern zu stehen. Wenn ich die Tische und Regale nach Schätzen durchstöberte, verließ ich den Laden nie wieder, ohne mindestens ein Buch zu kaufen. Außerdem war mir heute nicht danach, mit Helen, der quirligen Besitzerin des *Book Attic,* zu quatschen.

Eine gute halbe Stunde später erreichte ich den Burberry Park. Unter meinen Schuhen knirschte der Kies, die imposante Weide, deren Äste bis ins Wasser des Teichs reichten, war schon von Weitem zu sehen. Ich ging etwas schneller und erreichte kurze Zeit später die Bank aus verwittertem dunklem Holz im Schatten der Weide. Ich setzte mich und ließ meinen Blick über das ruhige Wasser schweifen. Hier im Park auf genau dieser Bank fühlte ich mich Dad immer ganz nah. Am Teichufer reichte ein Mann zwei Mädchen immer wieder etwas Brot aus einer Papiertüte. Die Mädchen warfen es den Enten zu, die sich bereits in einer Traube am Ufer sammelten und sich schnatternd um die Brotkrumen stritten. Ich fröstelte und schloss den obersten Knopf meines Mantels, zog dieses Mal *Daisy Jones and The Six* aus meinem Rucksack und schlug es auf meinem Schoß auf. Ich hatte gerade mal zwei Seiten gelesen, als mein Handy in der Manteltasche vibrierte.

Green Basil nach der Uni?
Oder doch lieber allein sein heute?

Wills Nachricht wurde mir bereits auf dem Sperrbildschirm angezeigt. Seine Fragen, die mir alle Möglichkeiten offenhielten, zauberten ein Lächeln auf mein Gesicht. Nach einem kurzen Blick auf die Uhr tippte ich meine Antwort.

Basil 13:30? Freue mich auf euch!

Will gab Lexie Bescheid, darauf konnte ich mich verlassen.

Soll ich dich anrufen, wenn wir loslaufen? Sonst versinkst du noch in deinem Buch oder vergisst die Zeit auf deiner Lieblingsbank im Park.

Ich blinzelte und las die Nachricht ein zweites Mal. Will kannte mich und wusste, dass ich öfter mal die Zeit vergaß. Aber Will wusste ebenso ganz genau, wo ich statt der Uni war. Er kannte diesen Platz. Er kannte mich.

Schaff ich schon, danke.

Vielleicht sollte ich mir aber doch lieber einen Wecker stellen. Nur zur Sicherheit ...

Ich drückte auf Senden und blickte wieder auf, doch die beiden Mädchen und ihr Vater waren verschwunden. Dad, Cas und ich standen früher auch oft an diesem Teichufer und haben die Enten gefüttert, genau wie die zwei Mädchen eben.

Ich entsperrte den Fotoordner mit dem Namen *Davor* auf meinem Handy und wischte mich durch die Erinnerungen an die Zeit vor Dads Tod. Ausflüge in den Park, gemeinsame Kochabende, Wanderungen und Abende auf der Couch. Nicht wenige Aufnahmen waren verwackelt, weil wir vor lauter Lachen nicht stillhielten. Ich betrachtete das Lächeln meines Vaters, sein dunkelblondes Haar und die strahlend grünen Augen, die Cas von ihm geerbt hatte. Ich allerdings, mit meinen dunkelbraunen Augen und Haaren, war das Abbild unserer Mutter.

Unsere Mutter war auf keinem der Fotos der letzten zweieinhalb Jahre. Auch die verbliebenen Aufnahmen mit ihr habe ich gelöscht, weil ich es irgendwann nicht mehr ertrug, sie zu sehen.

Ich wischte weiter durch die Fotos und blieb bei einem Schnappschuss hängen, der Dad auf der Spitze des Mount Amber zeigte. Er trug den Wollpulli, der immer noch in meinem Kleiderschrank hing. Meine Trauer vermischte sich mit glücklichen Erinnerungen. Ich ließ das Handy wieder in meine Manteltasche gleiten, lehnte mich zurück und blinzelte meine Tränen weg. Hier auf dieser Bank fühlte ich mich wohl und geborgen, und dieses Gefühl wollte ich mir für die nächste halbe Stunde noch bewahren.

Pünktlich um halb zwei stieß ich die gläserne Tür zum *Green Basil* auf. Die Wärme umhüllte meinen Körper wie eine Decke und streifte die Kälte ab, die auf der Parkbank unter meinen Mantel gekrochen war.

Das Restaurant war gut besucht, größtenteils junge Leute, die sich angeregt unterhielten. Das *Basil* war momentan DER Treffpunkt für viele Studenten und natürlich auch Menschen, die – wie Lexie, Will und ich – immer Hunger hatten.

Der intensive Duft, den die vielen Pflanzen und Gewürzkräuter im Gastraum verströmten, beruhigte mich. Das Grün wucherte überall. Pflanzen verschiedenster Form und Größe standen oder hingen, wohin man auch blickte. Andrews Mutter Margret, der das *Green Basil* gehörte und die so etwas wie Familie für mich war, balancierte auf einer Trittleiter und goss einen Efeu.

»Kannst du mir kurz die Schere reichen?« Margret lächelte knapp, bevor sie die Gießkanne über dem grauen Blumentopf leerte. Ich griff nach der grünen Gartenschere zu ihren Füßen und reichte sie ihr an.

»Danke dir.« Margret widmete sich wieder dem Efeu. Sie schob mit der Hand einige Ranken zur Seite und knipste die vertrockneten Triebe ab.

Die Leidenschaft, mit der sie immer noch alles in diesem Laden anging, war offensichtlich. Sie hatte mit dem *Basil* ganz klein gestartet und es in den letzten zehn Jahren zu dem gemacht, was es heute war. In diesem Laden steckten ihre Seele und ihr gesamtes Herzblut.

»Wie war dein Tag?«

»Gut bisher.« Ich zuckte mit den Schultern. Sie schob die große eckige Brille auf ihrer Nase zurecht und musterte mich mit wachem Blick.

»Na ja, eher bescheiden, um ehrlich zu sein«, gestand ich und nahm ihr die Gießkanne ab.

Ihre Hände, an deren Fingern noch etwas Erde hing, legten sich um den Griff der Metallleiter.

»Will und Lexie sitzen schon hinten.« Margret stieg die Trittleiter Stufe für Stufe hinab und nickte in die Richtung unseres Stammtisches.

Unser Tisch stand direkt unter der Kräuterwand. Hier wuchsen in umgebauten Holzpaletten Kräuter und Gewürze, die das Herz jedes Kochs höher schlagen ließen. Wann immer der Tisch frei war, saßen wir dort. Nah an der Küche und den Treppen, die zum Büro im ersten Stock führten. Von hier aus trennten mich von Cas, Andrew und Margret nur wenige Meter, außerdem überblickte man den gesamten Gastraum und saß am Fenster.

Ich ging den Gang entlang durch das Restaurant, an der halb offenen Küchentür vorbei. Cas stand in der Küche und rührte in zwei Töpfen gleichzeitig, während sie Anweisungen gab. Wie immer hatte sie alles unter Kontrolle. Da Cas hier arbeitete, ging mein Mittagessen aufs Haus und die von Lexie und Will meist auch.

»Ich freu mich zwar, dich zu sehen, Em, aber ich glaube, du musst mir bitte Platz machen.« Andrew kam mir aus der Küche entgegen und grinste mich an. Er balancierte fünf Teller Suppe und sah nicht einmal angestrengt aus.

»Na, schickt Cas dich mal wieder von Tisch zu Tisch?« Ich lachte und hätte ihn am liebsten zur Begrüßung umarmt, doch ich wollte nicht für einen Haufen bunter

Keramikscherben verantwortlich sein, also machte ich ihm seitlich Platz.

»Ach, und du würdest dich trauen, ihr einen Wunsch abzuschlagen?« Das Grinsen in seinem Gesicht wurde noch ein Stück breiter. Ich wusste nur zu gut, wovon er sprach. »Aber vielleicht habe ich auch einen Fehler gemacht, meiner Mutter zu sagen, ich steige ins Familiengeschäft ein.« Er zuckte mit den Schultern und ging an mir vorbei. Margret und Cas hatten nicht nur das Restaurant fest im Griff.

Will und Lexie saßen auf Stühlen und überließen mir die grau gepolsterte Fensterbank. Lexie winkte mir bereits hektisch zu. Auch wenn es gar nicht möglich war, sie zu übersehen, wenn man sich mit ihr im selben Breitengrad aufhielt. Ihre glänzenden blonden Haare fielen ihr weich über die Schultern, und ihre Ohrringe reflektierten das goldene Sonnenlicht. Will saß, wie immer die Beine weit von sich gestreckt, auf seinem Stuhl und begrüßte mich fröhlich. Das Lächeln, das sich auf seine Lippen legte, erreichte sogar seine Augen. Ich hatte ihm schon in der Highschool gesagt, dass er mit diesem Blick jedes Herz zum Schmelzen bringt.

Ich ließ mich auf die Fensterbank fallen und atmete laut aus. »Ihr könnt euch nicht vorstellen, wie sehr ich mich auf euch gefreut habe.«

»Du hast ja scheinbar einen großartigen Tag hinter dir.« Lexies Worte klangen gewohnt sarkastisch. Will schob mir eine Tasse Tee rüber, auf die ich mich schon den ganzen Tag freute. Ich umfasste den warmen

Becher mit beiden Händen, dabei streiften meine Finger zufällig seine. Es war nur ein kurzer Moment, doch wir schauten beide auf. Will fixierte mich mit seinen tiefbraunen Augen, und ein zaghaftes Lächeln stahl sich auf seine Lippen.

»Hat Cas dir heute Morgen zufällig gesagt, was sie uns empfiehlt?« Lexie schaute mich nicht an, sondern ließ ihre Augen bereits interessiert über die Tageskarte in ihrer Hand wandern. »Die Spaghetti mit Kürbis und Zucchini schreien eindeutig meinen Namen.«

Unweigerlich lachte ich auf. Es tat gut, hier zu sitzen und die dunklen Wolken für eine Weile zu vergessen. Für Lexie gab es nichts Wichtigeres als Essen. Außer vielleicht Sex. Aber da war sie eben ganz eigen.

»Gutes Essen und Sonne im Herbst. Was braucht es mehr, um glücklich zu sein?« Lexie seufzte zufrieden auf und blickte weiter auf die Karte in ihrer Hand.

»Lex.« Wills Stimme klang sanft, aber bestimmt. Er blickte Lexie an, bis sie die Karte sinken ließ. Sie schaute unsicher zwischen mir und Will hin und her. Es war wirklich nicht mitanzusehen, wie Lexie auf der Leitung stand.

»Heute ist es genau ein Jahr her«, sprach Will aus, was so schwer auf meiner Seele lag.

Diese Worte sorgten dafür, dass Lexie, die sonst immer etwas zu sagen hatte – auch dann, wenn es nichts zu sagen gab –, verstummte und mich betroffen ansah.

»Können wir jetzt bitte nicht in betretenes Schweigen verfallen? Das ist nichts für uns«, sagte ich in die Stille hinein und lächelte, doch es fühlte sich unecht an. Der Blick meiner Freunde verriet mir, dass keiner von ihnen es mir abnahm. Ich schluckte. »Ihr macht alles besser. Ihr tut mir gut.« Erst blickte ich Lexie in die Augen, dann Will. »Okay?«

»Okay«, wiederholten beide fast einstimmig und nickten.

Lexie stand auf.

»So, und ich kümmere mich jetzt mal darum, dass wir Futter bekommen. Spaghetti für alle?«, sagte sie mit ihrem typischen Lexie-Lächeln, wartete kurz unser Nicken ab und machte sich auf den Weg in die Küche.

Will ließ seinen Blick auf mir ruhen, einen Moment schwiegen wir, und es fühlte sich überhaupt nicht komisch an, nur gut.

»Es ist okay, wenn dir heute nicht nach gemeinsamem Mittagessen ist, Em«, begann er und fuhr sich mit den Händen durch die Haare. »Wenn ich irgendetwas tun kann ...«

»Du tust schon mehr, als du ahnst, Will«, unterbrach ich ihn, und mein Blick hing an seinen Fingern, die durch seine dunklen dichten Locken fuhren.

Er nickte nur.

Ich versuchte nicht, mir ein Lächeln abzuringen, und Will versuchte nicht, krampfhaft ein Gespräch aufrechtzuerhalten. Wir schauten uns einfach an und schwiegen zusammen. Das ging nur mit ihm.

»So. Spaghetti sind unterwegs.« Lexie ließ sich auf den Stuhl mir gegenüber fallen. Ihr Blick wanderte verwirrt zwischen Will und mir hin und her. Sie ahnte, dass sie etwas verpasst hatte. Wenn sie erst mal anfing nachzubohren, hatte man gegen sie kaum eine Chance.

»Und, was gibt es Neues aus der Männerwelt?«, startete ich ein Ablenkungsmanöver. Lexie auf ihr Lieblingsthema zu stoßen funktionierte jedes Mal, und sie brachte mich immer damit zum Lachen.

»Ich muss sagen, aktuell finde ich es schwer, in der Uni Männer kennenzulernen.« Lexie blätterte halbherzig durch die Speisekarte und blieb auf der Seite mit den Desserts hängen.

»Weil da niemand Anständiges dabei ist, oder weil du mit allen, die Potenzial haben, schon mal was hattest?«, fragte Will sichtlich amüsiert. Lexie schaute auf und hob erstaunt die Augenbrauen.

»Ich bin doch nicht auf der Suche nach jemand *Anständigem.*« Sie schüttelte lachend den Kopf und ging auf Wills zweite Bemerkung überhaupt nicht ein. Vermutlich, weil wir alle wussten, dass das durchaus stimmen konnte. Sie klappte die Speisekarte zu und sah ihn prüfend an. »Außerdem spricht da sicher nur der Neid aus dir. Wann hast du denn das letzte Mal eine abgeschleppt?«

Ich lachte kurz auf, weil die Vorstellung des typischen Aufreißers einfach nicht zu meinem Bild von Will passte. Lexie musterte Will auffällig und ließ ihren Blick langsam von unten nach oben wandern, bis sie ihn verschmitzt anlächelte. »Genug Angebote bekommst du ja bestimmt.« Lexie lachte und schaute kurz auf ihr Handy.

Wills letzte Beziehung lag schon eine ganze Weile zurück. Er hat dieser Frau alles gegeben. Alles, was er hatte, und alles, was er war. Irgendwann hat er gemerkt, dass seine Ex einer dieser Menschen war, die immer nur nehmen und keine Grenzen kennen. Aus diesem Grund lernte er, seine eigenen Grenzen zu setzen, und hatte nach zwei Jahren Schluss mit ihr gemacht. Seitdem gab es ein paar Bekanntschaften, aber nichts Ernsthaftes.

»Ich warte auf die Richtige«, antwortete Will und sah mich dabei an.

Ich schluckte. Will sah mich weiter unverwandt an.

»Du kannst nicht ewig warten, Großer«, sagte Lexie bestimmt, ließ ihr Handy in die Jackentasche gleiten und legte beide Hände flach auf den Tisch. »Außerdem verpasst du wirklich etwas. Werd mal etwas aktiver, du hast SO viele Möglichkeiten. Vielleicht wäre eine aus der Uni etwas?« Lexie sah ihn erwartungsvoll an, während er die Lippen aufeinanderpresste und ich stumm dasaß. Ganz wusste ich nicht, warum, doch ich war verwirrt von Wills Reaktion. Mit mir allein war er eher der zurückhaltende Typ, oftmals wortkarg, doch mit Lexie war er so viel offener. Immer bereit, sich einen Schlagabtausch mit ihr zu liefern. Normalerweise jedenfalls.

»Ja ... vielleicht eine aus der Uni.« Will zog seinen Pullover zurecht und wirkte für einen Moment unsicher.

»Apropos Uni,« Lexies Blick ging zu mir, »wo warst du vorhin eigentlich in der Kunstgeschichte-Vorlesung?

Der Prof hat die ganze Zeit nur von der Klausur geredet, das wäre mit dir sicher deutlich erträglicher gewesen.«

»Hast du heute doch das College geschwänzt?«, hörte ich plötzlich Cas' Stimme und fuhr erschrocken herum. Kurz drehte ich mich zurück zu Lexie, die mich verständnislos ansah, und wandte mich gleich wieder Cas zu, die verärgert einen Teller Pizzabrot auf dem Tisch abstellte und mir ein »Küche! Sofort!« ins Ohr flüsterte.

»Ich hoffe, es schmeckt euch«, sagte Cas lauter und schob Will und Lexie die Teller hin. Ihre Stimme klang auf einmal leicht und fröhlich, aber mir gab sie mit einem Kopfnicken zu verstehen, ihr zu folgen.

In der Küche zog mich Cas zu einem Ecktisch, der nur für das Personal gedacht war und etwas abseits stand.

»Also ...«, begann sie, und ich wusste bereits, worauf es hinauslief, noch bevor sie weitersprach.

»Cas, ich ...« Doch sie hob die Hand.

»Warum warst du heute nicht in der Uni?«

»Es war nur eine Vorlesung, Cas.«

»Emely, warum ...«, begann sie.

Ich konnte das einfach nicht. Ich habe es dir gesagt, aber du hast mir ja nicht zugehört.

»Ich weiß es nicht«, unterbrach ich sie und verschränkte meine Arme locker vor der Brust.

Cas fuhr sich mit ihren Fingern durch die dunkelblonden Haare und schnaufte einmal tief durch. »Das geht so nicht.«

»Ich weiß.« Ich wollte ihrem Blick standhalten, doch ich schaffte es nicht.

»Es ist nicht mehr lange bis zu deinem Abschluss. Das musst du jetzt durchziehen.« Cas ging zum Herd und rührte in einem Topf. Mit der anderen Hand tastete sie in der Schürze nach ihrem Probierlöffel.

Ich bin mir ja nicht mal sicher, ob ich diesen Abschluss noch will. Woher soll ich das denn überhaupt wissen?

»Ja ... ich versuche es ja. Wirklich Cas, ich gebe mir Mühe«, sagte ich und reichte ihr einen neuen Probierlöffel. »Aber ... aktuell bin ich mir einfach so unsicher, was ich will.«

Ich hatte es ihr gesagt. Es war nicht viel, aber immerhin ein Anfang. Cas hielt mir wegen einer einzigen verpassten Vorlesung einen Vortrag. Ich stellte mir lieber nicht vor, wie Cas reagierte, wenn sie rausfand, dass ich in zwei Wochen einen ganzen College-Tag schwänzen würde, um einen Verlagstermin wahrzunehmen.

»Zweifel bringen dich nicht weiter. Zieh das Studium durch und fertig. Natürlich ist das deine Sache. Aber seit Dads Tod ist es auch meine.« Cas probierte von der Soße und salzte nach.

Es ist immer noch mein Leben, Cas!

»Vielleicht hast du recht«, stimmte ich ihr widerwillig zu und hoffte, dass ich dieses Gespräch damit beendete. Kurz schwiegen wir und vermieden es, uns in die Augen zu sehen. Cas richtete Spaghetti auf drei tiefen Tellern an.

»Em – zusammen ziehen wir das durch! Du und ich. Wir beide.« Cas goss die Soße über die Spaghetti. »Die nimmst du«, sie drückte mir zwei Teller in die Hand und nahm den dritten selbst. Ich folgte ihr in den Gastraum. Für Cas war dieses Gespräch offensichtlich erledigt.

Nachdem Cas betont fröhlich Will und Lexie die Spaghetti serviert hatte und wieder gegangen war, stocherte ich wortlos in meinem Teller. Mich wegen einer einzigen verpassten Vorlesung wie eine Zehnjährige zu behandeln war lächerlich.

Auf keinen Fall erzähle ich Cas von dem Verlagstermin. Wer weiß, wie sie dann reagiert? Am Ende vermasselt sie mir noch alles. Es war das erste Mal, dass alles nicht nur im Internet ablief, sondern greifbar und real wurde. *Peak Press* lud mich zu sich ein, weil sie mit mir zusammenarbeiten wollten. Mit mir. Emely Glen, einer Studentin, die das Lesen liebte und vor ein paar Jahren entschieden hatte, diese Liebe im Internet mit anderen Lesebegeisterten zu teilen.

»Alles okay? Ärger wegen der geschwänzten Vorlesung?«, fragte Lexie. »Tut mir echt leid, das wollte ich nicht.«

Ich sah auf. Lexie presste ihre Lippen aufeinander, und auch Will schien verunsichert, was er sagen sollte.

»Ein bisschen, aber alles gut«, versicherte ich ihnen.

Lexie richtete sich auf und fuhr sich durch die Haare. Ihre goldenen Kreolen wippten und funkelten im Sonnenlicht. »Morgen Filmeabend bei mir.«

Sie ließ es nicht wie eine Frage klingen. Ich nickte stumm, das reichte völlig aus. Wenn Lexie das so beschloss, hätte ich auch nicht absagen können, aber ich nahm es ihr nicht übel. Manchmal musste man mich zu meinem Glück zwingen. Ich leerte meine Tasse und lächelte noch einmal in die Runde. Wenige Stunden mit Lexie und Will reichten, um mich zu erden. Wie bei einem Kompass, der stundenlang verwirrt in alle Richtungen zeigte und sich im Kreis drehte, reichte eine Sekunde Kontakt mit dem richtigen Magneten aus, um ihn wieder einwandfrei funktionieren zu lassen.

Kapitel 2

Ich parkte so nah es ging am Campus. Die Sitzheizung hatte mir die gesamte Fahrt über gute Dienste geleistet. Wenigstens eine Sache, die bei der Blechbüchse noch funktionierte. Ich schnaubte genervt, während ich die Fahrertür ein zweites Mal zuschlug, damit sie richtig einrastete, und verriegelte den roten Ford.

Auch wenn andere noch im Hoodie rumliefen, war bei mir bereits die Zeit für Schal und Mütze angebrochen. Ein kühler Luftstoß blies mir ums Gesicht, und ich bedankte mich bei mir selbst. Die Herbstsonne schien zwar noch und wärmte angenehm, doch der Wind kündigte bereits kühleres Wetter an. Ich war mal wieder spät dran und eilte über den Parkplatz zum Hauptgebäude, wo ich meine heutige Zeit absitzen würde. Mit seiner schmutzig grauen Fassade ähnelte das Amber Falls College nicht nur von außen einem Gefängnis. Jedes Mal, wenn ich das College betrat, spürte ich, wie mich diese Mauern einschränkten und zurückhielten. Noch nie habe ich da drin etwas getan, für das ich Feuer und Flamme war. Doch wenn ich auf Bookstagram über

Bücher sprach, fühlte es sich so natürlich, so gut an. Ich zog mein Handy aus meiner Jacke und machte ein Selfie für Cas von mir auf dem Campus.

```
Bin jetzt da. Das war doch die Abmachung, oder?
Ich will aber genauso wenig den Tag da drin
verbringen wie gestern.
Kann ich bei dir vorbeikommen?
Ich vermisse dich. Ich brauche dich.
```

Es war so einfach, ehrlich zu sein, wenn man wusste, dass niemand die Worte sieht. Ich drückte auf die Löschtaste, bis auch der letzte Buchstabe verschwunden war, und sendete nur das Foto, ehe ich den Chat mit Cas schloss und widerwillig meinen Weg fortsetzte.

Ich nahm eine Abkürzung und überquerte gerade den Rasen, auf dem ich im Sommer gerne meine Pausen verbachte, und geriet ins Stocken. Ein einzelnes weißes Rennrad lehnte am Stamm eines kahlen Baumes. Das allein wäre nichts Besonderes gewesen, doch am hinteren Reifen des Rads kniete ein junger Mann, der eine braune verschlissene Lederjacke und eine schwarze Strickmütze mit einem weißen Bommel auf dem Kopf trug. Diese eigenartige Kombination gab ein lustiges Bild ab. Allem Anschein nach reparierte er etwas. Ich wollte meinen Blick gerade wieder abwenden, da zog er sich die Mütze vom Kopf und schleuderte sie ins Gras. Er machte einen ziemlich verzweifelten Eindruck auf mich. Genau wusste ich nicht, was es war, das mich dort hintrieb, während ich abbog und geradewegs auf ihn zuging. Vielleicht redete ich mir ein, ihm helfen zu können, auch wenn ich noch nicht genau wusste, wobei. Ich ließ einen Sicherheitsabstand zwischen uns, respektierte seine Privatsphäre, die ich gerade dabei war zu betreten, und zögerte etwas, ehe ich ihn ansprach.

»Kann ich dir helfen?«, hörte ich mich sagen.

Er schreckte hoch, sah mich kurz an und wandte sich gleich wieder ab. Ich hatte seine geröteten Augen trotzdem bemerkt. Ich wagte es nicht, mich zu rühren, und war mir nicht sicher, was ich tun sollte. Er klaubte seine Mütze vom Boden auf und wischte sich mit dem Handrücken über das Gesicht.

»Was?« Er richtete sich mit dem Rücken zu mir auf.

Mir fiel auf, wie groß er war. Er überragte mich um fast einen Kopf. Aber er blieb von mir abgewandt wie Cas, wenn ihr die Gefühle zu viel wurden. Wie ich, wenn ich meine Trauer versteckte. Seine Finger fuhren kurz durch die einzelnen weißen Fasern des Bommels, an denen noch immer ein bisschen Dreck hing, bevor er sie sich wieder auf den Kopf setzte.

Dann stieg er aufs Rad, hielt inne, einen Fuß auf dem Pedal, bereit, jederzeit abzufahren. Mit seinem Rad war also alles in Ordnung. Er brauchte gar keine Hilfe. Damit hatte ich nicht gerechnet. Und jetzt stand ich hier. Vor einem gut gebauten, stark aussehenden Mann, der trotz seiner Versuche, es zu verstecken, so schwach und verzweifelt wirkte.

»Ich ... es tut mir leid.« Unsicher trat ich von einem Fuß auf den anderen.

»Was ist?«, wiederholte er und musterte mich aus saphirblauen Augen, die so strahlend klar waren wie das Wasser im Lake Neelam oben auf dem Mount Amber.

»Ich ...«, begann ich und brach ab, denn sein durchdringender Blick verunsicherte mich noch mehr. Ja ... was gab es eigentlich? Ich hatte jemanden gesehen, von dem ich glaubte, er bräuchte Hilfe, und war ohne darüber nachzudenken hierhergelaufen. Mal wieder hatten meine Gedanken nur von der Wand zur Tapete gereicht.

»Ich dachte, du könntest Hilfe gebrauchen. Ich wollte dich nicht so ... stören. Ich ... es tut mir leid«, stammelte ich vor mich hin, machte auf dem Absatz kehrt und hoffte, dass der Typ mich noch vor dem Abendessen wieder vergessen haben würde.

»Warte«, rief er mir nach. Seine Stimme klang rau. Ob sie das immer tat, oder es nur der Tatsache geschuldet war, dass er bis vor Kurzem weinend vor einem Fahrrad gekniet hatte, konnte ich nicht beurteilen. Aber ich mochte den Klang. Ich blieb stehen und drehte mich zu ihm um. Er war vom Rad gestiegen und schob es neben sich her. Der Wind wehte in meine Richtung und trug einen herben, aber frischen Duft zu mir, der angenehm nach Zitrone roch.

»Danke.« Er vermied es, mich direkt anzuschauen, und trat von einem Bein aufs andere. Ich kannte dieses Gefühl der Unsicherheit. Dieses Gefühl, nirgends richtig Halt zu finden. »Wirklich.« Seine Stimme klang auf einmal viel sanfter.

Er sah mir in die Augen, während er seine Mütze noch mal zurechtrückte. Wollte er sich jetzt bedanken? Fast hätte ich seine Hand ergriffen, so nah waren wir uns, doch ich erinnerte mich daran, dass es unangebracht gewesen wäre.

»Wofür? Ich habe doch gar nichts getan«, entgegnete ich mit einem zaghaften Lächeln.

»Dafür, dass du hergekommen bist und gefragt hast, ob ich Hilfe brauche. Die meisten würden einfach weiterlaufen. Also danke.«

Ich nickte stumm und holte unbeholfen mein Handy aus der Tasche meines Mantels, blickte auf die Uhr und noch einmal kurz in seine ungewöhnlich blauen Augen. Ich verabschiedete mich mit einem knappen »Man sieht sich«, drehte mich hastig um und eilte zu meiner ersten Vorlesung. Während ich zum Unigebäude rannte, ärgerte ich mich über mich selbst. Man sieht sich? Wer sagte denn so was? Kaum hatte ich das Hauptgebäude betreten, vibrierte mein Handy mit einer Nachricht von Lexie.

`Oben vor den Toiletten. Beeil dich.`

Es waren nur noch fünf Minuten bis Vorlesungsbeginn. So wie ich Lexie kannte, hatte sie sicher einen heißen Kerl entdeckt, den sie mir natürlich unbedingt zeigen musste. Ich lief die Treppen hoch in den ersten Stock, und sah sie schon von Weitem mit dem Rücken zu mir am Ende des Ganges stehen. Ihre blonden Haare waren im Nacken zu einem Zopf gebunden und sahen aus wie aus einer Shampoo-Werbung. Auch ihr Outfit, eine eng anliegende schwarze Jeans kombiniert mit einer Bluse aus weich fließendem hellblauem Organzastoff, die sie letztes Jahr in einem Secondhandladen erstanden hatte, war wie immer großartig. Lexie hatte einen ganz eigenen Stil – etwas rebellisch und den aktuellen modischen Trends immer drei Monate voraus.

»Morgen, Lexie.« Ich setzte zu einer Umarmung an, sie roch nach Zimt und Vanille. Ein Parfüm, das nicht jeder tragen konnte, aber total zu ihr passte. Doch Lexie erwiderte meine Umarmung nur flüchtig, wandte sich gleich wieder von mir ab und blickte suchend in die andere Richtung.

»Morgen, Schönheit. Na, wie haben wir diesen zauberhaften Herbstmorgen begonnen?«, grüßte sie zurück, ohne mich anzusehen.

»Du meinst mich, ja?«, versicherte ich mich lächelnd und bewunderte Lexies glänzende Ketten, die in ihrem Ausschnitt baumelten.

»Wen denn sonst?«, antwortete sie schulterzuckend, ihren Männerradar auf vollen Empfang nach vorne gerichtet. Ich liebte sie für ihre ruppige und ehrliche Art.

»Na ja, mit Schönheit kannst du sicher auch den Kerl dahinten meinen, den du, seit ich hier bin, so auffällig anstarrst, dass eigentlich nur noch ein blinkender Pfeil fehlt, auf dem ›Nimm mich!‹ steht«, witzelte ich und stupste ihr in die Seite.

Langsam drehte sie sich um und stemmte die Arme in die Hüften. »Emely Glen«, sie holte einmal tief Luft und sah mich gespielt streng an. »Also erstens stehen dahinten mehrere heiße Kerle. Und zweitens: Falls du in naher Zukunft so einen Blinkepfeil auftreiben kannst, sag mir bitte Bescheid, denn das würde die Sache um einiges erleichtern.«

»Ach, hab ich dich vermisst.« Ich hakte meinen Arm bei ihr ein und zog sie Richtung Vorlesungssaal, da die Zeit langsam knapp wurde.

Lexie schaute mich schief von der Seite an. »Nicht gleich so sentimental. Das waren gerade einmal fünfzehn Stunden.«

»Na und?« Ich zuckte mit den Schultern und ging noch etwas schneller. »Fünfzehn Stunden ohne deinen Sarkasmus und deine freundlich gemeinten Beleidigungen sind fast schon Entzug.«

Lex verdrehte gespielt theatralisch die Augen. »Ich muss mir dringend neue Freunde zulegen.«

Im Hörsaal ergatterten wir zwei freie Plätze in der Mitte. Die mittleren Reihen waren perfekt. Weder zu ambitioniert noch zu desinteressiert. Kunstgeschichte war eines meiner Nebenfächer. Mich mit dem Damals zu beschäftigen, half mir oft, das Heute besser zu verstehen. Lexie, die Medieninformatik und Game Design studierte, hatte hier eigentlich nichts verloren. Erst hatte ich versucht, ihr Kunstgeschichte auszureden, aber sie überzeugte mich mit einem ausgezeichneten Argument. Durch unsere Studiengänge, die unterschiedlicher nicht sein könnten, sahen wir uns sonst NIE im College. Und nur die Mittagspausen gemeinsam zu verbringen, war uns eindeutig nicht genug.

Die Vorlesung begann pünktlich auf die Sekunde, und ich war froh, dabei zu sein. Niemand wollte bei Dr. Taylor zu spät kommen. Ich folgte der Vorlesung wie schätzungsweise zweihundert andere Studenten, von denen ich höchstens ein paar flüchtig aus anderen Seminaren kannte. Der Vorlesungssaal war fast bis zum letzten Platz besetzt, die Luft bereits nach wenigen Minuten unerträglich stickig. Nach einer Viertelstunde hatte ich bereits drei volle Seiten Mitschrift. Ich wusste jetzt schon, dass ich mich für die Klausur ein paar Wochen in mein Zimmer einsperren musste, um den ganzen Stoff in mein Hirn zu bekommen und die Prüfung zu bestehen. Aber ein bisschen freute ich mich auch darauf, allein und ungestört Zeit mit mir selbst zu verbringen und viel zu oft mit neu erschienenen Büchern zu prokrastinieren, anstatt mich ernsthaft und intensiv auf eine Prüfung vorzubereiten.

Die Tür schwang auf, ein Typ betrat den Saal und ließ die schwere Tür hinter sich ungeachtet zudonnern. Alle Köpfe, meiner eingeschlossen, drehten sich zu ihm, nur Dr. Taylor fuhr völlig unbeeindruckt mit ihrem Vortrag fort und ignorierte ihn mit Absicht. Sie hasste Zuspätkommer und würde sich sein Gesicht sicher noch für die nächste spontane Abfrage einprägen. Benotet versteht sich.

Doch ihn ließ die kühle Begrüßung völlig kalt. Genauso wie die geballte Aufmerksamkeit eines voll besetzen Hörsaals. Vor allem ein auffällig hoher Anteil an Studentinnen war von seinem Anblick gefesselt und folgte kaum noch Dr. Taylors Ausführungen über spätgotische Architektur. Zwei Mädchen steckten die Köpfe zusammen und lächelten ihn an. Gleich würde eine von beiden den obersten Knopf ihrer Bluse öffnen. In mir bahnte sich spontaner Brechreiz an. Seine machomäßige Art, die Treppen des Mittelgangs hinaufzuschlendern, ließ ihn noch unsympathischer wirken. Irgendwie kam er mir bekannt vor. Er steuerte ausgerechnet auf die Sitzbankreihe zu, in der auch ich saß. Und dann bemerkte ich die braune Lederjacke, die lässig über seinem Arm hing, und die schwarze Strickmütze mit dem leuchtend weißen Bommel, die in der Gesäßtasche seiner Jeans steckte. Mir stockte der Atem.

Scheinbar hatte er sich um seine Haare gekümmert und kaltes Wasser über sein Gesicht laufen lassen. Er sah ganz normal aus, bis auf die leichte Schwellung und den Rest eines Hauchs Rot um die Augen, den vermutlich nur ich bemerkte.

Er zwängte sich an Lexie vorbei und ließ sich auf den freien Sitzplatz zu meiner Rechten fallen. Er brauchte ein paar Sekunden, um sich einzurichten. Ich nutzte die Zeit und überlegte, ob ich ihn ansprechen sollte. Noch während ich den Entschluss dazu fasste, zweifelte ich bereits daran. Doch ich konnte nicht anders. Vielleicht war ich aber auch nur übergeschnappt.

»Hallo.« Meine Stimme klang leise und unsicher. Kein Wunder, dass ich oft für schüchtern gehalten wurde. Jetzt fehlte nur noch, dass ich mir verlegen kichernd eine meiner braunen Haarsträhnen aus dem Gesicht strich. Ich bemerkte, wie er mich kurz ansah, wie seine Augen den Bruchteil einer Sekunde zu lange auf mir verharrten. Er hatte mich erkannt. Ganz sicher. Doch eine Reaktion blieb aus. Im Gegenteil. Er schwieg und blickte nach vorne, gab mir damit deutlich zu verstehen, dass er nicht noch einmal angesprochen werden wollte. Ich verstand die Welt nicht mehr.

Hatte er mich gerade abgewiesen und so getan, als würden wir uns nicht kennen? Gut, zugegeben, ich wusste seinen Namen nicht und auch unsere Begegnung draußen vor dem College war nur sehr kurz gewesen, aber alles an ihm wirkte so anders, so aufgesetzt.

»Was zum ...«, hörte ich Lexies Stimme, doch ich hob die Hand und schüttelte sanft den Kopf. Ich würde ihr das später erklären. Die Möglichkeit, es nicht zu tun, bestand sowieso nicht.

Ich versuchte, in dem Typen den Mann zu erkennen, der mir vorhin begegnet war und der mich so gefesselt hatte. Aber da war nichts. Nichts erinnerte mich an ihn. Weder seine gerade Haltung, noch sein selbstbewusstes Auftreten. Nicht einmal seine Augen, deren einzigartiges blaugraues Zusammenspiel mir vorhin so viel intensiver vorgekommen war. Da war einfach nichts.

Ich lehnte mich leicht zu ihm rüber und räusperte mich etwas lauter. Er wandte sich mir halb zu und schaute in meine Augen, die ihn voller Erwartung ansahen. Ich wollte, dass er etwas sagte, etwas tat. Nichts. Keine Reaktion von ihm.

»Okay. Dann wohl nicht«, murmelte ich und blickte mit aufeinandergepressten Lippen nach vorne zu Dr. Taylor, die gerade Aufnahmen gotischer Kreuzrippengewölbe von ihrem Laptop an die Leinwand projizierte. Vielleicht hatte er den Teil von ihm, der mit mir gesprochen hatte, genau wie sein Fahrrad, draußen vor dem Gebäude gelassen.

»Ich hab dich hier noch nie gesehen.« Seine Stimme hatte den rauen Unterton verloren und hielt jegliche Emotion versteckt.

Ich legte meinen Stift ab und schaute ihn an. Was sollte das bedeuten? War das eine Frage? Eine Feststellung? Er trug eine Maske, die perfekt passte. Nachdem ich ihn einige Sekunden stumm angeblickt hatte, atmete ich hörbar aus.

»Mag sein.« Ich machte eine Pause und sprach dann bewusst leiser weiter. »Zumindest nicht *hier*.« Dabei versuchte ich, das letzte Wort so auffällig zu betonen, dass er den Wink mit dem Zaunpfahl hoffentlich verstand.

Kurz sah ich etwas in seinen Augen aufblitzen. Ein feiner, kaum sichtbarer Riss drohte sich durch seine Maske zu ziehen. Ich war mir sicher, dass er sich erinnerte, aber warum er sich jetzt so unausstehlich aufführte, begriff ich wirklich nicht. Ich drehte mich weg und schrieb akribisch jedes Wort von Dr. Taylor mit, obwohl ich nicht mal in Ansätzen der Vorlesung folgte. Hätte ich ihm den Zaunpfahl doch lieber quer durchs Gesicht gezogen. Mein Herz pochte wild. Ich war nicht schlagfertig, dafür hatte ich Lexie. Ich war die Unscheinbare im Hintergrund, zumindest gegenüber Fremden.

»Was zum ...?«, zischte mir Lexie ins Ohr. Sie schaute mich erstaunt an, hatte jedes einzelne Wort mitgehört. Natürlich. Entschuldigend zuckte ich mit den Schultern und hoffte, sie würde verstehen, dass ich ihr das, was sie da eben miterlebt hatte, selbst nicht so recht erklären konnte. Ich würdigte den Kerl bis zum Ende der Vorlesung keines weiteren Blickes. Es fiel mir schwer, aber ich zog es durch.

Kaum hatte Dr. Taylor ihre Vorlesung beendet, packten alle ihre Sachen und strömten hinaus.

»Also was bitte war das? Details?« Lexie sah mich fragend an und warf ihren Rucksack über eine Schulter.

»Nicht so laut!« Ich blickte mich um und stellte erleichtert fest, dass der Typ bereits außer Hörweite war. »Ich erklär es dir später im *Basil*.« Wir reihten uns als Letzte ein und ließen uns von der Masse mitschieben. »Außerdem brauche ich noch ein paar Stunden, um selbst zu verstehen, was das genau war.« Ich lachte kurz auf.

»Ich hasse Pflichtseminare!«, schnaubte sie und schob genervt hinterher: »Dieses Studium zerstört mir mein ganzes Sozialleben.«

Lexie sah mich enttäuscht und verständnisvoll zugleich an. Enttäuscht, weil ein Seminar mit Anwesenheitspflicht ihrem Informationsbedürfnis im Weg stand, und verständnisvoll, weil sie meine beste Freundin war.

Während wir uns einen Weg durch das Gedränge bahnten, schaute ich mich nochmals um, aber der Typ war bereits weg. Es erstaunte mich selbst, aber irgendetwas faszinierte mich an ihm.

Kapitel 3

Auf meinem Weg zum *Green Basil* hingen mir die Ereignisse der letzten Stunden nach. Die Fußgängerzone säumten herbstlich verfärbte Ahornbäume, die in regelmäßigen Abständen zwischen dem roten Kopfsteinpflaster wuchsen. Es war Mittagszeit, die Straße war belebt, aber nicht übermäßig geschäftig. Ein Fahrradfahrer klingelte mich zur Seite und überholte mich. Vielleicht würde auch ER an mir vorbeifahren, wenn ich mir Zeit ließ. Dann könnte ich ihn fragen, was genau das vorhin eigentlich war, oder auch nur in seine blauen Augen starren. Ich war so in Gedanken versunken, dass ich beinahe am *Green Basil* vorbeigegangen wäre. Einen Moment lang betrachtete ich das hohe Eckhaus und blickte durch die breiten Fensterfronten, hinter denen das übliche rege Treiben herrschte. Ein Straßenmusiker spielte auf seiner Gitarre einen sentimentalen Song, dessen Name mir nicht mehr einfiel. Margret sah mich draußen stehen und winkte mir zu. Das *Green Basil* war mein zweites Zuhause. Margret und Andrew waren in den schwersten Zeiten für Cas und mich da. Ich legte dem Musiker im

Vorbeigehen einen Dollar in seinen Hut und zog die Tür des *Green Basil* auf.

Ich steuerte meinen Lieblingsplatz an und atmete den würzigen Duft von wildem Basilikum und Oregano ein. Will saß bereits an unserem Tisch, sein brauner Wollmantel hing über seiner Stuhllehne. Sobald wir zusammen waren, hatten die negativen Gedanken keine Chance mehr. Wir bestellten nichts von der Karte, sondern ließen uns überraschen.

Der Keramikteller mit vegetarischem grünem Chili, den Andrew mir direkt vor die Nase stellte, ließ mich diese Entscheidung nicht bereuen.

»Was ist mit Lexie?«, fragte er uns, während er auch Will seine Portion Chili servierte und mit dem Kinn auf die dritte Portion in seiner Hand deutete.

»Kommt gleich«, entgegnete Will und zeigte auf den freien Platz neben sich.

Andrew stellte Lexies Teller ab. Es roch so angenehm nach Knoblauch und Oregano, dass mir das Wasser im Mund zusammenlief. »Und wie war dein Tag?«, fragte mich Andrew und legte noch ein paar Löffel, die er auf dem Tablett balancierte, in die Tischmitte.

»Verwirrend, glaube ich«, ließ ich meine Worte wie eine Frage klingen und merkte, wie Andrew seine Augenbrauen kraus zog.

»Aber gut«, schob ich schnell hinterher, »und wenn ich mir das Chili ansehe, wird er noch ein Stückchen besser.«

Andrews Gesichtszüge entspannten sich wieder, während ich bereits Cas' Chili auf einer Weizentortilla verteilte. Andrew zwinkerte mir zu, nahm zwei leere Gläser von unserem Tisch mit und ließ Will und mich wieder allein.

»Warum verwirrend?« Will rührte in seinem Chili und sah mich an.

»Ach ...« Ich kam nicht weiter, da Lexie sich in diesem Moment zu uns an den Tisch setzte, fast zeitgleich nach dem Löffel griff und ihr Chili probierte.

»Perfekt«, hauchte sie und legte umständlich ihre Jacke ab.

»Wow, Lexie. Auch schön, dich zu sehen.« Will grinste sarkastisch, riss die Arme hoch und umarmte Lexie überschwänglich.

»Ich weiß.« Sie zuckte mit den Schultern und schob sich einen weiteren Löffel Chili in den Mund. »Ich bin immer eine wahre Bereicherung für dieses Trio.«

Ich lachte auf, verstummte jedoch, als Lexie ihren Blick auf mich richtete.

»Also?«, fragte sie und spülte ihre mit Chili belegte Tortilla mit einem Riesenschluck Soda hinunter.

»Also was?«, wiederholte ich verwirrt und zog meine Augenbrauen zusammen.

»Ich bin jetzt körperlich bereit für alle Details.« Sie lächelte erwartungsvoll und legte die Gabel beiseite. Dann fuhr sie fort, ohne auf die Details zu warten. »Sag mal, ist dir eigentlich klar, wer dieser Typ heute war?«

»Nö, keine Ahnung.«

Ich bemerkte, wie Will erst Lexie skeptisch ansah und dann mich. Schweigen und im passenden Moment die richtigen Dinge sagen, war sowieso sein Ding. Er legte die Gabel an den Tellerrand und verschränkte seine Hände vor der Brust. Ich wich seinem Blick aus und wusste nicht, wieso.

»Keine Ahnung. Ich fasse es nicht.« Lexie kramte in ihrem Rucksack und zog ihr Handy heraus.

Sie musterte mich mit einem leicht vorwurfsvollen Blick und schüttelte dann sanft den Kopf.

»Also, ich unterstütze das ja sehr mit dir und deiner Bücherliebe. Und dass du dich ständig zu Hause vor der großen bösen Welt verkriechst.« Sie atmete hörbar aus und drehte an einem der unzähligen bunten Ringe, die sie an ihren Fingern trug, bevor sie das Handy zu mir umdrehte.

»Aber echt. Es würde dir wirklich guttun, ab und zu auch mal Seiten zu folgen, auf denen es nicht nur um Bücher geht.«

Will lachte auf. »Weil diese komischen Seiten, denen du folgst, so viel niveauvoller sind?« Lexies Kopf fuhr ruckartig zu ihm herum.

»Hey! Ich will nichts hören! *Hottest Students of Amber Falls* ist die beste und interessanteste Seite, die diese Stadt je hatte!« Ich schüttelte verhalten den Kopf und musste lachen. Wie oft hatte Lexie mir aus dieser Seite vorgelesen, die wie Buschfunk online war.

»Aber echt ...«, begann Lex erneut, »man könnte meinen, du lebst hinterm Mond, Emely Glen. Oder hinterm Saturn.«

Sie lag mit ihrer Behauptung ziemlich richtig, doch mir machte das nichts aus, denn ich hatte ja Lexie, die mich auf dem Laufenden hielt.

»Autsch«, antwortete ich trocken und blickte Lexie ernst an. »War nicht so gemeint«, entschuldigte sie sich sofort und stieß mich sanft in die Seite.

Will schmunzelte. »Ich glaube, Emely findet es auf dem Mond oder hinterm Saturn ziemlich genial.« Will hatte im Gegensatz zu Lexie meinen ironischen Unterton bemerkt. Dann kapierte es Lex auch endlich und lachte auf. Will sah mich an, seine braunen Augen mochten durchschnittlich wirken, genau wie meine. Doch jedes Mal, wenn ich sie sah, lag so viel mehr darin. Vielleicht stimmte es doch, wenn man sagte, dass der Blick in die Augen auch ein Blick in die Seele war.

»Vielleicht braucht Em die Zeit hinterm Mond auch einfach für sich«, sagte Will an Lexie gewandt. »Außerdem sind wir doch alle grundverschieden. Manche von uns sind zum Beispiel Stammgäste in den angesagtesten Clubs dieser Stadt«, Lexie und er nickten sich zu, »andere halten lieber Sicherheitsabstand«, fuhr er schulterzuckend fort und sah zu mir. Will kannte mich fast schon unheimlich gut. Aber so war das wohl bei besten Freunden.

»So und jetzt zurück zu diesem Macho, der dir heute so den Kopf verdreht hat.« Lexies Stimme hopste vor Belustigung auf und ab. »Das war David«, sagte sie und machte eine bedeutungsvolle Pause. Ginge es nach ihr, musste ich scheinbar von einem bloßen Vornamen auf ein ganzes Leben schließen.

»Oh, kommt schon! David Sinclair!«, versuchte sie es noch mal und blickte erwartungsvoll in die Runde. Aber

Will und ich sahen sie nur verständnislos an. »Der Unternehmenserbe David Sinclair? Hallo?«

Mein halb gekautes Essen blieb mir im Hals stecken. David Sinclair.

»Und der Groschen ist gefallen«, untermalte Lex ganz passend die Situation, die sich gerade in meinem Kopf abspielte.

Lexie räusperte sich laut hörbar. »David Sinclair«, begann sie und wandte sich wieder ihrem Handy zu, »Sohn des Öltycoons Robert Sinclair, ist nach neuesten Umfragen in den Top Ten der begehrenswertesten Unternehmenssprösslinge Colorados gelandet.«

»Und wer wurde da befragt? Zwanzig Studentinnen, die sich ein Date mit ihm wünschen, weil sie sich unsterblich in seine ach so tollen Augen verliebt haben?«, unterbrach Will Lexie und lachte auf.

Ich fühlte mich so was von ertappt.

»Ach, das spielt doch gar keine Rolle.« Lexie schüttelte den Kopf und schnaubte. Will lehnte sich zurück und checkte etwas auf seinem Handy. Lexie las weiter.

»Nach mehrjährigen Aufenthalten in Europa und Südamerika ist der 22-Jährige in den Schoß der Familie zurückgekehrt und studiert aktuell Kunstgeschichte in seiner Heimatstadt Amber Falls. Unklar ist allerdings, wie lange Sinclair junior sich noch den schönen Künsten widmet, denn wie sein Vater Robert Sinclair in einer Erklärung mitgeteilt hat, erwartet er, dass sein Sohn bald ins Familiengeschäft einsteigen wird.«

Lexie legte ihr Handy neben ihren Teller und stopfte sich genüsslich einen Löffel Chili in den Mund, während sie auf unsere Reaktion wartete. Will schob den Ärmel seines Wollpullovers hoch und warf einen Blick auf seine Armbanduhr.

»Ich muss jetzt los. Hab noch viel für die Uni zu tun und muss heute Abend ins *Chaplin* hinter die Bar.«

»Ich dachte, du hast diese Woche keine Schicht mehr?«, wunderte sich Lexie. Doch Will zuckte nur mit den Schultern und stand auf. »Jemand ist ausgefallen.« Er nahm seinen Mantel von der Stuhllehne.

»Du hast dein Chili kaum angerührt.« Lexie zog die Augenbrauen zusammen, und auch ich war verwundert.

»Kannst die Reste haben, Lexie. Wir sehen uns.« Wills Stimme klang ruhig, doch sein Blick sagte etwas anderes.

Ich schaute ihm nach, sah, wie die Glastür hinter ihm zufiel, während Lexie den Teller bereits zu sich zog. Ich rührte in meinem Chili und ging die Szene noch einige Male in meinem Kopf durch. Will war viel beschäftigt. Er ließ nie eine Vorlesung ausfallen und finanzierte sich sein Studium mit Nebenjobs. Doch er war auch unglaublich strukturiert und organisiert. Mitten beim Essen aufzustehen, das passte einfach nicht zu ihm.

»Und was ist das jetzt mit David?« Lexie strich sich mit der Serviette über den Mund und trank einen Schluck Soda.

Ich erzählte Lexie erst die Kurzversion und dann nach sehr deutlicher Aufforderung auch die ausführliche Version meines ersten Zusammentreffens mit ihm.

»Warum denke ich überhaupt weiter über ihn nach?«, schloss ich meine Erzählung.

»Kannst du dir das nicht selbst beantworten?«, fragte Lexie geradeheraus zurück.

»Würde ich dich das sonst fragen?« Ich zeigte mit meinem Löffel auf sie.

Sie nahm ihre Gabel in die Hand und deutete ebenfalls auf mich. »Kannst du auch mal was anderes tun, außer mit Fragen zu antworten?«

Kurz bewegte sich keiner, dann brachen wir in lautes Gelächter aus.

Lexie klaute mir ein Stück Tortilla und kratzte damit die allerletzten Reste aus Wills Teller. »Er fasziniert dich. Und ich glaube, du siehst etwas in ihm, das ich nicht sehen kann. Zumindest versuchst du das.«

»Aber was ist, wenn da gar nichts ist? Wenn ich mir das einbilde und er eigentlich genau der unangenehme Typ ist, dem ich in der Vorlesung am liebsten den Zaunpfahl durchs Gesicht gezogen hätte?«

»Oh Emely, solche starken Gefühle kenne ich gar nicht von dir.«

Ich lachte auf und stellte mir kurz vor, wie ich es versuchte, aber bereits am Gewicht des Zaunpfahls scheiterte.

»Aber Em ...« Lexie sah mich an. Ihre grünblauen Augen strahlten fast so sehr wie die Sonne hinter der Glasscheibe und fixierten mich. »Du kannst es nicht wissen. Dafür wirst du ihn wohl oder übel kennenlernen müssen.«

Auf dem Weg vom *Green Basil* zurück in die Uni schwiegen Lexie und ich fast die ganze Zeit. Das war untypisch für uns beide, aber meine Gedanken kreisten wieder und immer noch um diesen Typen. Warum bedankte er sich erst nett für meine Hilfe und tat dann so, als wären wir uns noch nie begegnet? Und dann noch dieses abstoßende Machogehabe. Jede andere hätte ihn bestimmt abgeschrieben. Doch seit Lexie mir aus dieser Klatschseite vorgelesen hat, ließ mich der Gedanke nicht los, dass er etwas hinter dieser Fassade, die er um sich errichtete, versteckte. Ich lachte über mich selbst. Ich hatte ihn heute zum ersten Mal gesehen und stellte schon die wildesten Theorien auf.

»Wo warst du eigentlich gestern während der Vorlesung?«, holte Lexie mich zurück in die Realität.

Ihre Frage erinnerte mich nicht nur an den peinlichen Moment mit Cas, sondern auch an den bevorstehenden Verlagstermin.

»Wie kommst du denn jetzt darauf?«, fragte ich zurück und tippte ein Memo in mein Handy, das mich daran erinnerte, Lucy, meiner Ansprechpartnerin bei *Peak Press*, eine Mail zu schreiben.

»Nur so.« Lexie zuckte mit den Schultern.

»Burberry Park«, antwortete ich. »Hab an der Weide gesessen und gelesen.« Ich lächelte schief.

»Wenn du das nächste Mal schwänzen willst, sag mir Bescheid. Dann komm ich mit.« Sie legte eine kurze Pause ein und musterte mich. »Und wenn du allein sein magst, dann sag bitte auch Bescheid, dann fahr ich dich wenigstens.«

Lexie und ich gingen in die Bibliothek und verkrochen uns in eine Ecke. Während sie sich darüber aufregte, dass die Uni-Bibliothek immer noch keine Abteilung für Comics und Graphic Novels hatte, hing ich, wie fast immer zu dieser Tageszeit, an meinem Handy. Ich durchstöberte meine Timeline auf Instagram nach den neusten Posts der Buchcommunity und speicherte mir jede Menge neuer Buchempfehlungen und Neuerscheinungen ab, die hoffentlich bald ihren Weg in mein Bücherregal finden würden. Natürlich warf ich auch einen Blick auf meine eigene Seite und schaute nach, wie gut meine letzten Posts ankamen. Nach wie vor war das Bild meines Bücherregals eindeutig das beliebteste. Es sah aber zugegebenermaßen auch richtig gut aus. Ich hatte endlich ein System für mich gefunden, die Bücher ordentlich und einheitlich zu ordnen. Denn während im Wohnzimmer alles kreuz und quer gestapelt lag, brauchte ich in meinem eigenen Regal ein System. Es hatte mich einige Zeit gekostet, aber jetzt waren sie perfekt nach Größe und Verlag aneinandergereiht. Aktuell kursierte ein Hype in der Community, bei dem man sein Regal nach Farben sortierte. Zugegeben, der Regenbogen, der dabei entstand, hatte etwas, und doch würde es mir niemals in den Sinn kommen, meine geliebten Reihen voneinander zu trennen. Nach stundenlanger Arbeit hatte ich ein Selfie von mir vor dem Regal geschossen und es voller Stolz und Freude gepostet.

»Du hörst mir gar nicht zu!«, riss Lexie mich aus meinen Gedanken.

Ich schaute vom Display auf und blickte in Lexies nicht sehr glücklich aussehendes Gesicht. Sie hatte die Arme vor ihrer Brust verschränkt. »Wir sollten dir ein Schild basteln, auf dem dann steht: ›Achtung! Die Person, die vor ihnen sitzt, scheint zwar körperlich anwesend, ist aber völlig in die unfassbaren Weiten des Internets versunken.‹ Dann redet man wenigstens nicht minutenlang umsonst. Du hast echt was verpasst, ich habe ziemlich interessante Dinge von mir gegeben.« Beim letzten Satz lachte Lexie auf.

»Tut mir leid, Lex. Und ich bin mir sicher, dass du immer nur sehr interessante Dinge von dir gibst.« Ich sperrte mein Handy und legte es zur Seite, um ihr meine ungeteilte Aufmerksamkeit zu schenken. »Ich bin nur selbst ganz erstaunt wie gut alles läuft. Mein Kanal wächst echt schnell, das habe ich nie so erwartet. Und das, obwohl ich nur ein paar Buchtipps gebe.«

Lexie setzte sich mir gegenüber und schaute mich mit ernstem Blick an. »Also ...« Sie richtete sich noch ein Stück weiter auf. »Du gibst da nicht nur ein paar Buchtipps. Du teilst deine Leidenschaft fürs Lesen und tauschst dich mit all den anderen Bücherwürmern da draußen aus. Du machst tolle Bilder und hast ein riesiges buntes Regal voller Schätze. Und deine Instagram-Community ...«

»Bookstagram«, fiel ich ihr ins Wort und schmunzelte. Ich unterbrach sie nicht gern, aber das hier war mir wichtig.

»Na gut, wie auch immer. Deine ›Bookstagram‹-Community schätzt dich sehr für das, was du tust. Für deine Authentizität, dafür, dass du kein Blatt vor den Mund nimmst und deine ehrliche Meinung zu jedem Buch öffentlich teilst.« Lexie schaute mich eindringlich an.

»Jaa ... vielleicht«, stammelte ich und dachte daran, wie es war, genau dafür auch öfter mal Kritik einzustecken. Kein schönes Gefühl. Aber auch das gehörte für mich dazu.

»Nicht nur vielleicht, Em. Das, was du tust, ist großartig.«

Lexie fand immer die richtigen Worte und wusste genau, was ich brauchte, um meine Zweifel aus dem Weg zu räumen.

»Danke.« Ich stand auf und umarmte sie lange, auch wenn wir beide sonst nicht der Typ für übermäßigen Körperkontakt waren. Manchmal war so eine Umarmung einfach angebracht. Ich ließ sie wieder los und schaute ihr in die Augen. »Ich werde trotzdem versuchen, weniger am Handy zu hängen, wenn du da bist. Dann verpasse ich keinerlei interessante Ausführungen über die neuesten Erkenntnisse und Schwärmereien aus dem Marvel-Universum.« Ich riet ein wenig ins Blaue, aber die Chancen standen gut, dass sie entweder darüber oder über Sex gesprochen hatte.

Lexies Mund verzog sich zu einem breiten Lächeln.

»Em!« Sie hielt mich fest an beiden Armen. »Du hast gerade das Wort Marvel-Universum im richtigen Kontext benutzt!«

Ich lachte laut auf, und Lexie stieg mit ein. Zum Glück standen wir in der hintersten Ecke der Bibliothek. Hier konnten wir wenigstens ohne Bedenken halbwegs laut reden.

»Gewöhn dich aber bloß nicht zu sehr daran«, begann ich, wieder ihre Hoffnungen zu mildern. »Ich hab immer noch keine Ahnung, warum Captain America jetzt eigentlich so ein riesiges leuchtendes Ding in der Brust hat.«

Lexie sah mich völlig entrüstet an und schlug mir leicht, aber mit Nachdruck gegen meinen linken Oberarm. »Das ist IRON MAN, du Noob!«

Kapitel 4

Ich öffnete meine Augen. Um mich herum war völlige Dunkelheit. Es war eine mondlose Nacht. Ich drehte mich auf die andere Seite, zog die Decke enger um mich und schloss meine Augen wieder. Ich versuchte einzuschlafen, aber es gelang mir nicht. Es war wieder eine dieser Nächte. Eine dieser Nächte, in der mich der Schmerz unerwartet einholte und mit voller Wucht überrollte. Ohne jede Vorwarnung erinnerte er mich daran, dass da etwas war, vor dem ich mich die ganze Zeit versteckte. Ich schlug die Decke von mir und lag regungslos auf dem Rücken, schaute zur Zimmerdecke, in die konturlose Dunkelheit. Dann tat ich das, was ich immer tat. Meine nackten Füße trafen erst auf das kühle Holz, nach ein paar Schritten dann auf den Rundteppich, der mitten in meinem Zimmer lag. Auf einmal stolperte ich mit einem Poltern über meinen Rucksack und verfluchte kurz meinen Hang zur Unordnung. Einen Moment hielt ich auf dem Boden kauernd inne, ohne einen Laut von mir zu geben, überlegte, einfach liegen zu bleiben. Genau hier gegen all das verlieren, was schon so lange über mich gesiegt hatte. Aber dann wäre es wie früher. Vor ein paar Monaten hatte ich mir geschworen, dass das nie wieder passieren würde. Ich rappelte mich auf und ging die letzten Schritte zum Kleiderschrank. Meine Schranktür quietschte, während ich sie durch die angerosteten Schienen zur Seite schob. Ich tastete die Kleiderstange ab und hielt kurz darauf Dads Pullover in der Hand. Ich schmiegte mich in die Wolle, die über die Zeit kratzig geworden und doch so perfekt war. Die raue Wolle presste sich gegen mein Gesicht, und ich sog den vertrauten Duft ein. Ich roch die Gewürze, mit denen Dad immer gekocht hatte, und die heiße Schokolade, die wir fast jeden Abend zusammen getrunken hatten. Ich war mir sicher, dass es nach so langer Zeit Einbildung sein musste, und doch war ich fest davon überzeugt, dass die Wolle noch nach meinem Dad roch. Nach allem, was für ihn stand. Schnell schlüpfte ich in den Pulli, dessen Ärmel mir bis weit über meine Hände ragten. Mir wurde ganz schnell ganz warm. Es fühlte sich fast so an, wie damals in seinen Armen zu liegen. Dieses Kleidungsstück schaffte es, mich in Sicherheit zu wiegen, weil es umgeben von all dieser Dunkelheit ein Leuchten war, das mir half, wieder etwas klarer zu sehen.

Am späten Vormittag des nächsten Tages stand ich in der viel zu langen Schlange des Coffeeshops auf dem Campusgelände und wartete darauf, endlich meine dringend benötigte Dosis Koffein zu bekommen.

Die letzte Vorlesung war wieder einmal todlangweilig gewesen. Parameter der Textanalyse. Ich schrieb hier und da einen Satz mit, vor allem dann, wenn das Wort »klausurrelevant« fiel. Aber jetzt freute ich mich auf den Nachmittag und ging im Kopf durch, was ich heute noch alles erledigen wollte: mit meiner Kamera Bilder von bereits gelesenen Büchern machen, auf der Website von Peak Press stöbern und dort das neue Programm durchgehen. Ich wollte für den anstehenden Verlagstermin perfekt vorbereitet sein. Das Zeug für die Uni konnte warten.

Auf einmal tippte mir jemand auf die Schulter. Ich zuckte zusammen, drehte mich um und blickte direkt in David Sinclairs Augen. Er zog den linken Mundwinkel etwas nach oben. Der leicht unbeholfene Versuch zu lächeln sah eher kläglich aus.

»Hey!«, sprach er mich an und wirkte nicht so angespannt wie bei unserer Begegnung in Dr. Taylors Kurs. »Du bist doch die aus der Vorlesung letzte Woche.« Er lächelte etwas breiter, doch seine Worte verfehlten jede Wirkung. Wie ein Sportler, der bei einem wichtigen Wettkampf punkten wollte und dann so fokussiert auf seine Leistung war, dass er versagte.

»Ja, genau DIE bin ich.« Ich spuckte die Worte fast aus und erschrak ein wenig über mich selbst.

»Magst du einen Kaffee mit mir trinken?«

»Nein, danke«, erwiderte ich, ohne zu zögern, und wandte mich von ihm ab.

Viel lieber studierte ich die Tafel mit den Tagesangeboten, die über dem Tresen hing. Ich musste mich entscheiden, welches viel zu teure Heißgetränk mir gleich den Tag retten würde. Auch wenn es mir unglaublich schwerfiel, mich auf das Geschriebene zu konzentrieren und IHN, der mir tatsächlich gefolgt war, zu ignorieren. Ich fasste gerade den Latte macchiato mit Lebkuchensirup ins Auge, da tippte er mir wieder auf die Schulter.

»Was?«, sagte ich in hörbar genervtem Ton und drehte mich zu ihm um. Ich war genervt, ja, aber ich brachte es auch – anders als sonst – deutlich zum Ausdruck.

»Darf ich dir nicht doch einen Kaffee ausgeben? Ich spendier auch einen Bagel obendrauf.« Er lächelte, doch das ließ mich kalt.

»Versuchst du mich gerade mit Essen zu kaufen?« Ich schnaubte und überlegte, ob so eine Aktion bei Lexie funktionieren würde. Ganz sicher nicht.

»Ich ... Ich glaube, ich habe etwas wiedergutzumachen. Ich verspreche dir auch, ehrlich zu sein.«

»Möchtest du mir dann auch noch den kleinen Finger darauf geben?« Ich lachte auf. Kann ja jeder behaupten.

»Hör zu, es tut mir wirklich leid, wie ich mich verhalten habe. Ich würde das alles einfach gerne aufklären. Ganz ehrlich.«

Ich war mir nicht sicher, ob er das Gleiche meinte wie ich, aber es kam nicht infrage. Zugegeben, es interessierte mich, was er zu sagen hatte, und doch fehlte mir jede Lust, mich die nächste Stunde mit gezwungenem Small Talk und einem Typen zu beschäftigen, der es gewohnt war, angeschmachtet zu werden. Meine sehr konkreten Pläne für den Nachmittag gingen absolut vor. Die Antwort war also: Nein.

Doch stattdessen hörte ich mich »Okay« antworten und war genauso überrascht wie er. Sein Mund öffnete sich leicht, doch er sagte nichts und sah mich nur mit kraus gezogenen Augenbrauen an. Damit hatte er wohl nicht gerechnet. Während David mich nach meinem Getränkewunsch fragte, stand ich immer noch regungslos da. Ich hatte doch *Nein* sagen wollen. Oder? Vielleicht hatten Lexies Worte doch mehr in mir ausgelöst. Kurz haderte ich, dann zuckte ich gleichgültig mit den Schultern und bestellte noch ein Dessert zu Bagel und Kaffee dazu. Wenn er schon etwas gutmachen wollte, dann richtig. So startete ich wenigstens gut gestärkt in meinen produktiven Nachmittag.

Wir wählten zwei Sessel in einer ruhigen Ecke aus. Er stellte das voll beladene Tablett auf einem Tischchen ab, und ich ließ mich in das braune Leder fallen.

»Ich bin übrigens David«, sagte mein Gegenüber und streckte mir die Hand entgegen, nachdem auch er es sich auf dem anderen Lesersessel gemütlich gemacht hatte. »Ich glaube, ich war sehr unhöflich.«

»Ja, das warst du«, entgegnete ich unbeabsichtigt kühl und starrte auf die Hand, die er mir entgegenstreckte.

Er ließ seine Hand sinken und schaute mich nachdenklich an. Irgendetwas schien in ihm zu arbeiten. So, als würde er ein Was-wäre-wenn-Szenario nach dem anderen durchgehen und jeden Satz abwägen, bevor er sich endlich für einen entscheiden würde. Da er nach einer gefühlten Ewigkeit immer noch kein Wort von sich gab, war ich es, die die Stille durchbrach.

»Warum hast du dich in der Vorlesung so seltsam verhalten und behauptet, wir hätten uns noch nie zuvor gesehen?«

Seine Augen waren matt, und er wirkte niedergeschlagen. »Ich glaube nicht, dass ich dir das erklären kann.« Er wandte sich ab und vermied es, mich anzusehen. Es war nur so ein Gefühl, aber hinter der Sache schien mehr zu stecken.

»Das klingt wie jemand, der es sich zu einfach macht«, sagte ich ohne jegliche Emotionen in der Stimme. Ich hatte nicht geplant, ihn so direkt zu konfrontieren, und doch wollte ich wissen, was sich hinter seinen Worten verbarg. Gleichzeitig wollte ich nicht wie die Verrückte klingen, die nach fünf Minuten von einer gemeinsamen Wellenlänge sprach und ganz genau zu wissen glaubte, was er fühlte. Was wir fühlen und denken, wissen doch meistens wir selbst nicht einmal so genau. Er rutschte auf dem braunen Leder hin und her, doch mit einem Mal fixierten seine hellen Augen meine.

»Das auf dem Parkplatz ... das war anders. So bin ich sonst nicht. Das war ... Nennen wir es einen schwachen Moment.«

Er rieb sich nervös die Hände, und ich hatte das seltsame Bedürfnis, sie zu nehmen und ihm zu zeigen, dass alles okay war und er das fühlen durfte, was er gerade fühlte. Was auch immer das war.

»Aber sind wir nicht in unseren schwächsten Momenten so, wie wir wirklich sind?« Meine Worte klangen wie ein dämlicher Spruch aus einem Glückskeks, und doch meinte ich ernst, was ich sagte.

»Möglich«, begann er und schaute zu Boden. »Man hat nicht immer die Möglichkeit, Dinge, die gesagt wurden, richtigzustellen.«

Ich musterte ihn und versuchte herauszuhören, wovon er sprach. Selbst wenn ich es nicht genau wusste, verstand ich doch, was er meinte: Wenn man nicht gegen die unbändige Macht ankam, die Worte entfalten konnten, weil die eigenen Worte nicht genug waren und niemals genug sein würden. Weil es einfacher war, all die Worte ungesagt zu lassen und zu hoffen, dass man eines Tages mutig genug sein würde, frei zu sagen, was man denkt und fühlt.

Das mit der Hoffnung, das war auch so eine Sache. Man redete sich unentwegt ein, dass sie da war, immer und egal, was passierte. Aber je älter ich wurde, desto mehr begriff ich, dass die Hoffnung ein Konstrukt unserer eigenen Fantasie war. Eine Art Selbstschutz, um uns daran zu hindern aufzugeben, auch wenn wir schon längst über unsere Grenze gegangen waren.

»Und warum bist du so offen zu mir?« Ich stellte die Frage ganz direkt, dabei fragte ich mich genau das Gleiche.

Er blickte mich an und lächelte. Dieses Lächeln schien ehrlich zu sein, auch wenn etwas Trauer darin mitschwang.

»Du hast mich am Ende meiner Nerven vor einem Baum kauernd gesehen. Ich denke, der Zug ist abgefahren.« Er griff nach seinem Kaffee und nippte daran. Ich tat es ihm gleich. Je mehr ich diesen Tag Revue passieren ließ, desto absurder erschien mir alles. Ich schüttelte kaum merklich den Kopf und lachte leise.

»Hey! Lachst du mich etwa aus?« Das verschmitzte Grinsen ließ mich wissen, dass er nicht ernsthaft gekränkt war.

»Oh Gott, nein! Ich finde es nur lustig. Ein gut aussehender Typ, der seine sanfte Seite zeigt und mir einen Teil seines wahren Ichs offenlegt. Du könntest auch die Hauptrolle in einem schnulzigen Liebesroman spielen.« Ich griff meine Kaffeetasse etwas fester und stellte mir vor, wie das wohl wäre mit ihm in der Hauptrolle.

»Soso«, antwortete David nur. Er legte den Kopf schräg, sah mich prüfend an und zog einen Mundwinkel verspielt nach oben. »Du findest also, ich sehe gut aus.«

Wir unterhielten uns, bis David gehen musste und mir auffiel, dass der Rest meines Kaffees bereits kalt war. Meinen Bagel und den Schokokuchen ließ ich mir für später einpacken, weil ich nicht einen Bissen davon runterbekommen hatte.

»Das war wirklich schön.« Er lächelte und hielt mir die Tür nach draußen auf. Ich erwiderte sein Lächeln und fuhr mir zögerlich mit den Fingern durch meine Haare, nur um eine Beschäftigung für sie zu haben. Ich hatte absolut keine Ahnung, wie man sich in so einer Situation verhielt. Gab ich ihm meine Nummer? Fragte er danach? Bekam ich überhaupt irgendeine dieser Fragen aus meinem Kopf raus und über meine Lippen?

»Wir sehen uns.« David lächelte immer noch und steckte seine Hände in die Hosentaschen seiner blauen Jeans.

»Ja«, stammelte ich bloß. Und noch während ich nach Hause lief, die Verabschiedung immer und immer wieder durchging, bereute ich, nicht nachgefragt zu haben. »Wir sehen uns« – das hatte ich bei unserer allersten Begegnung auch zu ihm gesagt. Aber was hieß das? Und wann? Und wo? Ich konnte nur hoffen, bald auf wenigstens eine dieser Fragen die Antwort zu kennen.

»NIEMALS!«, kreischte mir Lexies Stimme drei Oktaven höher entgegen. Ich hatte ihr eine Nachricht geschrieben, um zu telefonieren, doch zwanzig Minuten später stand sie einfach vor meiner Tür. »Das kann doch nicht dein Ernst sein! Ausgerechnet du schleppst David Sinclair ab. Ich meine DEN David Sinclair! Oh mein Gott, erzähl mir alles. ALLES! Hat er ein Sixpack? Und wann werdet ihr heiraten?« Lexie saß im Schneidersitz auf dem Wollteppich in meinem Zimmer und sah mich mit weit aufgerissenen Augen an.

»Wenn, dann hat er mich abgeschleppt«, lachte ich und sah, wie Lexies Lächeln noch breiter wurde. »Auch wenn man hier von Abschleppen eigentlich gar nicht reden kann.« Ich setzte mich an meinen Schreibtisch, auf dem sich die Papiere für die Uni stapelten.

»Noch nicht«, entgegnete sie trocken, stand ebenfalls auf und schlenderte zu meinem Bücherregal.

»Lex, es war nur ein Kaffee. Rein zufällig haben wir uns getroffen. Das war definitiv kein Date«, antwortete ich und schob einen Papierstapel zusammen.

Lexie schnaubte und zog meine Schmuckausgabe von *Jane Eyre* aus dem Regal, um darin zu blättern. »Er hat dich auf einen Kaffee eingeladen. Ich finde, das klingt verdächtig nach spontanem Date.«

Ich setzte mich auf mein Bett und schob ein paar frisch gewaschene Klamotten, die ich noch nicht eingeräumt hatte, zur Seite. Entspannt lehnte ich mich gegen die Wand und schlug meine Beine übereinander. »Wie du meinst«, gab ich lachend zurück. Ich hatte keine Chance, wenn Lexie sich einmal ihre Meinung gebildet hatte. Sie war ein echter Sturkopf.

»Und wie ist er so? Ist er wirklich der heiße Bad Boy, für den er sich immer ausgibt?«, wollte Lexie wissen.

Ich verdrehte die Augen und zog mein Handy aus der Hosentasche. »Er ist kein ›Bad Boy‹«. Ich fand es lächerlich, jemanden so zu bezeichnen, und betonte Bad Boy so, dass die Anführungszeichen nicht zu überhören waren.

»Ha!«, rief Lexie jetzt wieder, so laut, dass ich fürchtete, Cas könnte das Gespräch mithören und danach neugierige Fragen stellen. »Du hast nicht abgestritten, dass er heiß ist!«

Mist.

Das hatte ich wirklich nicht.

Es stimmte. Er war heiß. Sehr heiß sogar. Seine dunklen Haare, sein markantes Kinn und diese unglaublichen saphirblauen Augen. Auch seine muskulösen

Unterarme, die sich unter seinem Pullover abgezeichnet hatten, waren mir nicht entgangen.

»Ich werte die Stille jetzt einfach mal als Zustimmung.«

Ich fühlte mich ertappt.

»Aussehen ist nicht alles«, versuchte ich, Lex von ihrer Fährte abzubringen.

»Ja. Und den Spruch hast du aus einer Zeitschrift für alte verbitterte Frauen, die seit Jahren untervögelt sind, sich mit mittelmäßig aussehenden Typen zufriedengeben und sich dann einzureden versuchen, dass die einen ach so tollen Charakter haben.« Lexie stellte das Buch zurück ins Regal.

»Du bist aus tiefster Seele ein böser und oberflächlicher Mensch, das ist dir klar, ja?«, konterte ich.

»Ich weiß, und dafür liebst du mich. Aber genug von dir. Ich muss dir etwas aus meinem unfassbar spannenden Leben erzählen, und ich verspreche dir, es hat ausnahmsweise mal nichts mit dem Marvel-Universum zu tun.«

»Eleganter Themenwechsel«, gab ich zurück und ließ sie fortfahren.

»Das Wochenende war gut. Sehr gut.« Sie machte eine theatralisch lange Pause, wartete, dass ich etwas sagte, doch ich blieb stumm. »Gut, dass du fragst. Freitag und Samstag habe ich abends einen Film in sehr, sehr netter Gesellschaft geschaut. Der Film war ein wiederkehrender Faktor, meine männliche Begleitung aber nicht. Und ich sag's dir! *Guardians of the Galaxy* zwei Abende hintereinander zu schauen, war die beste Entscheidung meines Lebens.«

Ich realisierte, was sie mir gerade mitteilte, und brach in schallendes Lachen aus. Aber ich kannte sie gut genug, um zu wissen, dass das kaum etwas Besonderes für sie war. »Lexie, du bist unmöglich!«

»Ich weiß.« Schulterzuckend setzte sie sich auf meinen Schreibtischstuhl und drehte sich ein paarmal um sich selbst.

»*Guardians of the Galaxy*«, begann ich nachdenklich. Wenigstens wusste ich, dass es sich bei Marvel-Filmen um ein fiktives Universum handelte, in dem ein Superheldenepos nach dem anderen spielte, die allesamt von den Marvel Studios produziert wurden. »Ist das nicht der Film mit dem Waschbären?«

»Nah!«, tönte Lexie empört, und ich wartete darauf, dass sie mir zum zigsten Mal das Marvel-Universum erklärte.

»Das könnte man vielleicht vereinfacht so ausdrücken, aber Rocket ist SO. VIEL. MEHR.« Ich ließ das einfach mal unkommentiert so stehen. Der einzige Fakt, den ich mir aus ihren zahlreichen Vorträgen gemerkt hatte, war, dass das Universum zwar auf den Comics basierte, aber gleichzeitig unabhängig vom Comic-Universum war. Verwirrend.

»Und? An welchem der beiden Abende war der Film besser?«, lenkte ich ihren Fokus zurück auf den Kern unseres Gesprächs.

»Na ja, am zweiten Abend habe ich ehrlich gesagt kaum etwas mitbekommen. Brian schien den Film auch schon zu kennen und ... schlug eine bessere Art der Beschäftigung vor.«

Für Lexie war es so selbstverständlich, jeden Abend einen anderen Typen abzuschleppen. Ich allerdings hatte bis auf das komische erste Mal mit meinem Ex wenig vorzuweisen. Es hatte ein paar Männer gegeben, aber nie wurde nach ein paar Wochen mehr aus dem Flirt.

»Wissen denn Mr. Freitag und Mr. Samstag voneinander?«, fragte ich sie weiter aus, aber ich konnte mir die Antwort fast schon denken.

»Ach Quatsch, natürlich nicht! Keiner von beiden kann sich ernsthafte Hoffnungen machen. Ich glaube, es gibt kein Wesen auf dem Planeten, das denkt, ICH würde jemals eine dauerhafte Beziehung eingehen.«

Wo sie recht hatte, hatte sie recht.

»Und?« Lexie griff sich *Daisy Jones and The Six* von meinem Schreibtisch und drehte sich zu mir um. »Wirst du aus deinem Bad Boy einen charmanten Book-Boyfriend machen, indem du der Welt seine zarte Seite offenbarst?« Sie hob nur ihre rechte Augenbraue und musterte mich.

»Bin ich nicht die, die all diese Bücher liest und so eine Frage stellen würde?« Ich lachte auf.

»Na, dann hast du wohl schlecht auf mich abgefärbt«, antwortete Lexie und betrachtete eingehend das Cover.

Ich mochte ihren Sarkasmus, und trotzdem war es mir unangenehm, dass ich ihre Frage noch nicht beantwortet hatte. Ich schlug meine Beine im Schneidersitz übereinander und fuhr mit den Fingern die Falten nach, die meine Jeans dabei bildete.

»Das mag sein, Lexie. Du weißt, wir wünschen uns so was vielleicht.« Ich machte eine kurze Pause und atmete hörbar aus.

»Aber Lex ... du weißt, dass das echte Leben so nicht läuft.«

Kapitel 5

»Woran denkst du?« Cas saß mit angewinkelten Beinen auf einem der beiden dunkelbraunen Sessel. Unser Wohnzimmer war, schon seit ich denken kann, mein Lieblingszimmer. Lange Spieleabende, Diskussionen über neue Lieblingsfilme und stundenlanges Zusammensitzen waren Erinnerungen, die hochkamen, sobald ich hier war.

»An früher«, sagte ich, ohne sie anzusehen und kratzte mit dem Daumennagel an einem Schokofleck auf dem weinroten Sofa herum. Es war nicht der einzige Fleck auf den durchgesessenen Sitzmöbeln, doch sie störten mich nicht. Im Gegenteil. In jedem einzelnen Fleck steckte eine Erinnerung.

»Und an Dad.« Ich sah ihr in die Augen, direkt in das intensive Grün, das dem unseres Vaters so sehr ähnelte. Cas hatte viel von ihm. Nicht nur äußerlich, auch das Kochen gehörte den beiden. Jedes Mal, wenn ich sie in der Küche sah, wie sie voller Lebensfreude aufblühte, wenn sie sich am Herd austobte, sah ich in ihr unseren Vater. Ich hatte kaum etwas von Dad und kam mit meinen braunen Augen und dunkelbraunen Haaren eher nach unserer Mutter. Aber über unsere Mutter sprachen wir nicht.

»Vermisst du ihn sehr?«, fragte sie mit einem Hauch Sorge in der Stimme.

»Jeden Tag.« Ich blickte auf das Bücherregal aus Nussbaumholz, in dem ohne jegliche Ordnung unsere größten Schätze standen. Aber ich wusste immer und ohne hinzusehen, wo das Buch stand. Das eine Buch, das ich heute noch am stärksten mit meinem Dad verband. *Die kleine Meerjungfrau* war das einzige Buch, das einen festen Platz hatte und immer haben würde. Der Tee in meiner Tasse dampfte, und ich beobachtete, wie der Dampf seine unvorhersehbaren Wellen durch die Luft schlug. Meine Mutter sagte früher immer, dieser Tanz war wie Magie, die durch den Raum schwebte und dafür sorgte, dass man sich wohlfühlte, egal wie schlecht es einem ging. Es versetzte mir einen Stich, daran zu denken. Ich stand auf, ging zum Bücherregal und griff nach meinem blau eingebundenen Lieblingsbuch. Mein Blick streifte ein paar Kinderbücher, aus denen meine Mutter mir immer vorgelesen hatte. Ich hatte sie geliebt und zu ihr aufgesehen, doch scheinbar war ich damit allein. Die Familie, die eigenen Töchter ohne jede Vorwarnung zu verlassen, so etwas tat man nicht, wenn man liebte. Seitdem rührte ich diese Bücher nicht mehr an. Trotzdem war ein Funken übrig, der still und heimlich vor sich hin glühte und allem trotzte, was ihn schon so lange zu ersticken versuchte. Diesen Funken bewahrte ich mir, bis es an der Zeit war, ein Feuer zu entfachen. Ich presste *Die kleine Meerjungfrau* fest an meine Brust und drehte mich zu Cas.

»Wie war es heute auf der Arbeit?«, wechselte ich das Thema, weil mir die Stille zwischen uns unangenehm wurde.

Ich schnappte mir eine Wolldecke von der Lehne und setzte mich zurück aufs Sofa. Das Buch legte ich neben mich, vielleicht konnte ich später noch ein wenig darin lesen. Cas sah mich an und legte die Stirn in Falten.

»Wie immer.« Konversation war manchmal einfach nicht ihr Ding. Ich schlürfte vorsichtig meinen Tee, um mir nicht wie so oft die Zunge zu verbrennen.

»Ich denke, wir sollten gleich rübergehen. Der Lammbraten muss aus dem Ofen.« Cas nippte an ihrer Tasse und stand auf. Wortlos folgte ich ihr in die Küche, wo es nach der Kräutermarinade roch, die wir auf das Fleisch gepinselt hatten.

»Kann ich dir noch irgendwie helfen?« Ich stellte meine Tasse auf dem runden Esstisch ab und schaute Cas zu, wie sie bereits einen weiteren Topf aus einer breiten Schublade zog.

»Du kannst schon mal die Kartoffeln waschen, dann kümmere ich mich um den grünen Spargel.« Sie warf einen Blick in das aufgeschlagene Rezeptbuch und ließ ihren Finger über ein paar Zeilen mit Anweisungen fahren, die in Dads krakeliger Handschrift unter den Mengenangaben standen. Ich nickte und putzte die Kartoffeln.

Einmal die Woche stöberten meine große Schwester und ich in dem von Flecken übersäten Zettelstapel und entschieden uns für eines von Dads zahlreichen Rezepten, die wir dann gemeinsam nachkochten.

»Wenn du fertig bist, kannst du gleich noch ein paar Pinienkerne anrösten.« Sie gab einen Schwung Olivenöl in die heiße Pfanne.

»Stellst du mir die Pfanne schon mal auf?«, fragte ich und griff nach der vorletzten Kartoffel. Die Rezepte, die sich Cas und Dad gemeinsam ausgedacht hatten, waren nicht nur eine nostalgische Erinnerung. Es war unsere Art, ihm nah zu sein. Einen kleinen Teil von ihm bei uns zu haben.

Nach unserem ausgedehnten Abendessen stand ich auf und nahm sowohl meinen als auch Cassidys Teller mit zur Spüle, um die Reste den Abfluss hinunterzuspülen.

»Auch Tee?« Cas lächelte freundlich und befüllte den Wasserkocher.

»Klar, immer«, entgegnete ich und überlegte, meine wievielte Tasse das heute bereits war. Ich kam auf ungefähr sieben.

»Warum frage ich eigentlich?« Cas zog lächelnd die Teeschublade auf, in der unzählige Teesorten nach Verpackungsfarben sortiert waren. »Was darf's sein?«

»Such einfach was aus.« Das Wasser brodelte bereits, während ich im Schrank nach meiner Lieblingstasse griff und wieder einmal schmunzelnd feststellte, dass der Spruch darauf stimmte. »Biggest lie of a reader? Just one more chapter«.

»Welche Tasse willst du?«, fragte ich meine Schwester und schob ein paar der bunten Tassen hin und her.

»Die mit den witzigen Äffchen.«

Ich griff nach der Tasse und drehte mich zu Cas um, die gerade zwei Beutel Ingwer-Lemon-Tee hervorzog.

»Ich finde, Mom hat recht, die zwei Äffchen sehen wirklich ein bisschen aus wie wir.« Erst als ich Cas' Blick sah, merkte ich, was ich gesagt hatte. »Ich ...« Die Worte blieben mir im Hals stecken.

»Isabella hat hier nichts mehr zu suchen.« Cas' Stimme klang kühl und fest. »Das weißt du genau.«

Ich ließ die Tasse sinken.

Sie ist immer noch unsere Mutter.

Ich wusste, die Worte, die ich zurückhielt, waren verletzend für Cas. Sie ihr entgegenzuschleudern, konnte ich meiner großen Schwester nicht antun.

»Cas ...« Ich blickte wieder auf, sah meine Schwester an, die auf die Teebeutel in ihrer Hand blickte. Ich stellte beide Tassen auf der Anrichte ab und schob sie zu ihr rüber.

»Sie hat eine Entscheidung getroffen. Und mit den Konsequenzen muss sie jetzt leben.«

Cas ließ die Worte auf mich wirken, sie hatte recht. Auch wenn ich noch nicht damit abschließen konnte. Oder wollte. Unsere Mutter war einfach gegangen. Ein paar wenige Sätze auf einem fleckigen Stück Papier, die uns mitteilten, dass sie nicht wiederkommen würde.

Seitdem wusste ich, wozu Worte fähig waren. Welche Macht aneinandergereihte Buchstaben besaßen. Wie sie Geborgenheit und Zuneigung versprachen, Sicherheit und Liebe schufen, wo scheinbar niemals welche gewesen war.

»Em, es ist okay. Sie fehlt nicht.« Cas stieß sich von der Anrichte ab und ließ die Teebeutel in die Tassen gleiten.

Fehlt sie dir nicht mal ein bisschen, Cas?

Ich goss heißes Wasser über die Teebeutel und wich ihrem Blick aus.

»Was ist?« Cas griff sich einen Lappen aus der Spüle und wischte den Tisch ab.

»Alles gut, lass uns ins Wohnzimmer gehen.« Ich nahm beide Tassen und lächelte Cas an, hoffte, dieses Thema in der Küche zu lassen.

Wir machten es uns mit dem Tee im Wohnzimmer bequem. Die Lust, den restlichen Abend noch mit Cas zu verbringen, hielt sich in Grenzen. Die Alternative, ihr zu erklären, warum ich lieber in mein Zimmer ging, kam allerdings auch nicht infrage. Schon seit Tagen wälzte ich die Worte in meinem Kopf hin und her. Ich wollte sie auf Papier bringen und Mom einen Brief schreiben, doch bisher hatte ich immer einen guten Grund gefunden, es weiter aufzuschieben.

»Film?«, fragte ich.

»Klar.«

Unsere Ein-Wort-Unterhaltungen waren einfach nicht zu übertreffen. Es war keine Distanz mehr zwischen uns, sondern diese tiefe Verbundenheit, die nicht viele Worte brauchte. Noch vor wenigen Minuten saßen wir angespannt in der Küche, aber jetzt waren wir uns wieder nah. Schwestern eben.

»Holst du noch Popcorn?« Cas stand auf und wühlte zwischen ihren verstaubten DVDs.

»Sag mal, wollen wir nicht einfach auf *Netflix* stöbern?«, rief ich ihr aus der Küche zu und füllte eine Schale mit Popcorn.

»Okay, meinetwegen«, gab sie nach. »Willst du heute aussuchen?«

Ich stellte das Popcorn auf dem Couchtisch ab und griff nach der Fernbedienung, der Bildschirm begann zu flimmern. Zielstrebig klickte ich mich zu den bereits gesehenen Serien, da drehte sich Cas noch einmal zu mir um. »Aber kein *Game of Thrones*.«

Wir schauten *Mrs. Doubtfire*, eine Komödie mit Robin Williams. Ich verabschiedete mich, noch während der Abspann lief, und ging in mein Zimmer.

Und während Cas noch die Popcornschüssel von Hand abspülte und in ihrem Kalender bunte Listen für die nächsten Tage anlegte, saß ich an meinem Schreibtisch vor einem Blatt Briefpapier und starrte auf das einzige Wort, das ich bisher geschrieben hatte.

Mom

Mir fiel keine Anrede ein, die sich nicht unglaublich falsch anfühlte. »Liebe Mom« stimmte nicht annähernd, weil diese Gefühle zwischen uns nicht existierten. Sie einfach »Isabella« zu nennen, diese kühle Distanz, das konnte nur Cas.

Ich kann dir nicht genau sagen, warum ich dir diesen Brief schreibe, oder es zumindest versuche. Ich kann dir nicht sagen, wo ich stehe. Warum ich mit alldem nicht längst abgeschlossen habe so wie Cas.

Aber ich kann dir sagen, dass ich so viele Fragen habe. So viele Dinge, die ich nicht verstehe, weil du gegangen bist, ohne etwas zu sagen. Du hast jede Erklärung, jedes Wort, das geholfen hätte, einfach mit dir genommen.

Ich legte den Stift zur Seite. Wenn Cas wüsste, was ich hier tat … Ich brachte den Gedanken lieber nicht zu Ende. Es verletzte sie bereits, nur von Mom zu sprechen. Würde sie wissen, dass ich einen Brief an sie schrieb, wäre das wie ein Messer, das ich ihr geradewegs in den Rücken rammte. Vermutlich gäbe sie das nicht einmal zu, während sie mich anschrie.

Mom hat uns verlassen. Damit konnte ich nicht einfach abschließen. Dieser Brief war noch nicht fertig, und doch schrieb ich kein einziges weiteres Wort. Stattdessen starrte ich auf die Buchstaben in schwarzer Tinte, las Zeile für Zeile unzählige Male und spürte, dass die Worte nicht genau das ausdrückten, was ich wirklich tief im Herzen fühlte. Mein Kopf war ein einziges Chaos, und genauso ergab kein Wort auf diesem Blatt Papier mehr Sinn für mich.

Ich stand auf und zerknüllte den Brief. Irgendwann musste ich ihr schreiben, es versuchen. Ich pfefferte das Blatt in den Mülleimer unter meinem Schreibtisch.

Irgendwann, aber nicht heute.

Kapitel 6

»Wie lange willst du bleiben?« Cas sah mich kurz fragend an, ehe sie den Blick wieder auf den gepflasterten Bürgersteig vor uns richtete.

»Weiß ich nicht.« Ich zuckte mit den Schultern. Ich war einfach froh, dass wir endlich Freitag hatten, und wollte nur das Wochenende genießen. Wir liefen entspannt Richtung Stadtrand, wo das Fall Festival bereits seit gestern lief. Doch im Gegensatz zu meiner Schwester plante ich nicht meinen gesamten Abend durch.

»Andrew wartet schon auf mich, also sollten wir lieber jetzt schon eine Zeit ausmachen, zu der wir uns wieder treffen.« Zum Glück liefen wir Seite an Seite, so sah Cas nicht, wie ich meine Augen genervt verdrehte.

»Cas, ich habe ein funktionierendes Handy. Genau wie du. Schreib mir doch einfach.« Ich presste meine Lippen aufeinander, Cas war sicher nicht der genervte Unterton in meiner Stimme entgangen.

»Okay«, sagte sie lediglich, was mich leicht überraschte. Ein paar Minuten liefen wir schweigend nebeneinanderher, in meinen Gedanken ging ich bereits durch, was ich alles essen würde und ob ich Will zum Maislabyrinth überredet bekam. Bei Lexie machte ich mir da keine Gedanken.

»Cas …«, begann ich ruhig. Ich schob das Thema schon viel zu lange vor mir her und wusste, dass es keinen perfekten Zeitpunkt dafür gab.

»Hmm?« Sie schaute auf.

Ich wäre beinahe über meine eigenen Füße gestolpert, weil ich sie zu lange ansah. »Ich habe Ende nächster Woche einen wichtigen Termin.« Ich lächelte sie an, zeigte ihr meine ganze Vorfreude.

»Einen Termin?«, wiederholte Cas und sah mich nur kurz an, doch mein Lächeln fühlte sich bereits schwerer an.

»Ja, ich habe einen wichtigen Termin bei *Peak Press*. Sie wollen mit mir zusammenarbeiten.« Ich holte tief Luft und machte mich auf Cas' Antwort gefasst.

»Aha«, entgegnete sie lediglich. »Wann genau soll der sein?«

Sie fragte nicht nach dem Wochentag.

»Vormittags.« Ich sprach leise, während wir um die Ecke bogen. Ich hörte die Country-Musik schon von Weitem und hoffte, dass sich später noch ein paar Indie-Songs auf die Playlist verirren würden.

»Dass du keine Zeit hast, weil du am College bist, hast du hoffentlich gesagt?« Sie stellte die Frage, auch wenn wir beide die Antwort bereits kannten.

»Nein.« Ich sprach immer leiser und war froh, dass wir den Eingang des Festgeländes gleich erreichten.

»Em, du kannst keinen ganzen Tag mit Seminaren und Vorlesungen verpassen.« Sie sah mich eindringlich an, und ich wich ihrem Blick aus.

»Cas, der Termin ist unglaublich wichtig für mich.« Ich versuchte erst gar nicht, das Ganze in mehr Worte zu fassen. Ich konnte ihr nicht verständlich machen, was dieser Termin für mich bedeutete. Wie ich vor dieser Mail gesessen hatte und vor Freude fast in die Luft gesprungen war, weil *Peak Press* meine Arbeit mochte, mit mir Marketingkampagnen zu Spitzentiteln umsetzen und langfristig mit mir zusammenarbeiten wollte.

»Das College ist unglaublich wichtig für deine Zukunft.« Ihre Stimme klang scharf und gab mir zu verstehen, dass sie keinen Raum für eine Diskussion ließ. Ich verlor, bevor der Streit richtig anfing. Ich kickte einen Stein den Weg entlang und sah, dass Andrew, Will und Lexie sich bereits gefunden hatten und am Eingang auf uns warteten. Cas erblickte sie im gleichen Moment wie ich, und auf ihrem Gesicht breitete sich ein strahlendes Lächeln aus. Sicher, sie freute sich, ihren Freund zu sehen, und doch fiel es ihr so erstaunlich leicht, nach einem Streit umzuschalten. Sie blendete mich und unsere Diskussion komplett aus, doch ich konnte nicht einfach vergessen, wie wütend ich auf sie war.

Die Countrysongs wurden von einer Liveband gespielt, und aus allen Richtungen wehte mir der Duft von Zuckerwatte, Corn Dogs und Burgern in die Nase.

Andrew und Cas liefen voraus, Will, Lexie und ich hingen hinterher, weil Lexie alle paar Schritte anhielt und kurz jemanden begrüßte, den sie kannte. Wir hielten Ausschau nach einem freien Platz auf den Strohballen, die überall auf dem Festgelände aufgestellt waren. Der warme Lichtschein ausgehöhlter Kürbisse flackerte und verbreitete eine stimmungsvolle Atmosphäre. Schade, dass ich kein Buch dabeihatte. Das wäre ein ideales Fotomotiv für Bookstagram gewesen und hätte farblich perfekt in meinen Herbstfeed gepasst.

»Das hab ich vermisst.« Lexie legte den Kopf in den Nacken und drehte sich einmal um sich selbst.

Will und ich lachten auf, und auch Andrew und Cas sahen Lexie amüsiert zu. Einen Strohballen, auf dem Platz für uns alle war, fanden wir leider nicht.

»Erinnert mich an letztes Jahr«, sagte Will und lächelte mich an. Ich betrachtete die Lichterketten, die zwischen die Bäume gespannt waren. Genau hier unter den Lichtern hatten wir vor einem Jahr auf kratzigem Stroh gesessen, uns Zuckerwatte geteilt und der Band auf der Bühne zugehört.

»Was machen wir zuerst?« Lexie blieb abrupt stehen und drehte sich zu uns um. Wir stellten uns etwas abseits auf die angrenzende Wiese, damit wir nicht gegen die laute Musik anschreien mussten.

»Essen und dann Autoscooter?«, schlug Will vor.

»Möchtest du, dass ich kotze?«, entgegnete ich, und auch Lexie sah ich an, dass sie von der Reihenfolge wenig begeistert war.

»Na gut, zuerst Autoscooter oder Kettenkarussell und dann was zu essen.« Will steckte die Hände in die Taschen seiner dunklen Jeans.

»Ich glaube, dann verabschieden wir uns fürs Erste.« Andrew hatte den Arm um Cas' Hüfte gelegt und lächelte in die Runde. Fast hatte ich vergessen, dass die beiden noch bei uns standen. »Gehen wir zuerst ins Maislabyrinth?«, wandte er sich an Cas.

»Ich bin nicht der größte Fan von Maislabyrinthen ...« Sie sah erst zum beleuchteten Maislabyrinth und musterte dann Andrew skeptisch.

»Anfangs warst du auch nicht der größte Fan von mir, aber selbst du kannst dich manchmal irren.« Alle lachten, während Andrew meine Schwester auf die Wange küsste.

Andrew hatte eine Art, Cas von Dingen zu überzeugen, auf die ich wirklich neidisch war.

»Emely, hey!«

Verwirrt drehte ich mich um und sah in die Richtung, aus der ich meinen Namen gehört hatte. David lief auf mich zu und war keine fünf Schritte mehr von mir entfernt. Ich schaute kurz von Will zu Lexie, die mich beide fragend anblickten, genauso wie Andrew und Cas, ehe ich mich wieder David zuwandte, der dicht vor mir stehen geblieben war.

»David«, sagte ich lediglich, zu überfordert, um sinnvolle Worte zu formulieren, und spürte vier Augenpaare, die sich in meinen Rücken bohrten.

»Ich hab gar nicht erwartet, dich hier zu sehen«, wandte er sich direkt an mich und grinste verschmitzt.

»Na ja, ich habe auch nicht unbedingt damit gerechnet, dir hier über den Weg zu laufen.« Ich zuckte mit den Schultern und versuchte zu vergessen, dass die anderen jedes einzelne Wort unserer Unterhaltung mithörten.

»Hast du Lust, dass wir uns einen Corn Dog teilen? Die haben gerade ein 2-for-1-Angebot, aber ich dachte, wir machen vielleicht 1-for-2 daraus?« David legte seinen Kopf schief und sah mich voller Erwartung an.

Ich hatte nicht damit gerechnet, ihm hier über den Weg zu laufen. Aber noch viel weniger hatte ich erwartet, dass ich den Abend mit ihm verbringen könnte. Ich musterte David, und auch wenn ich mit meinen Freunden und meiner Familie hier war, brachte er mich in Versuchung.

»Wollten wir nicht gerade zu den Autoscootern?« Wills Stimme brachte mich wieder zurück in die Realität. Ich drehte mich zu ihm um und fühlte mich ganz schlecht. Ich hatte Will eine Autoscooterfahrt versprochen und zog trotzdem in Betracht, ihn hängen zu lassen.

Ich schaute zu Lexie, die sich aber zurückhielt, und bemerkte Andrews verhaltenes Grinsen, während er Cas einen Blick zuwarf, den sie nicht bemerkte, weil sie viel zu beschäftigt damit war, David anzustarren.

Will räusperte sich. »Aber Lexie und ich haben sicher auch zu zweit Spaß.« Lexie nickte zustimmend.

Klar, ich komme mit, Corn Dog teilen klingt gut.

»Danke für das Angebot David, das ist lieb.« Meine Worte klangen bereits wie der Anfang einer förmlichen

Absage, ohne dass ich das beabsichtigte. »Aber du könntest vielleicht mit uns kommen, wir wollten gerade zu den Autoscootern.« Ich lächelte, auch wenn ich absolut nicht verstand, was ich hier gerade tat.

»Schon gut. Wir finden bestimmt noch etwas anderes, das wir uns teilen können.«

Ich nickte, sah ihn unsicher an und wusste nicht, ob das Gespräch bereits beendet war.

»Nur du und ich, versteht sich hoffentlich«, schob er unerwartet hinterher, drehte sich um und ging.

Ich spürte, wie mir die Hitze in die Wangen schoss, und schaute ihm noch einige Sekunden nach, wie er allein zum Corn-Dog-Stand schlenderte und sich in die Warteschlange vor dem rot-weiß gestreiften Verkaufswagen einreihte. Langsam drehte ich mich um, den Blick meiner Schwester bewusst meidend. Sicher schwirrten mindestens ein Dutzend Fragen in ihrem Kopf herum.

»Wer war das denn?« Cas musterte mich erwartungsvoll, während Andrew seinen Arm um ihre Taille legte.

Ich fühlte mich ertappt, obwohl ich ihr nicht einmal etwas verheimlicht hatte.

»Nur jemand aus der Uni.« Unsicher trat ich von einem Fuß auf den anderen.

»Ja. David studiert mit uns Kunstgeschichte«, half Lexie mir aus.

Cas musterte mich skeptisch und setzte erneut an, doch ich kam ihr zuvor.

»Wolltet ihr nicht gerade ins Maislabyrinth?« Ich warf Andrew einen eindringlichen Blick zu.

»Wir waren quasi schon auf dem Weg.« Andrew lächelte mich wissend an. »Auf geht's, sonst verirren wir uns noch und hängen die ganze Nacht dort fest.« Er schaute Cas an und zog sie leicht mit sich.

»Ich schreib dir später, wann wir uns wieder treffen«, rief sie mir noch hinterher, während sie bereits bei Andrew eingehakt Richtung Maislabyrinth unterwegs war.

»Komm, wir fahren Autoscooter und holen uns was zu essen.« Lexie ergriff meine Hand.

»Aber bitte keine Corn Dogs«, erwiderte ich.

Ich teilte mir einen Autoscooter mit Will, Lexie fuhr allein. Will lenkte, ich navigierte und hielt Ausschau nach Lexie, die uns die ganze Zeit verfolgte und uns völlig unberechenbar mit Vollgas aus jeder erdenklichen Richtung kommend rammte. Die Disco-Musik war ohrenbetäubend laut, die Lichtshow zuckte im Takt, und wir wurden so hart und so oft durchgeschüttelt, dass ich mich mit einer Hand am Scooter festhielt und mich mit der anderen an Will festklammerte. Will hatte einen Arm um meine Schulter gelegt, hielt mich fest und lenkte einhändig.

»Wo ist sie jetzt?«, schrie Will und wich in letzter Sekunde einem entgegenkommenden Teenager aus.

»Ich habe sie verloren«, schrie ich zurück, als uns unerwartet der nächste Schlag von der Seite traf. Ich blickte zurück und sah Lexies triumphierendes Grinsen, während sie mit ihrem Autoscooter rückwärts fuhr, nur um gleich für den nächsten Zusammenstoß auszuholen.

Doch dann blieb mein Blick am Rand der Autoscooter-Arena hängen. Dort stand David die Hände in den Taschen seiner dunklen Jeans vergraben, und lehnte lässig an einer rot glänzenden Absperrung. Unsere Blicke begegneten sich für den Bruchteil einer Sekunde.

»Nehmt das!«, schrie Lexie und verpasste unserem Scooter einen solchen Stoß, dass ich mir fast eine blutige Nase am Haltegriff geholt hätte. Will schlug fluchend aufs Lenkrad weil es damit sicher 13:0 stand. Eine Sirene heulte auf und signalisierte das Ende dieser Runde. Will ließ unseren Autoscooter auf der Mitte der Arena ausrollen. Ich kletterte aus dem Wagen, blickte über die Fahrbahn zu David, doch er war bereits verschwunden.

Auf der Tanzfläche vor der Bühne tanzten einige Paare eng umschlungen zu einem langsamen Country Blues.

»Em, lass uns heimgehen.« Cas schulterte ihre schwarze Handtasche, in der sie immer das Nötigste für jeden erdenklichen Notfall eingepackt hatte.

Ich schaute erst zu Will und dann zu Lexie, die einen letzten Rest Zuckerwatte von einem Holzstab pulte.

Ich bleib noch ein bisschen.

»Kann ich nicht noch ein bisschen bleiben?« Ich presste die Lippen aufeinander und sah Cas fast schon flehend an.

»Hast du nicht morgen früh Uni?«, fragte sie zurück und schob einen Stapel Pappteller an den Tischrand, auf dem sich zerknüllte Servietten und Holzstäbchen sammelten.

Ich atmete schnaubend aus und verkniff mir die bissigen Worte, die mir auf der Zunge lagen.

Andrew legte einen Arm um Cas und zog sie nah an sich heran. »Ach komm, Fall Fest ist nur einmal im Jahr. Außerdem haben wir die Wohnung dann ganz für uns allein«, raunte er ihr zu.

»Könntet ihr diese nicht jugendfreien Gespräche bitte ins Schlafzimmer verlagern?« Lexie sah die beiden kopfschüttelnd an. »Oder zumindest dahin, wo ich nicht in Hörweite bin?« Sie verdrehte genervt die Augen und leckte den letzten Zucker vom Holzstab.

»Sex ist ja totales Neuland für dich.« Andrew beugte sich rüber zu Lexie. »Aber keine Sorge, irgendwann erkläre ich dir das auch noch mal mit den Bienen und den Blüten.« Wir lachten, und doch war es mir unangenehm, dass wir gerade über das Sexleben meiner großen Schwester sprachen.

»Also gut, meinetwegen bleib noch ein bisschen«, lenkte Cas das Gespräch zurück auf die eigentliche Frage.

»Danke«, entgegnete ich schnell, bevor sie doch noch eine Uhrzeit nachschob, zu der ich zu Hause sein musste.

Fast zwei Stunden später waren die Paare vor der Bühne kaum weniger geworden, und auch die Tische waren noch gut besetzt. Ganz sicher würden nicht wenige hier noch sitzen, bis die Sonne wieder aufging und die Vögel zwitscherten. Lexie hatte sich an mich gelehnt, mein Kopf lag auf Wills Schulter.

»Es ist kurz vor Mitternacht. Kommen wir nun zu dem Moment, auf den wir alle gewartet haben«, moderierte eine junge Frau in einem luftigen gelben Kleid den nächsten Programmpunkt an. Ihre Stimme war energiegeladen, ihr Haar zu einem perfekten Kranz geflochten. »Die Wahl und Krönungszeremonie für unseren diesjährigen *Fall Fest King* und seine *Fall Fest Queen*!« Ein paar Jubelschreie erklangen, Bierkrüge und Weingläser wurden zum Anstoßen in die Luft gehoben. Nur Lexie, Will und ich blieben unbeeindruckt.

»Den ganzen Tag hattet ihr Zeit, eure Stimmen hier vorne bei uns abzugeben. Jetzt ist die Auszählung vorbei, und die Schärpen liegen bereit!« Die Blondine zeigte auf zwei goldene Schärpen, die auf einem Tischchen bereitlagen.

»Was kann man da eigentlich genau gewinnen?« Meine Stimme klang rau, denn ich war schon ziemlich müde. Außerdem hatte ich mich noch nie für solche Wettbewerbe interessiert.

»Nichts«, sagte Will schulterzuckend und ließ meinen Kopf auf seiner Schulter mitwippen.

»Eine Schärpe, hast du doch gehört.« Lexie kicherte.

»Ein Glück, dass keiner von uns zur Wahl aufgestellt wurde«, sagte Will.

Ich rieb mir die Augen und nickte zustimmend.

»Na ja«, erklang es leise neben mir. »Will wurde nicht aufgestellt, aber ...«

Einen Sekundenbruchteil später saß ich kerzengerade auf der Bank und blickte Lexie mit weit aufgerissenen Augen an. »Lexie ...«

»Was denn?« Sie hob entschuldigend die Schultern. »Tut doch nicht weh? Im schlimmsten Fall bist du um eine Schärpe reicher.«

Ich war viel zu müde, um weiter mit Lexie darüber zu diskutieren. Aber gut fand ich es nicht, dass sie meinen Namen in irgendeinen Topf schmiss, ohne mir etwas davon zu sagen.

»Unser diesjähriger *Fall Fest King* ist ... David Sinclair!«, kreischte die Blondine mit der Flechtfrisur ins Mikrofon.

Jubel ertönte, und ein paar Jungs fingen lautstark zu grölen an, während David sich von ihrem Tisch erhob und durch die applaudierende Menge auf die Bühne ging.

»Na, wäre es jetzt immer noch so schlimm die Schärpe zu gewinnen?« Will stupste mich in die Seite und warf mir einen schiefen Blick zu. Die Hitze stieg mir in die Wangen, und für einen kurzen Moment stellte ich mir vor, wie es wirklich wäre, da oben neben David zu stehen.

»Und unsere *Fall Fest Queen* ...« Die Moderatorin machte eine dramatische Pause und winkte in unsere Richtung. »Lexie! Komm rauf!« Lexie stand auf, legte ihre Hände an meine Schultern und beugte sich zu mir runter. »Em, du weißt hoffentlich, dass ich deinen Namen nie da reinwerfen würde, ohne es dir zu sagen. Aber ich wollte sehen, wie du reagierst, wenn David da oben steht, was – wenn du mich fragst – absolut klar war.« Sie lachte kurz auf und schritt unter tosendem Beifall zur Bühne.

»Man muss sie schon lieb haben«, sagte Will und schüttelte lächelnd den Kopf, während Lexie über eine der zwei Seitentreppen die Bühne betrat.

David und Lexie ließen die Prozedur über sich ergehen, bekamen einen feuchten Händedruck und die Schärpe umgehängt. Kurz nach dem gemeinsamen Foto, bemerkte ich, wie Lexie David noch etwas zuflüsterte, bevor beide auseinandergingen und auf verschiedenen Seitentreppen die Bühne verließen.

»Was hast du zu ihm gesagt?«, platzte es aus mir heraus, als sich Lexie wieder zu uns setzte.

»Ich habe ihm gesagt, dass er auf den üblichen Tanz verzichten muss. So einen Quatsch mach ich nicht mit.« Sie lachte auf und stemmte die Hände in die Hüften. »Außer du willst mich ersetzen.«

»Ach Lexie, niemand könnte dich je ersetzen«, lachte ich, und Will und Lexie fielen mit ein. Wir lachten, bis ich mir vor Schmerzen den Bauch hielt. Ich war glücklich, dass heute wieder einer dieser Abende war, den ich in ein kleines Marmeladenglas schloss, um mich für immer daran zu erinnern. An die Glücksgefühle, an Lexie und Will und ein kleines bisschen auch an David.

Kapitel 7

Die zerlesene Ausgabe *Ein wenig Leben* von Hanya Yanagihara lag in meiner Hand, und ich musterte sie seufzend. Ich war mit den bisherigen Bildern immer noch nicht zufrieden. Ich stellte mich vor mein Bücherregal, hielt das Buch in die Kamera und drückte auf den Auslöser. Es war gerade einmal kurz nach fünf, aber die Sonne ging bereits unter und tauchte mein Zimmer in goldenes Licht. Ich drückte ein weiteres Mal auf den Auslöser und wusste sofort, dass dieses Bild in meinem Feed landen würde. Es klopfte, kurz darauf steckte Cas ihren Kopf durch die Tür.

»Dir ist schon klar, dass es rein gar nichts bringt zu klopfen, wenn du direkt danach ins Zimmer kommst, oder?«, sagte ich ironisch.

Sie kam, ohne zu antworten, herein und schloss die Tür hinter sich. Ihr skeptischer Blick klebte an dem Buch, das ich immer noch in meiner Hand hielt. Ich legte es auf den Bücherstapel, der darauf wartete, wieder ins Regal einsortiert zu werden.

»Die Frage, ob du etwas für die Uni getan hast, erübrigt sich dann wohl, wenn ich das hier so sehe.«

»Cas«, begann ich genervt. Ich war es leid, immer dieselbe Diskussion zu führen. »Das hier ist wichtig für mich. Das ist genauso ›Arbeit‹ für mich und steht auf meiner To-do-Liste wie das Lernen für die Uni.«

Cas stieß ein lautes Seufzen aus, aber ich reagierte nicht. Nichts war gut genug, um es jetzt zu sagen.

»Vielleicht verstehe ich das Ganze auch einfach nicht so richtig«, sagte Cas und ließ ihren Blick durch mein Zimmer schweifen, über mehrere größere und kleinere Bücherstapel und einige Verlagsvorschauen, die auf dem Boden lagen.

Ich ging zu meinem Schreibtisch und ließ mich auf meinen Stuhl fallen.

»Vielleicht.« Ich sichtete die Bilder und wählte aus, welche ich bearbeiten wollte. Cas trat hinter mich und beobachtete jeden Klick meiner Maus.

»Ich verstehe einfach nicht, wie man so etwas Analoges wie ein Buch im digitalen Raum teilen kann und dass dann auch noch ein Ding sein kann.«

»Du denkst viel zu viel über alles nach«, gab ich zurück, ohne den Blick von meinem Bildschirm abzuwenden. Ich konnte ihr nicht in die Augen sehen, während ich ihr etwas vorwarf, das ich eigentlich an mir selbst hasste. »Natürlich kann das ›ein Ding‹ sein, weil es – und du wirst es kaum glauben – auch andere Leute gibt, die sich für Bücher interessieren«, schob ich schnell nach.

»Aber, warum startest du nicht einen Buchclub? Ihr könntet euch doch zum Beispiel einmal die Woche im *Basil* treffen.«

Ich ließ die Computermaus los, drehte mich zu ihr um und blickte sie direkt an.

»Also. Erstens frage ich dich, wie viele Leute dir spontan einfallen, die du kennst und die genauso gerne lesen und in fremden Welten versinken wie ich. Ach ja richtig, da gibt es niemanden. Im digitalen Raum aber schon.« Ich fuchtelte mit den Händen in der Luft rum, sah Cas an, dass sie immer noch nicht verstand, und verdrehte genervt die Augen. »Und zweitens wissen wir beide ganz genau, wie gut ich darin bin, fremde Leute anzusprechen und so etwas wie einen Buchclub zu starten.«

»Aber so was kannst du doch lernen.«

Ich seufzte. »Die Anonymität im Netz gibt mir Sicherheit. Vor allem am Anfang war dieser Schutz wichtig für mich. Ich konnte dazulernen, alles ganz langsam aufbauen und zusammen mit meinem Kanal wachsen.« Ich atmete tief ein, dachte daran, wie ich meine Meinung mit Fremden teilte, während ich vor Cas so viel zurückhielt. »Bookstagram macht mich glücklich und gibt mir etwas, das ich im Leben abseits der sozialen Medien bisher nicht gefunden habe.« Mein Blick hatte Cas fest fixiert. Mit dieser Antwort hatte sie wohl genauso wenig gerechnet wie ich. Cas verschränkte die Arme ineinander.

»Und wenn du mich jetzt bitte entschuldigen würdest, ich habe noch zu tun.« Ich drehte mich auf meinem Schreibtischstuhl zurück zum Laptop, ohne ihre Reaktion abzuwarten.

Nicht weil mir ihre Reaktion egal war, sondern weil ich Angst vor ihr hatte. Cas war meine große Schwester, und es fiel mir schwer, mich gegen sie zu behaupten.

Einen Moment später hörte ich die Zimmertür ins Schloss fallen, und mir wurde klar, was ich soeben getan hatte. Ich hatte mich gegen Cas durchgesetzt. Die Angst hatte sich in ein neues, ungewohntes Gefühl verwandelt, und dieses Gefühl wurde immer stärker, und mit einem Mal wusste ich, was es war: Stolz. Es war Stolz, den ich empfand, weil ich endlich die richtigen Worte fand und sie nicht nur dachte, sondern auch sagte. Auch wenn meine Stimme nicht laut gewesen war, hatte es sich wie Brüllen angefühlt.

Ich betrat den Hörsaal zehn Minuten vor Vorlesungsbeginn. Dr. Taylor arrangierte gerade weibliche Heiligenfiguren auf dem Podium und nickte mir freundlich zu. Ich erwiderte ihren stummen Gruß und ließ meinen Blick suchend über die spärlich besetzen Sitzreihen gleiten. An der hintersten Reihe blieb ich hängen und war verwundert, David so früh hier zu sehen. Auch er hatte mich entdeckt. Er schenkte mir ein freundliches Lächeln und winkte mich zu sich. Ich freute mich und wusste nicht wieso. Es gab doch eigentlich keinen richtigen Grund, keine richtige Verbindung zwischen uns. Und doch hatte ich das Gefühl, ein unsichtbares Band hätte sich sanft um meine Taille geschlungen, das mich jetzt die Stufen des Mittelgangs herauf und langsam zu ihm zog.

»Ich dachte nicht, dass du dich wirklich neben mich setzt.« Verschmitzt grinste er mich an.

»Wieso?«, fragte ich verunsichert nach.

»Na ja, die Corn-Dog-Abfuhr ist immer noch frisch.«

»Ich kann auch wieder gehen, wenn dir das lieber ist.« Ich zuckte mit den Schultern, doch das Lächeln auf meinen Lippen verriet mich. Ich rechnete schon mit einer sarkastischen Antwort, doch seine nächsten Worte überraschten mich.

»Bitte bleib, Emely.« Er legte eine Hand auf meinen Oberschenkel, und auf einmal war alle Ironie verschwunden. Sein Blick ruhte auf mir, und ich spürte, wie sich die Härchen in meinem Nacken aufstellten.

»Okay«, flüsterte ich. Ich konnte David nicht einordnen, kannte ihn gefühlt erst wenige Sekunden, doch er machte mich neugierig. Was war das hier eigentlich? Erst nach Beginn der Vorlesung realisierte ich, dass Lexie immer noch nicht aufgetaucht war, und machte mir Sorgen.

Hey. Wo bist du?

Mein stumm geschaltetes Handy leuchtete auf.

Beobachte dich und Mr. Sinclair ganz still
und heimlich.

Ich verdrehte gespielt die Augen, weil sie ihn immer noch Mr. Sinclair nannte.

Hör auf, deine Stirn so zu runzeln.
Das gibt Falten.

Ich schaute mich im Vorlesungssaal um und entdeckte Lexie ein paar Reihen vor mir, da leuchtete mein Handy mit einer neuen Nachricht von ihr auf.

Ach, Sherlock. Ich war pünktlich da, aber dachte, ich lasse euch mal die romantische Zweisamkeit.

Romantik in einem überfüllten stinkenden Raum ohne Tageslicht und einem Vortrag über die Stilmittel der Renaissance?

Hey, jeder hat so seinen Fetisch. Aber jetzt leg dein Handy weg. Mr. Sinclair verdient ein bisschen mehr Aufmerksamkeit.

Mit einem Lächeln auf den Lippen legte ich das Handy zur Seite.

»Was gibt's? Was Lustiges?«, kommentierte David mein Lächeln.

Ich schaute unauffällig in die Ecke des Saals, von der aus Lexie ihre Spielchen mit mir trieb und dann in Davids saphirblaue Augen. »Ach, nichts ...«, sagte ich mit einem kaum hörbaren Lachen in der Stimme.

Ich bemühte mich, den Worten der Professorin zu folgen, aber ertappte mich immer wieder dabei, wie ich verstohlen zu David hinübersah und mich von ihm ablenken ließ. Von seinen Augen, die in den unglaublichsten Blautönen schimmerten, und dem Lächeln, das immer wieder auf seinen Lippen lag. Wenn er sich etwas auf seinem Block notierte, betrachtete ich seine Arme und die Adern, die hervortraten, wenn er seine Muskeln anspannte. Alles an ihm faszinierte mich.

Nach Vorlesungsende zwängten wir uns hintereinander durch die Sitzreihen, vorbei an den hochgeklappten Sitzen.

»Was hältst du von einem Kaffee?«, fragte er und blieb unerwartet stehen. Sein Lächeln zauberte ihm Grübchen ins Gesicht und ließ mein Herz einen Hüpfer machen. Dieses Gefühl war ungewohnt und neu, und ich war mir noch nicht sicher, was es bedeutete.

»Aber nur, wenn ich dich diesmal einladen darf.«

David zog die Augenbrauen leicht zusammen. »Na gut. Ich denke, das kann mein Ego gerade noch so verkraften.« Er drehte sich wieder um, blieb allerdings auf den Treppen stehen und zeigte mit einer fließenden Bewegung nach unten. »Nach Ihnen, die Dame«, sagte er gespielt gekünstelt.

Ich lachte, ließ die hochgestochene lustige Erwiderung aber sein. Wir gingen nebeneinander die Treppen hinunter, und ich spürte einige interessierte Blicke, die uns folgten. Drei Studentinnen direkt hinter uns tuschelten miteinander. Sie folgten wohl auch *Hottest Students of Amber Falls* oder lebten nicht wie ich hinterm Mond. Ich kramte mein Handy aus meiner Hosentasche und tippte eine kurze Nachricht an Lexie.

»Wem schreibst du?«, fragte David neugierig. Sein Blick glitt über den Bildschirm meines Smartphones.

Ich drehte es leicht zur Seite. »Nur Lexie. Ich sage ihr Bescheid, dass sie nicht auf mich warten soll.« So schnell wie ich mein Handy hervorgeholt hatte, ließ ich es auch wieder verschwinden.

»Der gleiche Laden wie letztes Mal?« David steckte die Hände in die Jackentaschen und schaute zu mir rüber.

»Lass uns ins *Friendly Bean* gehen. Die haben die besten Baristas der Stadt und der Caramel macchiato ist so gut wie nirgends sonst. Außerdem ist meine Stempelkarte fast voll, und wenn ich mir heute einen hole, bekomme ich einen zweiten Kaffee gratis dazu.«

»Verstehe. Deshalb willst du mich also einladen.« In seiner Stimme lag ein Lachen, das seinen Worten eine angenehme Wärme verlieh.

Zum *Friendly Bean* war es nicht weit, es lag gleich hinter dem Footballplatz, aber bereits nach wenigen Schritten blies mir die Kälte so frostig ins Gesicht, dass ich meinen Kopf einzog und mein Gesicht im Schal vergrub.

»Kalt?«, neckte mich David und stieß mir sanft mit seinem Ellbogen in die Seite. Ich zog die Schultern noch etwas höher und steckte meine Hände tiefer in die Manteltaschen.

»Ach Quatsch. Ich wollte nur erforschen, wie sich eine Schildkröte fühlt, wenn sie sich in ihren Panzer zurückzieht. Ihren gemütlichen, wohlig warmen Panzer.« Den letzten Satz sprach ich so sehnsüchtig aus, dass es meiner Glaubwürdigkeit wohl nicht sonderlich guttat.

David zog sich seine Strickmütze mit dem weißen Bommel vom Kopf und reichte sie mir. «Hier. Mit allem anderen bist du scheinbar bestens ausgestattet, aber ich glaube, damit kann ich dir noch dienen.«

Ich überlegte, ob es die Mühe wert war, meine Hände aus den bereits angewärmten Manteltaschen zu holen. Scheinbar verstand David mein Zögern und setzte mir die Mütze kurzerhand selbst auf.

»Wow. Danke.«

»So. Jetzt kann nichts mehr schiefgehen, und wir werden den Weg zum Café ohne größere Frostverluste überleben.«

Die Sonne tauchte die bunten Blätter an den Bäumen am Straßenrand in einen hellen goldenen Ton. Die meisten Leute liefen auf der Straßenseite, auf die mehr Sonnenstrahlen fielen. David zog mich gerade noch rechtzeitig zur Seite, damit eine Frau auf einem hellblauen City-Rad mich nicht umfuhr.

»Danke.« Ich lächelte ihn an.

David sah an den bunten Hausfassaden hoch. Ich folgte seinem Blick und hätte mich am liebsten einmal um mich selbst gedreht, um alles in mir aufzunehmen. Die Sonne schien in mein Gesicht, die Blätter der Amberbäume raschelten im Wind, und es roch nach frisch aufgebrühtem Kaffee. Ich dachte an den Funken, den ich so lange für mich behalten hatte und der jetzt begann, wild zu tanzen.

»Also, wenn das mal nicht die romantischste Kulisse für ein Date ist.« Seine Augen strahlten, und er lächelte mich an.

Für eine Sekunde stockte mir der Atem. Hatte ich gerade ein Date mit ihm? Wie konnte das so an mir vorbeigegangen sein?

David musste meinen überraschten Blick bemerkt haben und hob beide Hände. »Also nicht dass ich das für ein Date halte. Ich meine ... Nicht dass ich nicht gerne ein Date mit dir hätte. Also nur das hier, das ist kein Date, aber ...« Er machte eine kurze Pause. »Oh Gott.« Er fuhr sich durch seine dunklen Haare und musterte mich unsicher.

David blieb stehen und berührte mich ganz leicht am Arm.

»Emely, dieser Herbstzauber um uns herum ist unglaublich romantisch. Aber das hier ist kein Date, jedenfalls kein Date, wie ich es mir mit dir wünsche. Wenn ich dich auf ein Date ausführe, dann richtig. Kein langweiliger Kaffee, der mit Stempelkarten bezahlt wurde.« David nahm meine Hand, und auf einmal hatte ich das Gefühl, ich würde gar keine warme Manteltasche mehr brauchen. »Aber jetzt gerade gibt es nichts Schöneres, was ich mir vorstellen kann, als einen Stempelkartenkaffee mit dir.« Plötzlich schien mir die Kälte weniger erdrückend.

»Wow. Das klang jetzt deutlich kitschiger als beabsichtigt«, lachte er auf und drückte meine Hand für einen kurzen Moment fester.

»Das war vermutlich die schrecklich herbstliche Atmosphäre hier. Die lässt dich nämlich auch Worte wie ›Herbstzauber‹ sagen«, neckte ich ihn. Wir schlenderten weiter zum *Friendly Bean*, unsere Hände blieben verschränkt.

»Ich liebe diese Stadt«, sagte David wie aus dem Nichts, den Blick auf den Horizont gerichtet. Ich schaute ihn verwundert an und war mir nicht sicher, warum er das sagte. Er fing meinen Blick auf. »Ich bin einfach froh, wieder hier zu sein und all das hier zu genießen, solange ich kann.« Nachdenklich blickte er in die Ferne.

»Warum hast du Angst, das hier bald nicht mehr genießen zu können?«, hakte ich nach. Spielte er auf die Geschäfte seines Vaters an, die er laut den Klatschseiten bald übernahm?

Er holte hörbar Luft. »Ich war überall und nirgends zugleich, immer unterwegs. Das hier ist der einzige Ort, an dem ich mich jemals zu Hause gefühlt habe.« Es fiel ihm sichtlich schwer, darüber zu reden, und auch wenn es nicht viel war, war es ein Anfang, für den ich ihm dankbar war.

»Und du? Wann bist du hergezogen?«

»Ich bin hier geboren und nie weggezogen.«

David sah mich erstaunt an.

»Dann habe ich während meiner Abwesenheit viel mehr verpasst, als ich dachte.« Er schmunzelte, und ich spürte, wie mir die Hitze in die Wangen stieg. »Wohnt deine ganze Familie noch hier?« David sah mich an und vergrub seine Hände in der Jackentasche.

»Ja, meine Schwester.« Ich schluckte, sah ihn kurz an, ehe ich meinen Blick wieder auf den Boden richtete. »Meine Mutter ist ... weg.« Ich biss mir auf die Lippe.

»Ich bin mir sicher, deine Schwester und du, ihr macht das Beste draus.« David fand die richtigen

Worte, obwohl er vermutlich überhaupt nicht wusste, wovon genau ich sprach.

»Ja, Cas tut wirklich alles für mich.«

»Ich muss sie wohl unbedingt mal kennenlernen.« David hob die Augenbrauen.

»Ich glaube auch. Irgendwann zumindest.«

Im *Friendly Bean* bestellte ich uns zwei Caramel macchiato, einen Avocado-Bagel für David und für mich ein Bananenbrot. Danach suchten wir uns einen ruhigen Platz in dem gemütlichen Café. Das dunkle Parkett passte zu den braunen Ledersesseln und den Stühlen aus Kiefernholz, die an runden Tischchen standen. Aus mehreren Lautsprecherboxen drang unaufdringliche, vor sich hin plätschernde Kaffeehausmusik. Ich stellte Davids Tasse vor ihm ab.

»Was genau soll das sein?« Er musterte die mit Karamellsirup garnierte Sahne.

»Ein Caramel macchiato.« Es amüsierte mich, wie er das Gesicht verzog.

»Ich weiß ja nicht, ob das meinen Geschmack treffen wird.«

»Ach komm, hab dich nicht so. Das ist nur ein normaler Latte mit ein bisschen Vanille, Karamellgeschmack und Karamellsirup drin und überall obendrauf. Der ist super!«, sagte ich ein bisschen zu euphorisch, denn es ging hier ja nur um Kaffee.

»Klingt, als hätte ich danach Diabetes«, gab er zurück. Ich musste lachen, aber gab mich nicht geschlagen.

»Na komm! Probier schon. Ich habe dich eingeladen, und es würde mein Herz brechen, wenn meine extra für dich eingelöste Stempelkarte völlig umsonst gewesen wäre. Und außerdem ...«

»Schon gut«, unterbrach er mich und schaute mir in die Augen. Ich merkte sofort, dass er mit mir spielte. Er setzte die Tasse an und nahm einen Schluck. Kurz darauf setzte er sie wieder ab und leckte sich genussvoll den Milchschaum von den Lippen.

»Ha!«, rief ich triumphierend und zeigte auf David. »Ha! Es schmeckt dir! Ich hab's genau gesehen! Du hast es genossen und dir dann auch noch den Milchschaum von den Lippen geleckt, das ist ein eindeutiger Beweis.«

David stellte die Tasse auf den Tisch und lachte leise auf. Ich fand ihn total sexy, wie er da mit seinem grauen Pullover in dem Ledersessel saß.

»Na gut.« Er schenkte mir ein breites Lächeln. »Ich gebe zu, ich hatte es mir schlimmer vorgestellt.«

»Wow. Aus deinem Mund ist das ja fast schon eine Liebeserklärung.« Wieder mussten wir beide lachen. Ich genoss es, wie fröhlich ich war. Wie ich einfach ich selbst war. Dieser Gedanke erschreckte mich etwas, weil David und ich kaum Zeit miteinander verbracht hatten. Aber vielleicht konnte dieses Gefühl auch von einem auf den anderen Moment auftauchen.

»Okay, Em. Dann merk ich mir schon mal, dass du etwas für Caramel macchiatos übrig hast.« Er lächelte und nahm noch einen Schluck. »Sag mir noch zwei Dinge, die ich unbedingt über dich wissen muss.« Er sah mich neugierig an.

Ich zögerte und überlegte. »Zwei Sachen ...«

»... die mir sagen, wer du bist«, beendete er meinen Satz. Natürlich war uns beiden klar, dass zwei Sachen nicht annähernd ausreichten, um vollends zu verstehen, wer ich bin. Das verstand ich ja manchmal selbst nicht. Doch ich mochte den Gedanken.

»Ich liebe den Herbst und den Frühling. Für Sommer und Winter habe ich nicht so viel übrig.« Gespannt schaute ich David an. Es war das Erste, was mir in den Sinn gekommen war. Er sagte nichts, doch ich sah das schmale Lächeln, das sich auf seinen Lippen abzeichnete.

»Und ...«

Ich vermisse meinen Vater und meine Mutter.

Ich überlegte. Ich war mir unsicher, ob ich bereit war, es auszusprechen. »... Mein Herz schlägt für Bücher.« Ich kaute auf meiner Unterlippe, wartete auf seine Reaktion.

»Was ist dein Lieblingsbuch?«, fragte er kaum eine Sekunde später.

»Das ist so ziemlich die fieseste Frage, die du stellen kannst.« Ich lachte und griff nach meiner Tasse.

»Möglich. Aber eine Antwort will ich trotzdem.« Er lehnte sich im Sessel zurück.

»Ich glaube, erst mal bist du dran, mir ein paar Dinge über dich zu verraten.« Ich nahm noch einen großen Schluck aus der Tasse, die ich immer noch in meinen Händen hielt, und leckte an der karamelligen Sahne, die obenauf schwamm. Ich erwartete ein Zögern, eine Nachfrage, doch stattdessen legte er einfach los.

»Na gut. Ich bin immer erst mal skeptisch gegenüber Einzelkindern, ich liebe Kunst und seit Neuestem habe ich eine Schwäche für Caramel macchiatos.« Er griff nach seinem Bagel und musterte mich.

»Zeichnest du auch selbst?«

»Ja.«

Ich brach ein Stück von meinem gerösteten Bananenbrot ab.

»Schreibst du auch selbst?«

»Nein«, entgegnete ich schnell. »Wobei. Also keine Bücher oder Gedichte oder so«, schob ich unsicher hinterher.

»Sondern?« Er sah mich skeptisch an und hielt seinen Avocado-Bagel immer noch in der Hand, biss aber nicht ab.

»Also ich ...« Mir fiel es nach all den Jahren immer noch schwer und war mir fast unangenehm, über meinen Blog zu sprechen. »Ich schreibe Rezensionen und Empfehlungen und so was.« Ich schob mir das Bananenbrot in den Mund und schaute David kauend an.

»Das klingt wirklich cool«, sagte er, und es klang nicht einmal ironisch.

»Tut es das?« Ich schluckte den halb gekauten Bissen herunter und zog die Stirn kraus.

»Ja! Wie genau kann ich mir das vorstellen? Also du liest Bücher und schreibst danach, wie du sie findest?« Er legte den Kopf schief und ließ mich keine Sekunde aus den Augen.

»So in etwa, ja«, antwortete ich, weil es durchaus dem Grundprinzip entsprach. »Ich arbeite mit Verlagen zusammen, bekomme die Bücher und schreibe dann Rezensionen oder andere Beiträge, die ich natürlich noch mit passenden Bildern aufbereite.« Ich biss mir auf die Unterlippe und stoppte mich. Ich liebte es, Leuten verständlich zu machen, was alles dahintersteckte, doch ich wollte David nicht langweilen.

»Wow. Das finde ich echt beeindruckend.« Er nickte anerkennend und nahm einen Biss von seinem Avocado-Bagel.

»Danke.« Es brachte mich richtig in Verlegenheit, so viel Begeisterung und Neugier entgegenbracht zu bekommen.

»Studierst du deshalb Literaturwissenschaften?«

Plötzlich spürte ich einige Bananenbrotkrümel, die mir trocken im Hals lagen.

»So halb«, meinte ich vage und trank einen Schluck Kaffee.

»Halb?« David zog verwundert eine Augenbraue nach oben. Warum konnten das immer alle außer mir?

Ich finde alles daran nur noch ätzend.

»Ich bin einfach gerade etwas demotiviert, das ist alles.« Ich hielt kurz inne, bevor ich ergänzte: »Außerdem würde meine Schwester mir den Kopf abreißen, wenn ich infrage stellen würde, was ich überhaupt will.« Ich lachte, und doch lag dieser Witz näher an der Wahrheit, als mir lieb war.

»Dann würden sich deine Schwester und mein Dad sicher prima verstehen.« David lachte ebenfalls, seine Augen lachten diesmal aber nicht mit.

»Ach ja?«

»Deine Schwester reißt dir wegen dem Studium den Kopf ab und mein Vater mir, wenn ich ihm sage, dass ich gar nicht ins Unternehmen einsteigen will.« Er zuckte mit den Schultern.

»Klingt nach Horrorfilm«, erwiderte ich trocken.

Wir sahen uns kurz an und prusteten gleichzeitig los. Ich genoss die Zeit mit David, genoss sein Lachen und die Tatsache, dass ich ihn von meinem Lieblingskaffee überzeugen konnte. Umso glücklicher machte es mich, dass er kurz vor unserem Aufbruch nach meiner Nummer fragte.

Kapitel 8

Ich stand vor meinem Wandspiegel und zog den beigen Pulli noch mal zurecht. Ich hatte ihn mit einer engen Jeans kombiniert und eine meiner Lieblingsketten angelegt, die aus zahlreichen kleinen goldenen Ringen bestand, die ineinander verhakt waren. Ich trug nicht oft Schmuck, aber zum V-Ausschnitt passte die Kette perfekt. Außerdem fand ich es angemessen, mich heute zumindest etwas in Schale zu werfen. Ich war nervös und schon wach, bevor mein Wecker geklingelt hatte. Sogar Cas schlief noch. Ein letzter Blick in den Spiegel. Ich war bereit.

Seit Tagen freute ich mich auf diesen Termin im Verlag und war viel zu früh dran. Heute würde sich entscheiden, ob ich auf einer neuen Ebene mit der Buchbranche zusammenarbeiten würde. Ich griff mir meine Tasche vom Schreibtischstuhl und checkte ein letztes Mal, ob ich auch meinen Kalender und das kleine Notizbuch eingepackt hatte.

In der Küche wollte ich mich von Cas verabschieden, doch weder dort noch im Wohnzimmer fand ich sie. Ich dachte nicht weiter darüber nach und ging in den Flur, warf mir meinen Mantel über und griff automatisch ans silberne Schlüsselboard. Doch statt des Autoschlüssels hing dort nur ein gelbes Post-it.

Brauchte das Auto.
Sorry.

»Das darf nicht wahr sein«, flüsterte ich ungläubig.

Cas wusste genau, dass ich heute das Auto brauchte. Wir hatten es gestern Abend ein letztes Mal besprochen. Sie war nicht begeistert über den verpassten College-Tag, stimmte nach einer langen Diskussion aber zu. Jetzt wusste ich auch, wieso.

Ich zupfte den Zettel vom Schlüsselbrett. »Brauchte das Auto« las ich ein weiteres Mal. Cas, die immer alles bis ins letzte Detail vorausplante und durchdachte, brauchte spontan das Auto. Ist klar. Ihr »Sorry« war purer Hohn. Während ich diesen verdammten Zettel in meiner Hand anstarrte, vibrierte in meiner Hosentasche mein Handy. Ich fischte ungelenk danach, auf dem Display war eine Nachricht von David zu sehen.

Viel Erfolg heute bei deinem Termin.
Du rockst das!

Auf einmal überrollte mich alles. Ich spürte, wie es in meinen Augen heiß brannte und die ersten Tränen über meine Wange rollten. Ich war früh dran, doch während es mit dem Auto nur gute dreißig Minuten Fahrt gewesen wären, dauerte es mit den bescheuerten Bussen über zwei Stunden. Für eine Taxifahrt hatte ich zu wenig Bargeld, und Zugriff auf das Konto hatte nur Cas. Ich würde zu spät kommen, alles vermasseln, und am Ende wäre der ganze Termin im Eimer. Vorausgesetzt, ich kam überhaupt noch irgendwie hin.

`Alles gut?`

Der Chat mit David war noch offen und beide Nachrichten als gelesen markiert. Ich hatte keine Ahnung, was ich ihm jetzt noch antworten könnte. Viel Erfolg? Wobei?! Mein Handy vibrierte wieder, ein Anruf von David. Ich blinzelte meine Tränen weg und ging ran.

»Was ist los, Em?« Seine besorgten Worte kamen bei mir an, doch ich war immer noch völlig überrumpelt.

»Alles geht schief. Einfach alles«, schniefte ich und wischte mir mit dem Handrücken über die Augen. »Ich weiß auch nicht ... Ich ...«, stammelte ich, kurz davor in Tränen auszubrechen.

»Hey, hey, ganz ruhig.« Davids Stimme klang auf einmal ganz sanft. »Erst mal tief Luft holen, und dann sagst du mir genau, was passiert ist.«

Ich atmete ein paarmal tief durch und erzählte ihm, was passiert war.

»Und jetzt sitze ich hier fest!«

»Okay. Ich bin in fünfzehn Minuten bei dir. Ich drück aufs Gas, dann schaffe ich es vielleicht sogar in zehn.«

»Nein, David, das kann ich doch nicht von dir verlangen«, lehnte ich ab.

»Du verlangst es nicht, ich biete es an«, korrigierte er mich. »Ich habe ein Auto und Zeit. Und jetzt hör auf, das Angebot aus falscher Bescheidenheit abzulehnen, das kostet uns nur wertvolle Minuten. Bis gleich.« Ohne eine weitere Antwort abzuwarten, legte er auf und ließ mich sprachlos zurück. Sprachlos, erleichtert und glücklich.

Ein paar Stunden später brachte mich Lucy, die mich den ganzen Termin über begleitet hatte, zurück zum Haupteingang von *Peak Press*.

»Danke dir, Emely! Ich kann es gar nicht erwarten, mit dir zusammenzuarbeiten.« Lucy fischte eine Visitenkarte aus ihrer Tasche und reichte sie mir. »Ich melde mich mit den konkreten Plänen, aber nur für alle Fälle.«

Ich steckte sie ein, obwohl ich mir ihre Mailadresse bereits auf drei Seiten meines Notizbuchs notiert hatte. »Danke für den tollen Tag!« Ich gab Lucy die Hand.

Leise fiel die Tür hinter mir zu, und ich schwebte gefühlt über den Weg. Ich sah Davids Auto am Straßenrand stehen und stockte kurz. Doch nur einen kurzen Augenblick später hüpfte ich fröhlich auf den schwarzen Geländewagen zu, während David auf der Fahrerseite ausstieg. Ich fiel David überschwänglich um den Hals. Überraschenderweise erwiderte er die Umarmung, hob mich hoch, und wir drehten uns einmal um uns selbst. Er setzte mich ab, wir waren beide völlig außer Atem.

»Warum habe ich das Gefühl, ich müsste gar nicht nachfragen, wie es gelaufen ist.« Er lachte mich an und strich mir einige Strähnen aus der Stirn, die sich seit unserer Begrüßung kreuz und quer über mein Gesicht gelegt hatten.

»Warum bist du überhaupt hier? Wir hatten doch abgemacht, ich fahre mit dem Bus heim?«

»So sieht also wahre Freude aus ... soso«, er verdrehte gespielt die Augen und verschränkte die Arme vor der Brust.

»Mimimi«, gab ich total erwachsen zurück.

»Na ja, ich hatte Zeit und dachte, so bekomme ich die News aus erster Hand.« Er zuckte mit den Schultern, als sei all das hier selbstverständlich.

»Danke.« Ich legte meine Hand auf seinen Arm und schaute ihm in die Augen.

»Komm, lass uns einsteigen.« David griff nach meiner Hand und hielt mir die Tür zur Beifahrerseite auf. Ich stieg ein und zog den Gurt gerade über meine Schulter, da beugte sich David über mich und griff nach einem Becher, der in der Getränkehalterung der Mittelkonsole steckte.

»Caramel macchiato?«, fragte ich ihn erstaunt.

»Ich dachte, auf den hast du vielleicht Lust.« Auch wenn mein Herz bereits von all der Aufregung und dem vielen Kaffee während des Termins schneller schlug als üblich, pochte es in diesem Moment noch ein bisschen stärker. Er beugte sich ein weiteres Mal über mich und griff nach einem zweiten, identischen Becher.

»Soso. Du hast dir also auch einen besorgt.«

Ich lachte, während er um das Auto herumging und auf der Fahrerseite einstieg. Er startete den Wagen und bog auf den Highway ein.

»Und?«, hakte er nach. »Komm schon, Em, ich will alles wissen!« Kurz schaute er mich an, bevor er den Blick wieder auf die Straße richtete. Er griff nach meiner Hand und eine Stimme in mir flüsterte mir zu, dass er sie für die restliche Fahrt nicht mehr loslassen würde.

»Es war großartig!«, begann ich und hatte das Gefühl, in Großbuchstaben zu sprechen. »Alle waren so unfassbar nett und ausnahmslos jeder, mit dem ich gesprochen habe, wusste, wer ich bin. Die kannten alle meinen Blog, David. Ist das nicht großartig?« Mit meiner freien Hand griff ich mir an die Stirn und hätte mir dabei fast den Kaffee über den Kopf gekippt.

David drückte meine Hand. »Das zeigt doch, was für tolle Arbeit du leistest. Du kannst wirklich stolz auf dich sein, Em!«

Ich presste meine Lippen aufeinander und sah ihn an. Stolz. Auf mich. Ich versuch's.

»Ich habe eine Verlagsführung bekommen und so viele tolle Mitarbeiterinnen kennengelernt«, schwärmte ich weiter vom Nachmittag. »Sie möchten langfristig mit mir zusammenarbeiten und mit mir gemeinsam Kampagnen zu Spitzentiteln planen.« Das Lächeln auf meinen Lippen galt mir selbst, weil ich tatsächlich ein kleines bisschen stolz auf mich war. »Und ich darf sogar einen Titel vorab lesen, und ein Zitat von mir wird hinten auf dem Buch stehen. Wie krass ist das denn alles? Und dann wollen sie mich dafür sogar noch bezahlen!« Ich nahm einen Schluck Kaffee.

»Das ist doch klar«, sagte David, als wäre das alles selbstverständlich. »Du investierst ja auch unglaublich viel Zeit und Arbeit in deinen Blog. Und deine Reichweite ist total viel wert für den Verlag.«

Ich zog die Augenbrauen zusammen und war mir sicher, er spürte meinen Blick.

»Na gut, okay, ich hab ein bisschen was übers Bloggen gelesen, seit wir uns das letzte Mal gesehen haben.« Er zuckte mit den Schultern.

Ich schüttelte sanft den Kopf. Er überraschte mich ein ums andere Mal. David setzte den Blinker und fuhr vom Highway ab.

»Wohin fährst du?«

»Lass dich überraschen.« Er sah mich verschmitzt an und bog kurze Zeit später in einen Waldweg ein. Das Auto holperte über den Waldboden. Auf einer Lichtung brachte er den Wagen zum Stehen und schaltete den Motor aus. Wir blickten auf das Tal unter uns, die herbstlichen Wälder und die Häuser, die von hier oben wie hingetupft aussahen.

»Wow.« Mehr brachte ich nicht heraus.

»Du müsstest es mal bei Nacht sehen.« Er nahm meine Hand und lächelte mich an, und ich stellte mir vor, mit ihm nachts an genau diesem Ort zu sein. Ich rückte etwas näher zu ihm und legte meinen Kopf an seiner Schulter ab, seine Hand immer noch fest in meiner. Ich sah David jetzt mit anderen Augen. Er war kein arroganter Macho.

Ich wusste sehr genau, wie es war, bei der ersten Begegnung falsch eingeschätzt zu werden. Jeder, der mich zum ersten Mal sah, deutete meine Stille als Schüchternheit gegenüber Fremden und als große Unsicherheit. Doch ich war nicht schüchtern. Ich sah nur einfach selten einen Sinn darin, tiefgehende Gespräche mit Unbekannten zu führen. Warum sollte ich ihnen mein Vertrauen schenken und offenlegen, was in mir vorging? Dafür gab es Will und Lexie. Und Cas. Doch bei David war das anders. Ihm wollte ich mein Vertrauen schenken. Mein Bauchgefühl sagte mir, es war richtig.

»Dieser Platz ist so nah an der Stadt, und ich wusste nicht einmal, dass er existiert. Danke, dass du mir diesen wunderschönen Ort gezeigt hast«, murmelte ich.

David legte seinen Arm um mich und fuhr mit dem Daumen an meiner Schulter auf und ab. »Dieser Ort hier ist wunderschön, aber mit dir wird er atemberaubend. Es war die richtige Entscheidung, mit dir hierherzukommen, Milly.«

Ruckartig fuhr mein Kopf hoch, und ich sah David mit aufgerissenen Augen an. Mir wurde auf einmal kalt. Unfassbar kalt. In mir zog sich alles zusammen. Dieses Gefühl, verloren zu gehen und zu verschwinden, war so greifbar. Ich hasste mich dafür, dass »Milly« – ein so harmloses Wort – immer noch so viel in mir anrichten konnte.

»Emely?«, hörte ich seine sanfte Stimme. Er legte seine Hand auf meinen Oberschenkel und sah mich an. »Em?«

»Nicht«, war alles, was ich herausbrachte, bevor meine Stimme wieder brach. Langsam schob ich seine Hand weg. Ich schnallte mich ab und stieß die Beifahrertür auf, sog die frische Luft tief in meine Lunge. Ich ging ein paar Schritte, hinauf auf die Lichtung. Einatmen. Ausatmen. Die kühle Luft brannte in meiner Lunge wie die Tränen in meinen Augen. Ich begann zu schluchzen und ließ den Tränen freien Lauf. Plötzlich legte sich eine Hand auf meine Schulter.

»Em.« Ich erschrak und drehte mich um. »Em, ich werde dich jetzt in den Arm nehmen.« Schon hatte er seine Arme fest um mich geschlungen und drückte mich gegen seine Brust. In mir rebellierte es. Ich wollte ihn von mir stoßen. Ich wollte weglaufen und ihn das hier nicht sehen lassen. Nicht sehen lassen, wie verletzt und kaputt ich war. Und doch ließ ich es zu. Ich ließ ihn mich halten, fand mit ihm zusammen die Ruhe wieder, nach der ich mich so dringend sehnte. Ich schmiegte meinen Kopf an Davids Brust. Seine Nähe tat mir gut. Er zog mich noch enger an sich, hielt mich noch fester. Er wog mich in Sicherheit.

»Danke«, flüsterte ich.

Er sagte nichts, hielt mich nur und brachte mir genau das Verständnis entgegen, das ich brauchte.

Nach einer Weile löste ich mich sanft von ihm. »Ich bin wieder okay.«

Sein Blick ruhte auf mir. Keiner von uns wusste so recht, wie er anfangen sollte, und so schwiegen wir uns einfach an, die Blicke fest aneinandergeheftet.

»Es tut mir leid, David. Mein Vater hat mich immer so genannt.« Das Ziehen in meiner Brust wurde stärker. »Seit Dad tot ist, hat mich niemand mehr ›Milly‹ genannt.«

David sah mich verständnisvoll an. »Das ist nichts, wofür du dich entschuldigen musst. Danke, dass du so ehrlich zu mir bist.« Er nahm meine Hand. »Denn dazu hast du alles Recht der Welt. Ich habe großen Respekt vor dir, Em.« Ich fühlte mich seltsam verstanden, und doch hatte das Leuchten, das seine Augen sonst umspielte, etwas an Kraft verloren.

»Weißt du«, begann ich und schaute auf unsere Hände, die ineinander verschränkt waren. »Mir war schon klar, dass ich es dir irgendwann erzählen würde, aber ich muss zugeben, ich hatte es mir definitiv nicht so dramatisch und tränenreich vorgestellt.« Davids Blick entspannte sich.

»Ach weißt du, ohne ein wenig Drama wäre das Leben doch langweilig«, sagte David und lächelte mich sanft an.

»Da hast du recht.« Ich hob den Kopf leicht, fand seinen Blick und hatte das Gefühl, jeder Zentimeter Abstand zwischen uns war einer zu viel. Ich genoss es, das Blau seiner Augen so intensiv vor mir zu sehen. Mein Blick wanderte über sein Gesicht, über seine kantigen Wangenknochen, die seine Züge so perfekt umrandeten. Ich stellte mir vor, wie es sich anfühlte, die rauen Bartstoppeln unter meiner Haut zu spüren. Es fiel mir leicht, mich immer wieder aufs Neue in diesem Anblick zu verlieren.

»An was denkst du?«, fragte er, und ich spürte seinen Atem, der meine Haut kitzelte.

»Daran, dass ich dich küssen will. Aber ...«, stockte ich und sah ihn zögernd an, »auch daran, dass mich diese ganze Situation so emotional aufgewühlt hat, dass ich nicht mehr weiß, was ich denken soll«, sprach ich weiter, ohne ihn aus den Augen zu lassen. »Es wäre nicht vernünftig.«

Ich hielt meinen Blick auf ihn fixiert, bewegte mich keinen Millimeter. Die Stille, die uns umgab, hüllte alles in einen Mantel aus Emotionen und Unsicherheit, und ich stand nur da, sah, wie es in ihm arbeitete. Plötzlich verdunkelten sich seine saphirblauen Augen, und ich sah das Verlangen in ihnen aufblitzen.

»Scheiß auf Vernunft.« Seine raue Stimme flüsterte diese drei Worte, und noch bevor ich reagieren konnte, presste er seine Lippen auf meine.

Ich öffnete meine Lippen und ließ seine Zunge ein. Es war ein hungriger Kuss. Ich legte meine Hände um seinen Nacken, stieg auf die Zehenspitzen und zog ihn noch enger an mich, kostete jede Berührung und jeden Zug dieses Kusses bis aufs Letzte aus. Nach den ersten Sekunden fühlten wir uns einander vertrauter und küssten uns sanfter. Unser inniger Kuss entlockte ihm einen lustvollen Laut.

Ich hatte das Gefühl, mit ihm zu verschmelzen, mich in ihm zu verlieren und gleichzeitig wiederzufinden. Ich konnte mir in diesem Moment nichts Besseres auf der Welt vorstellen. Mein Zeitgefühl ging völlig verloren, ich hätte nicht sagen können, ob drei oder dreißig Minuten vergangen waren, als wir uns atemlos voneinander lösten.

»Du hast recht. Es wäre langweilig, immer nur vernünftig zu sein«, sagte ich.

Wir lächelten uns an. Bevor er mich losließ, hauchte er mir einen letzten kleinen Kuss auf die Stirn. So zärtlich und doch so intensiv. David nahm meine Hand und sah mich an.

»Darf ich dich nach Hause bringen?«, fragte er.

»Würdest du mich auch zu Lexie fahren?« Ich erinnerte mich daran, dass Cas sicher zu Hause auf mich wartete, und hatte keine Lust, sie jetzt schon zu sehen.

»Ich fahre dich, wohin auch immer du willst, Em.«

Kapitel 9

»AHHHHHHHH!« Lexie hüpfte in ihrem winzigen Wohnheimzimmer auf und ab. »OH MEIN GOTT«, schrie sie. »IHR HABT WAS?« Ich presste meine Lippen aufeinander und überlegte einen Moment.

»Vielleicht so was wie ein spontanes Date gehabt?«

»Ich wusste es! Du und Mr. Sinclair! Einfach ein Traum.«

Ich verdrehte die Augen und setzte mich auf Lexies zerwühltes Bett. »Lex, kannst du bitte endlich aufhören, ihn Mr. Sinclair zu nennen?« Sie ging nicht darauf ein, stattdessen wurde ihr Grinsen noch breiter.

»Und wie war es? Was habt ihr gemacht? Bitte sag mir, dass ihr wild rumgemacht habt! Oh mein Gott, Em, erzähl mir alles!« Es hatte etwas Ironisches, dass ausgerechnet ich es war, die Lexie Geschichten von einem Kerl erzählte. Dieser Rollentausch war neu für mich.

»Es war ... schön«, versuchte ich es zu erklären und wusste, dass diese Worte nicht annähernd das beschreiben konnten, was heute passiert war. Doch nur diese drei Worte reichten aus, um mein Herz wieder schneller schlagen zu lassen und mich zum Strahlen zu bringen. Meine Wangen glühten, als ich an sein Lächeln dachte und an seinen Duft, als er seine Arme um mich gelegt hatte.

»Wow. Weißt du, wenn du davon erzählst, habe ich glatt das Gefühl, ich wäre dabei«, entgegnete Lexie trocken.

Ich stand von ihrem Bett auf und lief langsam auf und ab.

»Zuerst hat er mich spontan zum Verlag gefahren, weil Cas das Auto genommen hat.«

»Sie hat was?«, entgegnete Lexie fassungslos. »Wie kann sie nur ...« Ich wollte schon antworten, da hob Lexie ihre Hand. »Berechnend und der absolut verzweifelte Versuch, dich weiterhin zum Studieren zu zwingen. Eigentlich hätten wir uns das Ganze denken können.« Es schmerzte mich, sie so über meine Schwester reden zu hören.

»Ein bisschen kann ich sie schon verstehen.« Ich hob die Schultern, unsicher, ob ich das, was ich sagte, auch so meinte.

»Na ja, ein bisschen vielleicht. Egal, darum geht es jetzt nicht. David. Em. Fokus.« Sie klatschte ein paarmal in die Hände.

»Er hat mich dann auch wieder abgeholt, uns Kaffee besorgt, und auf dem Rückweg haben wir an einer Lichtung gehalten.« Ich spürte, wie sich ein Lächeln bei der Erinnerung daran auf meine Lippen legte.

»UHHH, wie romantisch.« Es fiel mir schwer, die Kommentare, die Lexie abgab, ernst zu nehmen.

»Wir haben den Kaffee getrunken und uns wirklich gut unterhalten«, erzählte ich weiter und versuchte, sie so gut es ging an dem Erlebten teilhaben zu lassen. Immer wieder brummte sie zustimmend. »Und dann ... hat er mich ›Milly‹ genannt.«

»Oh.« Lexies Mund blieb offen stehen. Sie musste nicht mehr dazu sagen, sie kannte mich. Sie wusste, was dieser Name mir bedeutete. Er war der Schlüssel zu all den Gedanken und Gefühlen, die ich versuchte wegzusperren.

»Er ist mir nachgelaufen und hat versucht, mich zu beruhigen.« Ich setzte mich im Schneidersitz auf den Boden. Lexie seufzte.

»Und das hast du vermutlich in dem Moment einfach nicht zulassen können ...«

»Nein«, versuchte ich, sie schnell zu korrigieren.

»Nein???« Lexie war hörbar verwundert. Ich legte mich der Länge nach auf den Teppich und überlegte, wie ich ihr all das erklären sollte.

»Ich habe es zugelassen. Er hat mich in den Arm genommen, und ich habe es zugelassen. Und ich weiß nicht genau, wie, aber er hat es geschafft, mich zu beruhigen.«

Es dauerte eine gefühlte Ewigkeit, bis ich wieder etwas von ihr hörte.

»Wow ...« Scheinbar machte ich Lexie sprachlos. Das kam nicht oft vor. »Aber das ist gut!« Sie klang seltsam euphorisch.

»Ja.« Ich merkte, wie verträumt ich klang. Wenn ich an David dachte, flatterte es in meiner Magengegend.

»Und?«, fragte Lexie jetzt sanft, mit deutlichem Interesse in der Stimme. »Ist er jetzt dein Freeeuund?« Das letzte Wort zog sie absichtlich in die Länge, dabei klang diese Frage alleine schon lächerlich genug.

Ich schenkte ihr einen vorwurfsvollen Blick, der sie wie immer nicht im Geringsten störte. »Ach, keine Ahnung. Das ist mir aber auch eigentlich nicht so wichtig.« Ich wusste nicht, was David und ich waren. Ob wir überhaupt etwas waren. Wir hatten noch kein richtiges Date. Hatten nur zusammen Kaffee getrunken, waren zusammen Auto gefahren und hatten uns einmal geküsst. Auch wenn es ein unglaublicher Kuss gewesen war.

»Ich rieche deine Lüge bis hier«, erwiderte Lex und setzte sich auf ihren Schreibtischstuhl.

Sie hatte recht. Ich wollte wissen, was da zwischen uns war. Ich strich mit der flachen Hand über die Teppichfransen und starrte an die Decke. »Ich glaube, er wird mich auf ein Date einladen.«

»AHHHHHH!«

Und da war er, mein Hörsturz.

»Er steht auf dich! Und so, wie du von dem heutigen Tag erzählt hast, beruht das eindeutig auf Gegenseitigkeit.« Lexie sprang von ihrem Stuhl auf. »Das heißt, ihr seid ja eigentlich quasi schon zusammen. Oh wow, und das Date wird bestimmt der Oberhammer! Vielleicht fliegt Mr. Sinclair dann ganz Mr.-Grey-mäßig mit dir im Helikopter nach Hause, um dir sein Anwesen zu zeigen. Und dann lernst du seine Familie kennen, und sie alle werden dich lieben, denn ich meine, wer liebt dich nicht. Und dann steht einer Hochzeit ja auch eigentlich schon nichts mehr im Weg! Wie wohl eure Kinder heißen werden?«

Ich rieb mein schmerzendes Ohr und fragte mich, wie Lexie es schaffte, so viel zu sagen, ohne ein einziges Mal Luft zu holen.

»Ich hasse dich«, sagte ich nur.

»Nein. Du liebst mich«, konterte sie selbstsicher. »Und das weißt du. Und du weißt, dass ich recht habe. Du stehst auf ihn.« Möglich, aber das würde ich niemals zugeben. Vielleicht weil ich Angst hatte, dass mir dann das Trommelfell platzen würde, wenn Lexie wieder anfing zu schreien. Vielleicht aber auch weil ich es nicht laut aussprechen wollte. Denn dann bekam es auf einmal so etwas Ernstes, so etwas Reales. Solange ich es für mich behielt, gehörten diese Gefühle allein mir.

»Wirst du es Cas sagen?«, riss sie mich aus meinen Gedanken.

»Du kennst die Antwort darauf, Lex!« Natürlich würde ich das nicht. Es gab wenige Dinge, über die ich mit Cassidy nicht sprach, aber Männer gehörten dazu.

»Aber jetzt genug von dir«, wechselte Lex ganz unverfroren das Thema. »Bei mir gibt es auch Neuigkeiten, und die haben auch mit einem Kerl zu tun.«

»Wie sollte es auch anders sein?«

»Also, du erinnerst dich ja noch an Conner, oder?«

Kurz tat ich so, als müsste ich wirklich überlegen und die Kartei an Männern, über die Lexie mir schon etwas erzählt hatte, durchgehen.

»Ah ja, doch. Der, den du mithilfe des blinkenden Schildes auf dich aufmerksam gemacht hast.«

»Richtig«, antwortete sie trocken. »Jedenfalls hat er mich zu sich eingeladen, und wir haben Pizza gegessen und den ersten Avengers Film geschaut. Es hat ihm definitiv gefallen.« In ihrer Stimme lag etwas Anzügliches, und ich wusste sofort, worauf das wieder hinauslief.

»Könnte das daran liegen, dass du so ziemlich jeden Satz aus dem Film mitsprechen kannst und das jeden Kerl beeindruckt?« Ich wollte es nicht aussprechen, aber ihr Aussehen spielte sicher auch eine Rolle. Ihr Körper war perfekt, und ihre blonden Haare glänzten immer. Sie brauchte diese starke Persönlichkeit gar nicht, um bei Männern Eindruck zu schinden.

»Möglich. Vielleicht lag es auch daran, dass wir die Party später noch in sein Schlafzimmer verlegt haben, aber wer weiß das schon.«

Lexie ging so selbstverständlich an diese Dinge heran, während ich mir schon wegen eines Kusses stundenlang den Kopf zerbrach.

»Du bist schlimm«, lachte ich.

»Jaja und eine Schlampe und eine Schande für jede mir bekannte Religion und ich werde in der Hölle schmoren, aber wenn das der Preis für guten Sex ist, kann ich durchaus damit leben.«

Lexies Humor war nicht für jedermann, aber mich hatte sie damit seit Beginn unserer Freundschaft um den Finger gewickelt. Lexie hatte es zwar nicht immer leicht, aber wir hatten uns, egal was kam. Ich wusste nicht viel über ihre Vergangenheit, weil das für sie ein geschlossenes Kapitel war, nur dass sie noch ganz klein war, als ihre Eltern bei einem Autounfall starben. Danach wurde sie von einer Pflegefamilie zur nächsten weitergereicht. Aber für mich gehörte Lexie zur Familie und würde immer meine beste Freundin bleiben.

»Also seht ihr euch wieder?«, fragte ich Lexie, aber ich kannte die Antwort natürlich bereits.

»Oh Gott, nein!« Sie spuckte die Antwort auf meine absurde Frage förmlich aus. »Weißt du, Conner ist nett und süß und ja, auch heiß, ich meine, sein Körper und all die Muskeln.«

»Vorsicht, du beginnst zu sabbern«, unterbrach ich sie lachend.

»Ja, also es war eben nett. Aber ich gebe mich dann doch lieber mit Menschen ab, deren IQ etwas höher ist als meine Teppichkante.«

Ich prustete los und konnte mich kaum halten, bei dem, was Lexie da von sich gab. Es war irgendwie schrecklich, wie viele Männer sie abschleppte und wie sie danach über sie herzog. Andererseits war sie wie ein offenes Buch in dieser Sache, und jeder wusste, worauf er sich einließ. Und auch wenn es mir selbst komisch erschien, beneidete ich sie um ihre Leichtigkeit.

»Film?«, fragte ich, nachdem wir uns beide wieder einigermaßen beruhigt hatten.

»Wenn ich endlich weiter mit dir an deiner Allgemeinbildung arbeiten darf?« Lexie zuckte mit den Schultern und griff bereits nach der Fernbedienung auf der Kommode.

»Aber bitte nicht schon wieder Marvel. Ich verstehe da wirklich gar nichts.« Ich verdrehte die Augen und wollte dieses Mal einfach nur einen entspannten Film schauen.

»Ach, wo denkst du hin?« Lexie winkte ab und öffnete den Streamingdienst auf dem Flachbildfernseher.

Ich atmete erleichtert auf, doch Lexies verschmitztes Grinsen ließ mich stocken.

»Wir schauen *Star Wars.*«

Ich drückte die Wohnungstür auf, lauschte einen Moment und trat dann ein. Leise schloss ich die Tür, hängte meinen Mantel an den Haken und warf die Schuhe achtlos in die Ecke. Cas war sicher noch wach, doch wenn es sich vermeiden ließ, wollte ich ihr nicht über den Weg laufen.

»Auch schon zu Hause?«, hörte ich ihre Stimme, noch bevor ich sie sah. Cas kam aus dem Wohnzimmer und lehnte mit verschränkten Armen im Türrahmen.

»Ich war noch bei Lexie«, antwortete ich knapp und hängte meinen Schlüssel ans Schlüsselbrett.

»Wie war das College?« Fragend hob sie die Augenbrauen.

»Keine Ahnung«, sagte ich unverblümt, zuckte mit den Schultern und zwängte mich an ihr vorbei. Ich presste die Lippen zusammen und zwang mich, ruhig zu bleiben.

»Wie, keine Ahnung?«, wiederholte sie ungläubig.

»Keine Ahnung wie in ›Ich war heute nicht im College‹.« Kurz vor meiner Zimmertür drehte ich mich um.

»Und jetzt frag nicht, wo ich war, das weißt du genau.« Mir war ganz heiß vor Wut, doch ich ließ nur einen Bruchteil davon an die Oberfläche.

»Aber …«

Aber du hast doch das Auto genommen? Ja, habe ich gemerkt. Richtige Scheißaktion, Cas.

»David hatte schon vor ein paar Tagen angeboten mich zu fahren. Habe ich wohl vergessen, dir zu sagen.« Ich lächelte falsch und bemerkte, wie Cas' Gesichtsausdruck sich veränderte. Ich wollte ihr sagen, wie wütend ich war. Ihr sagen, wie verletzt ich war. Doch die Lüge ging mir leichter über die Lippen als die Wahrheit.

»Ich geh jetzt schlafen, Cas. Gute Nacht.«

Ich schlüpfte in mein Zimmer und lehnte mich von innen gegen die Tür. Langsam rutschte ich nach unten, bis ich mit angewinkelten Beinen vor meiner Zimmertür saß. Dieser Tag war aufregend und voller neuer Eindrücke, meine Lider wogen schwer, und ich gähnte vor Müdigkeit. Doch am anstrengendsten war meine große Schwester. Ausgerechnet Cas schmiss mir bei jeder Gelegenheit Steine in den Weg, ohne zu ahnen, dass sie genau mit diesen Steinen eine Mauer zwischen uns errichtete.

`Bist du gut nach Hause gekommen?`

Die Nachricht von David tauchte am oberen Rand meines Handy-Displays auf, ehe sie wenige Sekunden später wieder verschwand.

Ja, nachdem mich Lexie zum *Star-Wars-Schauen* gezwungen hat.

Allgemeinbildung ist eben wichtig.

David klang beinahe wie Lexie. Gleich darauf leuchtete eine zweite Nachricht von ihm auf.

Ich habe die Zeit mit dir heute sehr genossen.

Ich las die Zeilen noch ein zweites Mal und spürte das Flattern in meiner Magengegend.

Ich auch.

Ich schickte noch schnell einen lächelnden Smiley hinterher.

Perfekt. Dann kann ich dich ja jetzt auf ein richtiges Date einladen.

Mein Herz setzte für mindestens einen Schlag aus. Ein Date mit David. Ich zögerte nicht eine Sekunde und sagte mit pochendem Herzen zu.

Kapitel 10

Für Lex war es nichts Neues, mit mir in eine Buchhandlung zu gehen und mich in meinem Paradies zu erleben. Aber auch sie genoss unsere Ausflüge zum *Book Attic*, obwohl wir meistens in unterschiedlichen Abteilungen stöberten. Ich liebte den Duft von frisch gedruckten Büchern und noch verpackten Seiten. All diese vollen Regale und Schätze, die darauf warteten, von mir gelesen zu werden.

»Du hast da ein bisschen Sabber hängen«, lachte Lexie mich aus. »Du und Buchhandlungen. Ein echtes Phänomen.«

»Ach komm, Lexie«, warf Will ein, und sein unvergleichliches Lachen ließ meine Mundwinkel sofort höher steigen. »Du weißt, wie sie ist.« Er warf mir einen aufmunternden Blick zu. »Außerdem genießt du die Zeit hier doch auch, wie wir alle.« Sein skeptischer Blick ruhte auf Lexie.

Lexie legte das Buch, das sie gerade beäugte, zur Seite und drehte sich zu Will.

»Wenn auch aus unterschiedlichen Gründen.«

Die beiden kabbelten sich ständig wie ein altes Ehepaar. Und ich liebte es. Während Lexie sich für jeglichen Nerd-Kram und alle Comics dieser Welt begeisterte, war Will immer bei den Klassikern zu finden. Shakespeare, Hemingway und Orwell waren für ihn »entspannende Lektüre«.

Ich stand vor dem Regal der aktuellen Bestseller und las mir ein paar Klappentexte durch. »Cas hat nicht gut auf die Sache mit David reagiert.«

Lexie griff sich scheinbar willkürlich ein Buch aus dem Regal, ohne ihre Aufmerksamkeit wirklich darauf zu richten.

»Du hast es ihr erzählt?« Ungläubig starrte sie mich an.

»Na ja. Nicht wirklich. Sie hat gefragt, wie die Vorlesungen waren, und ich habe erwidert, dass ich das nicht wüsste, weil ich beim Verlag war. Und dass David mich gefahren hat.«

Lexie grübelte. Sie wägte vermutlich ab, was jetzt ihre daraus resultierende Aufgabe war. Sie fasste schnell klare Gedanken, worum ich sie beneidete. Ich schlug eine zufällig ausgewählte Seite in der Mitte des Buches auf, denn ich war immer neugierig auf den Schreibstil, da mischte Will sich ein.

»Und was genau hat sie gesagt?«

Ich stellte das Buch zurück ins Regal und sah ihn an.

»Hab keine Antwort abgewartet. Ich bin einfach in mein Zimmer gegangen.« Ich machte mich auf den Weg zur Fantasy-Abteilung und hoffte, hier fündig zu werden. Es kam so gut wie nie vor, dass ich eine

Buchhandlung verließ, ohne mindestens ein Buch zu kaufen.

»Hmm«, grummelte Lexie hinter mir, die mir auf meinem Weg zum nächsten Bücherstapel folgte. »Irgendwie verstehe ich sie ja schon, denn sie muss die große Schwester spielen. Aber sie sollte dich auch einfach mal machen lassen. Ich meine, Herrgott, du bist einundzwanzig, du kannst ja wohl selbst entscheiden, was du machst und was nicht. Und ihre Skepsis gegenüber allem Neuen, und damit auch gegenüber David, ist anstrengend. Ich meine, selbst wenn der Typ nichts ist, dann ist das auch nur eine Erfahrung, um die du reicher bist.« Ich lachte in mich hinein und ließ mir noch mal durch den Kopf gehen, was Lexie da gerade von sich gegeben hatte. Ich liebte ihre nüchterne und rationale Art, die Dinge zu betrachten.

»Em, du kennst sie. Versuch, die Sache doch mal aus Cassidys Sicht zu sehen. Sie will dich nur beschützen«, sagte Will und zog die Augenbrauen hoch.

»Wann versteht Cas endlich, dass sie das nicht muss?« Ich war es leid, dass meine Schwester mir das Gefühl gab, nichts allein zu schaffen.

»Vielleicht ...« Will zögerte. »Vielleicht sagst du ihr das einfach mal?« Meine Schultern fühlten sich mit einem Mal viel schwerer an, und ich glaubte, binnen Sekunden um einige Zentimeter zu schrumpfen. Einfach sagen?

»Du akzeptierst definitiv nicht jeden in deinem Leben, und wenn dieser David eine Chance bei dir hat, dann wird das schon seine Gründe haben.« Wills Worte taten mir gut. Das sanfte Lächeln, das seine Lippen umspielte, gab mir Mut. »Und das hat Cas zu respektieren.«

»Und dein Bookstagram auch«, ergänzte Lexie.

Mein Blick ging zwischen Will und Lexie hin und her, bevor ich mich ohne eine Erwiderung abwandte und auf der Suche nach Ablenkung die Regale durchstöberte. Mich sprach gerade eines der wundervoll gestalteten Cover aus dem High-Fantasy-Regal an, da stellte Lexie sich neben mich und sah mich aus großen Augen an. Scheinbar erwartete sie, dass ich etwas sagte.

»Ich weiß, ihr habt recht, aber ...«

Lexie hob den Finger und unterbrach mich.

»Kein Aber«, sagte sie forsch. »Du kannst gleich sagen, was dir durch den Kopf geht, aber ich hätte gerne, dass du diesen Satz so stehen lässt. Wir haben recht. Punkt. So ein ›Aber‹ macht die Wirkung des davorstehenden Satzes immer völlig kaputt. Dabei gefällt es mir so gut, wenn du zugibst, dass ich recht habe.« Sie schmunzelte mich schulterzuckend an, und ich schüttelte leicht den Kopf.

»Es ist mir wichtig, dass Cas das, was ich tue, akzeptiert.« Ich seufzte und ließ meine Schultern ein klein wenig hängen. »Dass ausgerechnet David mich zum Verlagstermin gefahren hat, macht die Sache nicht gerade einfacher. Es wird mich zwar nicht davon abhalten, auf das Date mit ihm zu gehen, aber ich habe trotzdem Angst vor der Reaktion, wenn ich es ihr sage.«

Kaum hatte ich zu Ende geredet, boxte Lexie mich wieder in den Arm. »Ein DATE??« Sie sah mich ungläubig an.

Ich schnellte zu Will herum, der ebenfalls alles gehört hatte, und sah, wie er skeptisch eine Augenbraue hob. Doch er blieb stumm.

»Ups«, war das Einzige, das ich herausbrachte. Ich lächelte verlegen.

»Jaja, ups«, äffte Lexie mich nach, war aber schon dabei, mich am Arm mit sich in die Comic-Abteilung zu ziehen.

Will lachte auf und folgte uns in kurzem Abstand. Vermutlich gaben Lexie und ich mal wieder ein besonderes Bild ab.

»Jetzt noch mal von vorne«, sagte Lexie voller Nachdruck und leicht außer Atem. Ich ließ mich geräuschvoll auf einen der roten Sitzsäcke fallen, die in einer Ecke arrangiert waren und begann, ihnen von den Nachrichten, die David mir geschrieben hatte, zu erzählen, und wie es dazu gekommen war, dass wir jetzt ein Date hatten.

»Viel mehr gibt es da eigentlich nicht zu berichten«, schloss ich.

Lexie begann, in den Regalen zu wühlen, und warf mir etwas zu. Hastig duckte ich mich weg, doch Will fing es in der Luft ab und reichte es mir. Scheinbar wusste er ganz genau, wie es um meine Fangkünste bestellt war. *Captain Marvel* las ich auf dem Einband und starrte Lexie verwundert an.

»Das kaufst du heute. Keine Widerrede«. Ich nickte knapp und wusste, ich hatte keine Chance. Außerdem war es eine kleine Wiedergutmachung dafür, dass ich ihr nicht direkt von dem Date erzählt hatte. Sie setzte sich vor mir in den Schneidersitz und klopfte auf den Boden neben sich, damit Will unseren Kreis vervollständigte.

»Aber das klingt doch gut! Ich meine, ihr seht euch, ihr küsst euch, und noch am selben Abend fragt er dich nach einem Date. Der Junge hat Feuer unterm Hintern.« Bei Lexies Ausdrucksweise konnte ich nicht anders und lachte los. Ich blickte kurz zu Will, der mit stoischer Miene unser Gespräch verfolgte.

»Wenn du das sagst«, gab ich zurück und schälte mich aus dem Sitzsack.

»Jaaa.« Ihr eindringlicher Blick gab mir zu verstehen, dass ihr jedes der nun folgenden Worte wichtig war. »Vertraue meinem fundierten Wissen über Männer. Ich habe ein paar empirische Studien durchgeführt und glaube, ich habe da mittlerweile einen recht guten Riecher.«

»Was sagst du dazu, Will?« Ich war ernsthaft daran interessiert, was er dazu zu sagen hatte. Nicht nur weil er als Mann mir vielleicht verständlicher machen konnte, was möglicherweise in David vorging, sondern auch weil mir seine Meinung immer wichtig war. Seine verständnisvolle Art, die Dinge zu sehen, hatte mir schon mehr als einmal geholfen herauszufinden, was ich wollte.

»Ich glaube, dass Lexie recht haben könnte ...«

»HA!« Lexie hob triumphierend die Hände, und ich war mir sicher, sie würde Will immer an den Tag erinnern, an dem er diesen Satz in ihrer Anwesenheit ausgesprochen hatte, aber Will beachtete sie gar nicht.

Er schaute mich immer noch ruhig an und wartete. Er hatte noch etwas zu sagen.

»Ich glaube aber auch, dass es vollkommen egal ist, was Lexie denkt. Denn das Einzige, was zählt, ist, was dir dein Gefühl sagt, Em.«

Wills Worte verunsicherten mich. »Aber was ist, wenn da nichts ist? Wenn ich es nicht weiß?« Ich war mir nicht sicher, ob wieder einmal etwas mit mir nicht stimmte. Deshalb fragte ich doch Will und Lexie, oder?

»Da ist immer etwas.« Will atmete aus, und auf einmal waren alle Geräusche um mich herum verstummt, und ich wusste, dass er immer für mich da sein würde. »Du musst nur lernen zuzuhören und dir selbst zu vertrauen.«

Wir machten uns mitsamt meiner Beute, die ich so nicht erwartet hatte, auf den Weg zur Kasse. Mittendrin hielten wir noch mal an, und Lexie schnappte sich die zum Comic passende Captain-Marvel-DVD. Wenn ich den Comic schon lesen musste, würde ich mich danach wenigstens auf den Film freuen können. Vielleicht ver stand ich danach endlich, um was es da ging.

An der Kasse begrüßte mich Helen, die Besitzerin des Buchladens und scannte den Comic und das Fantasybuch, das ich ebenfalls kaufte.

»Wenn du mal wieder ein paar Empfehlungen hast, sag gerne Bescheid, Emely.« Helens Lächeln war so aufrichtig, dass ich mich geschmeichelt fühlte.

»Echt?«, hakte ich unsicher nach und packte die Bücher in meinen braunen Rucksack.

»Ja, beim letzten Mal kamen sie wirklich gut an. Schick mir die Empfehlungen gerne per Mail, und ich stelle sie im Schaufenster vorne aus.« Helen reichte mir meine Quittung. Ich nahm mir vor, noch am selben Abend ein paar Rezensionen der letzten Wochen rauszusuchen und daraus ein paar Empfehlungen zusammenzuschreiben. Meine Favoriten im Schaufenster des *Book Attic*, der ältesten Buchhandlung Colorados!

Wir verließen die Buchhandlung und schlenderten den vereisten Weg entlang. Lexie schaute leicht nachdenklich auf den Boden und dann zu mir. »Ich habe zwar sehr viel Erfahrung in Sachen Dating und Männer, aber glaub mir, wenn ich dir sage: Ich bin so unfassbar gespannt, was das mit dir und David wird.«

Ich schritt die weißen Steinstufen hinauf zu meiner Wohnungstür. Die wenigen Treppen brachten mich so außer Atem, dass ich wieder einmal daran dachte, etwas mehr Sport zu machen. Doch der Gedanke war schon wieder weg, bevor ich die Tür aufschloss. Ich betrat die Wohnung und fühlte mich auf der Stelle wohl, weil es vertraut nach frischen Kräutern und Gewürzen roch, die Cas wie kleine Schätze in der Küche bunkerte. Ich hängte meinen Mantel an den Haken und streifte die Schuhe von den Füßen. Mein Blick blieb einen Moment an ihnen hängen, und ich hörte Cas' Stimme in meinem Kopf, die sich über die nicht weggeräumten Schuhe beschwerte. Aus dem Wohnzimmer drang lautes Lachen in den Flur. Es kam mir bekannt vor, aber es war nicht Cassidys. Ich schaute durch den Türspalt der angelehnten Wohnzimmertür und sah Andrew und Cas, wie sie miteinander witzelten. Ich klopfte kurz an die Tür und machte auf mich aufmerksam.

»Na, Andrew. Dich wird man auch nicht los, oder?« Ich ließ mich in einen der Sessel fallen.

»Ach, Em, ich würde dich viel zu sehr vermissen, wenn du nur noch zum Essenschnorren ins *Green Basil* kommst.« Er sprang auf und kniff mir wie eine dieser klischeehaften, verschrobenen Tanten aus Filmen viel zu fest in die Wange. »Ich habe dich einfach viel zu gern.«

Ich war mir ganz sicher, dass er hier war, weil er jemanden sehr gern hatte. Nur war dieser Jemand nicht ich.

»Ach, Andrew, das macht auf jeden Fall sehr viel Sinn«, sagte ich.

»Ergibt!«, rief Cas lachend.

»So oft, wie du uns verbesserst, Cas ...«, begann Andrew.

»... ist es kein Wunder, dass du mal Lehrerin werden wolltest«, beendete ich Andrews Satz.

Kurz lachte ich über meinen eigenen Witz, doch die Stille, die folgte, ließ mich wissen, dass ich eine Grenze überschritten hatte. Cas wollte schon immer Lehrerin werden, und ich konnte mir keinen Beruf vorstellen, der besser zu ihr gepasst hätte. Doch zwei Semester vor ihrem Abschluss starb Dad. Sie unterbrach ihr Studium fürs Erste, um für mich da zu sein und unser Leben zu zweit irgendwie auf die Reihe zu kriegen. Sie entschied sich, die Pause ein wenig zu verlängern und erst einmal zu arbeiten, um unser Leben und mein Studium zu finanzieren.

»Du WIRST eine großartige Lehrerin«, brach Andrew das Schweigen und schaffte es wie immer, die Stimmung aufzulockern.

»Ach,« Cas winkte ab, »eins nach dem anderen.«

Ich wusste nicht, ob sie das, was sie sagte, wirklich meinte, oder ob sie nur wieder mal versuchte, mir die Schuldgefühle zu nehmen.

»Genug Trübsal geblasen.« Cas schaute mich aus großen Augen an. »Wie steht es um den gut aussehenden jungen Mann vom Fall Fest? Wird er mein zukünftiger Schwager??«

Normalerweise hätte ich sie mit einem bösen Blick gestraft, dass sie David einfach so ansprach und dann auch noch vor Andrew. Doch dieses Mal nicht, denn ich hatte kein Recht, mich über diesen Themenwechsel zu beschweren.

»Du übertreibst wieder völlig, Cas.« Ich lachte leise, und doch war da auf einmal dieser Was-wäre-wenn-Gedanke.

»Lassen wir den beiden doch erst mal ein paar ruhige Wochen, bevor du ihnen von deinen Plänen für die Hochzeit erzählst.« Andrews Stimme klang fröhlich, und doch war es seine Art, Cas auf andere Gedanken zu bringen. Er lenkte ihren Fokus ganz sachte in eine andere Richtung, ohne dass sie es merkte. Mein Blick wanderte zwischen den beiden hin und her, und wieder einmal liebte ich es, wie Cas war, wenn Andrew hier war. Wenn er ihr ein ehrliches Lächeln auf die Lippen zauberte, sodass auch ihre Augen strahlten. Sie war dann immer so entspannt und ausgelassen. Cas' permanente Wechsel von überfürsorglicher Skepsis direkt zu überschwänglicher Euphorie verwirrten mich zwar häufig, doch ich stellte sie nicht infrage.

»Ich habe jedenfalls noch viel zu tun und wünsche euch noch einen wunderschönen Abend mit meiner Hochzeitsplanung, ihr Verrückten.« Lachend schüttelte ich den Kopf und ging in mein Zimmer. Es war nur ein vorgeschobener Grund, damit die beiden ungestört waren. Damit Cas diesen Abend noch in vollen Zügen genießen konnte.

Ich ließ mich auf meinen Schreibtischstuhl fallen und schaute mir an, was ich in den letzten Stunden auf Instagram verpasst hatte. Wie immer endete es damit, dass ich mir unzählige neue Bücher auf meine Wunschliste setzte und auf komischen Seiten Sprüche über Bücherwürmer likte, die erschreckend zutreffend waren und mein Leben erstaunlich gut darstellten. Später machte ich es mir auf meinem Bett mit *Daisy Jones and The Six* gemütlich. Kurz vor Mitternacht schlug ich gerade den Abschnitt *Aurora* auf, da klopfte es an meiner Tür.

Cas kam rein und schloss die Tür hinter sich. Sie setzte sich zu mir aufs Bett, in dem ich es mir zwischen all meinen Decken und Kissen gemütlich gemacht hatte.

»*Daisy Jones* also«, stellte sie fest.

Ich steckte mein Lesezeichen ins Buch und legte es zur Seite. Cas kletterte neben mich und steckte ihre

Beine ebenfalls unter die Decke. So saßen wir nebeneinander, unsere Rücken an die Wand gelehnt, und starrten mein Bücherregal an.

»Ist Andrew noch da?« Ich versuchte herauszufinden, wie tiefsinnig und ausführlich das Gespräch werden würde, auf das wir hier gerade zusteuerten.

»Nein, er ist gerade gegangen.«

Wir sahen uns immer noch nicht an, sondern blickten auf die ordentlich aufgereihten Buchrücken in meinem Regal. Es war still. Nicht die Art von Stille, die man liebte. Die Art von Stille, bei der jeder wusste, dass etwas in der Luft hing und keiner den Anfang machte, weil jeder Angst vor dem Ausgang hatte. Wieder einmal waren wir an einem Punkt, an dem so viele Worte zwischen uns standen. Worte die wir beide nicht aussprachen. Und noch viel mehr Worte, die ich niemals aussprechen würde.

»Du bist niemals schuld an dem, was dir passiert, aber du trägst immer die Verantwortung. Es ist wichtig, dass du das verstehst.« Ich schaute meine große Schwester an, doch sie mich nicht. Sie schien noch auf ein paar Gedanken herumzukauen.

»Em, ich bin nicht schuld daran, dass meine Lebensumstände mich gezwungen haben, mein Studium zu unterbrechen.« Sie schaute mich an, und ich las in ihrem sanften, liebevollen Blick, dass ich keine Angst haben musste vor den nächsten Worten. »Aber ich trage die Verantwortung für die Entscheidungen, die ich danach getroffen habe.« Sie nahm meine Hand und drückte sie fest.

Ich genoss die Wärme und das Gefühl der Geborgenheit. Jetzt war ich es, die auf ein paar Gedanken zu kauen hatte.

Ich habe immer noch das Gefühl, dass ich dich von deinen Träumen abhalte, Cas. Von deinem richtigen Leben.

»Es ist mir wichtig, dass du weißt, dass du keine Schuld dafür trägst. Wie du jetzt damit umgehst, liegt in deiner Verantwortung.«

Wir umarmten uns. Cas kannte mich gut und wusste oft, was in mir vorging. Und doch gab es Momente, in denen ich und meine Gedanken ein verschlossenes Buch für sie waren.

Kapitel 11

Die Blätter unter meinen Füßen hatten schon fast all ihre Farbe verloren und knirschten bei jedem Schritt. Als Kind hatte ich mir Friedhöfe immer anders vorgestellt. Gruseliger und aufregender oder zumindest einfach ... anders. Die Hollywood-Horrorfilm-Vorstellung war schnell der Realität gewichen, nachdem ich begann, regelmäßig einen Friedhof zu besuchen. Genauer gesagt besuchte ich einen Stein. Einen Stein, der den Namen *Paul Glen* trug. Ich zog eine Kerze aus meinem Rucksack und zündete sie an. Das Windlicht, in das ich sie stellte, schützte die Flamme. Ich mochte das bedrückende Gefühl nicht, dass dieser Friedhof in mir auslöste. All die Trauer, gepaart mit den Erinnerungen, die nach und nach verblassten und nur Kummer hinterließen. Doch während die Kerze brannte, war ich meinem Vater auf eine Art und Weise nah, wie ich es nirgends sonst schaffte.

Ich stand allein vor dem grauen Stein, und doch stand ich vor so viel mehr. Vor einem Namen, der Freude in mir auslösen sollte und mir stattdessen Tränen in die

Augen trieb. Hier erinnerte ich mich an seine tiefe, sanfte Stimme, die einmal selbstverständlich für mich gewesen war. Hier sah ich sein einnehmendes Lächeln vor mir, das mir immer wortlos versprochen hatte, dass alles gut werden würde. Hier spürte ich seine Gegenwart, auch wenn ich ihn nicht sehen konnte. Als man den Tumor entdeckte, war es nur noch eine Frage der Zeit. Die Erinnerung an die wenigen Monate danach versuchte ich zu verdrängen. Er las mir *Die kleine Meerjungfrau* vor, bis es zu anstrengend für ihn wurde und ich das Buch für uns zu Ende las.

»Hi, Dad.« Für andere mochte es komisch sein, dass ich laut mit ihm sprach, für mich fühlte es sich richtig an. Hier konnte ich meiner kindlichen Vorstellung verfallen, er würde irgendwo da oben gemütlich auf einer Wolke sitzen, auf mich herabschauen und für immer auf mich aufpassen.

»Ich vermisse dich.« Drei Worte. Es gab so viel, was ich ihm erzählen wollte, doch immer lief es auf diese drei Worte hinaus. Mein Leben lief vor seinem Tod wie eine gut geölte Maschine, und als er starb, nahm er dieses eine kleine Zahnrad mit. Seitdem lief die Maschine nicht mehr rund. Ich versuchte es immer wieder und baute neue Verbindungen auf, die das Zahnrad ersetzen sollten. Doch hier vor seinem Grab wurde mir schmerzhaft bewusst, dass das nicht funktionieren würde. Dass nichts und niemand ihn je ersetzen könnte. Ich schob meine Hände noch tiefer in die Manteltaschen und spürte, wie die herbstlich-winterliche Kälte sich langsam einen Weg durch den dicken Stoff suchte.

»Ich habe jemanden kennengelernt, Dad.« Es war komisch, und doch hoffte ein kleiner Teil von mir auf eine Reaktion. Auf einen sanften Windstoß vielleicht, der mir zeigen sollte, dass er mich hörte und sich für mich freute.

»Er heißt David.« Kurz schaute ich in den Himmel, ein paar einzelne Sonnenstrahlen schienen mir ins Gesicht, und ich atmete tief ein und wieder aus.

»Ich werde heute Abend mit ihm auf ein Date gehen. Ein richtiges Date. Kitschig und romantisch.« Ich schmunzelte, ließ mir den Satz noch einmal durch den Kopf gehen. Vielleicht wurde es dann realer für mich, was heute Abend passieren würde.

»Ich wünschte, du wärst hier. Ich wünschte, du würdest dich wie der typische Vater verhalten, der dem Kerl Angst einflößt und ihm schreckliche Dinge androht für den Fall, dass er mich verletzen sollte.«

Der Wind blies mir die Haare ins Gesicht.

»Ich wünschte einfach, du wärst hier, oder dass ich zumindest endlich damit klarkomme, dass du es nicht mehr bist.« Es tat weh, von diesen Dingen zu sprechen und mir all das zu wünschen, obwohl ich wusste, dass mir keine Sternschnuppe dieser Welt das erfüllen konnte.

»Ich habe dich lieb, Dad.« Eine einsame Träne kullerte meine Wange hinunter und hinterließ eine warme Spur auf meiner Haut. Sie erinnerte mich daran, dass ich doch noch etwas fühlte. Dass ich an diesem Ort jedoch nie etwas anderes fühlen würde als Trauer und Schmerz.

Kurze Zeit später schloss ich die Tür zu unserer Wohnung auf und erschrak, weil Cassidy bereits im Flur auf mich wartete.

»Endlich!« Sie kam in schnellen Schritten auf mich zu und zog mich am Arm hinter sich her.

»Stopp! Cas?! Was machst du denn?«, rief ich, während Cas mich mit sich ins Badezimmer zog.

»Na, was denkst du denn? Du hast heute Abend ein Date. Dein erstes richtiges Date mit David, und du glaubst doch nicht etwa, dass ich es mir nehmen lasse, die Rolle der großen Schwester so richtig auszukosten, wenn ich schon mal die Chance dazu habe.«

Als ob du dir das jemals entgehen lassen würdest.

»Rosa oder nude?«

Cas streckte mir zwei Fläschchen Nagellack entgegen. Ich zeigte grinsend auf ein drittes Fläschchen fliederfarbenen Nagellack auf dem Regal.

Ich ließ Cas machen. Ließ sie die große Schwester sein und die Elternrolle hinter sich lassen, in die sie schon viel zu lange gedrückt wurde.

Irgendwann begann ich es tatsächlich zu genießen. Ich genoss es, dass ein Lied von *Taylor Swift* nach dem anderen lief und ich meinen Nagellack schneller trocknen ließ, indem ich wild in der Luft herumfuchtelte und dabei mit Cas quer durch das Badezimmer tanzte. Ich genoss es, dass sie mit mir sprach und mir die Nervosität nahm, die sich neben all den Schmetterlingen in meinem Bauch ausgebreitet hatte. Ich genoss es, Cas so fröhlich und unbeschwert zu sehen.

Etwa drei Stunden später stand ich in unserem Flur. Meine Haare waren leicht gewellt und hinten locker zusammengesteckt. Mein Kleid saß eng und setzte meine nicht vorhandenen Brüste optimal in Szene, während es ab der Taille locker und luftig bis kurz über die Knie fiel. Mein Nagellack war auf meinen Lippenstift abgestimmt, und das alles passte natürlich farblich zu dem erdigen Lilaton, den der fließende Stoff meines Cocktailkleids hatte.

»Also, ich hoffe, wir gehen nur ein einziges Mal in dieses schicke Restaurant. Ich könnte es nicht ertragen, mich immer so lange fertig zu machen und ...«, ich zeigte an mir herunter, »SO auszusehen.«

»Was du eigentlich sagen wolltest, war ›Danke Schwesterherz‹.« Ich umarmte sie und hauchte ein »Danke« in ihr Ohr.

»Und der Lippenstift ist *Super Stay,* da verschmiert rein gar nichts. Egal, was man tut.« Sie zwinkerte mir zu.

Ich schüttelte den Kopf kaum merklich. Es klingelte. Mein Körper versteifte sich von der einen auf die andere Sekunde. Das musste David sein. Mein Puls schoss in die Höhe, und mir war plötzlich viel zu heiß. Die Schmetterlinge in meinem Bauch flogen so wild hin und her, dass ich mir sicher war, sie würden sich gleich einen Weg nach draußen suchen.

»Atmen.« Cas drückte meine Hand und schenkte mir einen zärtlichen Blick. Ich atmete noch einmal tief ein und öffnete die Tür. Mir stockte der Atem. David hatte sich in Schale geworfen und trug einen schwarzen

Anzug, der wie maßgeschneidert saß. Ich lachte in mich hinein, weil er das vermutlich sogar wirklich war. Seine Augen ließen mein Herz höher schlagen. Dieses Farbenspiel von Blautönen, die so intensiv strahlten, nahm mich jedes Mal wieder gefangen. Ein Räuspern riss mich aus meinen Gedanken, und ich sah zu Cas, die erwartungsvoll David anschaute.

»Ich bin David.« Er streckte ihr eine Hand entgegen, die Cas schüttelte. Seltsamerweise hatte ich das Gefühl, Cassidy würde ihn einschüchtern. Nach einem kurzen peinlichen Moment des Schweigens und einem Händeschütteln ergriff wieder David das Wort.

»Ich werde Em heute ausführen, und ich verspreche ...«, er schielte unsicher zu mir herüber, »gut auf sie auszupassen.« Gerade wollte ich etwas Lustiges über diese komische Situation sagen, doch Cas schnitt mir das Wort ab.

»Das rate ich dir auch, mein Lieber.« Ich wollte im Boden versinken und warf ihr einen warnenden Blick zu, doch sie fuhr unbeirrt fort. Was zur Hölle tat sie da?

»Hör zu, Kleiner. Ich kenne dich nicht, aber das muss ich auch nicht. Vielleicht werde ich dich noch kennenlernen, aber das wird davon abhängen, wie du dich heute Abend anstellst. Ich hoffe, ihr werdet viel Spaß haben, aber bevor ihr euch auf den Weg macht, hier ein paar Regeln.«

Cas, was tust du da? Hör auf! Was für Regeln?!

Cas verschränkte demonstrativ die Arme vor der Brust, bevor sie ihre Regeln auflistete:

»Du wirst Em gut behandeln. Falls du das nicht tun solltest, hast du keine Chance auf ein zweites Date. Und wenn du sie verletzt, bekommst du es mit mir zu tun. Weil ich dich nicht kenne, würde ich gerne sagen, ihr seid um zehn zurück. Weil ich weiß, dass wenigstens einer von euch vernünftig ist, seid ihr vor Mitternacht zurück. Und falls nicht, hat das Konsequenzen. Für dich.«

Diesen letzten Worten verlieh Cas so viel Nachdruck, dass selbst ich schlucken musste. Doch sie war Cas, meine große Schwester, und nachdem Mom und Dad es nicht mehr taten, sah sie es jetzt als ihren Job an, mich zu beschützen.

Kapitel 12

»Willst du etwas Witziges hören?« David wartete meine Antwort nicht ab, sondern fuhr direkt fort. »Ich hasse Anzüge.« Er zuppelte an seinem weit aufgeknöpften Hemd herum. Das Jackett hatte er bereits auf die Rückbank geschmissen.

»Wie kamst du eigentlich auf dieses Restaurant?« Die kurvenreiche Straße wand sich einen Berg hoch, im Tal erhellten unzählige Lichtpunkte Amber Falls.

»Die Sekretärin meines Vaters hat es ausgesucht. Wäre es nach mir gegangen, hätte ich woanders reserviert.« Er löste seinen Blick nicht von der Straße. »Aber sie scheint zwischen Dad und mir keinen Unterschied zu machen.« In seiner Stimme schwangen unausgesprochene Worte mit.

»Warum klingt das bei dir wie etwas Schlechtes?« Ich bemerkte, wie sich seine Stirn in tiefe Falten legte.

»Mein Vater hat Erwartungen. Erwartungen, die erfüllt werden müssen.« David atmete hörbar aus. »Ich bin zurück in Amber Falls, weil er das von mir verlangt.« Mein Blick ruhte auf David, der seinen Blick starr auf die Straße vor uns richtete. »Ich werde die Firma eines Tages übernehmen.«

»Und was bringt es dir, Kunstgeschichte zu studieren, wenn du eines Tages das Ölgeschäft deines Vaters übernimmst?«

»Kunstgeschichte ist meine Leidenschaft. Ich tue das, was ich liebe, solange ich es noch kann.«

»Und die Firma übernimmst du nur deinem Vater zuliebe?«

»Das Verhältnis zu meinem Dad ist kompliziert. Aber ich liebe ihn. Er ist schließlich mein Vater.«

Ich ergriff seine Hand, dieses Gefühl klang seltsam vertraut.

»Es ist nicht einfach, Dinge zu tun, nur weil sie von einem verlangt werden. Aber ich bin es ihm schuldig, weißt du, was ich meine?«

Dieser Satz traf mich dort, wo es wehtat. Genauso ging es mir mit Cas.

Ich kratzte den letzten Rest des flüssigen Schokoladenkuchenkerns vom Teller und leckte ihn vom goldenen Löffel. Wir saßen in einem Restaurant, in dem die Farbe der Servietten auf die Vorhänge abgestimmt war und das mir vorkam wie eine andere Welt. Eine Welt, in der es darum ging, wie man aussah und von außen wahrgenommen wurde. In der es um Benehmen und Attitüde ging und in der ich mein Lachen zurückhielt, weil es mir fehl am Platz erschien. Und doch war ich mir nicht sicher, ob es Davids Welt war. Weil er seine Haltung veränderte, sobald er sich das Jackett übergeworfen und wir dieses Restaurant betreten hatten. Es verunsicherte mich, ihn in so unterschiedlichen Rollen zu sehen. Doch das schwierige Verhältnis zu seinem Vater machte es mir verständlicher.

»Was machst du eigentlich, wenn dir mal ein Buch nicht gefallen hat?« Er musterte mich interessiert, seine Augen schimmerten im Schein des Kerzenlichts.

»Dann sage ich das. Es ist schließlich meine Meinung. Aber ich achte darauf, wie ich es sage.« Meine Hand lag flach auf dem Tisch. Ich sah sie an, und Davids Blick folgte meinem, bevor er danach griff und seine Finger sich mit meinen verschränkten. »In jedem Buch steckt ein kleines bisschen von der Person, die es geschrieben hat. Das ist nicht nur Arbeit und Leidenschaft, das ist auch eine ganz eigene und sehr intime Art, sein Innerstes zu offenbaren und sich dem Urteil der grausamen Welt da draußen auszusetzen. Ich äußere meine Kritik, aber kann es nicht leiden, wenn jemand auf die Person dahinter abzielt und ein Kommentar in einen emotionalen, unbegründeten Angriff ausartet.« Sein Daumen strich zärtlich über meinen Handrücken.

»Würde es nicht besser ankommen, wenn du es einfach gut bewertest?« Meine Augen wurden groß, und ich brauchte einen kurzen Moment, ehe ich begriff, dass David keinen Witz machte, sondern eine ernst gemeinte Frage stellte.

»Ich ...«

»Versteh mich nicht falsch. Das ist deine Sache. Ich spiele nur mit ein paar Gedanken und überlege, wie man den Erfolg maximieren könnte.« Sein zartes

Lächeln erreichte nicht seine Augen, und ich wusste nicht, ob er da gerade sprach oder die Erwartungen seines Vaters. Erfolg war immer so eine Sache. Und nicht gerade das, woran ich zuerst bei Bookstagram dachte.

Auf dem Nachhauseweg nahm David einen anderen Weg. Er bog vom Highway ab, und ich erkannte den Waldweg und schließlich die Lichtung wieder, auf der wir nach dem Verlagstermin gehalten hatten.

»Warum hältst du hier?« Ich schaute mich um, die Lichtung und der Wald lagen in völliger Dunkelheit, nur die Lichtpunkte einer Stadt in der Ferne spendeten Orientierung.

»Fängt so nicht jeder gute Horrorfilm an?«, antwortete David und sah mich dabei mit ausdrucksloser Miene an. Kurz hielt ich den Atem an, aber David fing schallend an zu lachen.

»Lass dich einfach überraschen, das hier ist Teil zwei unseres Dates, mein favorisierter Teil.«

Er stieg aus und lief hinter das Auto. Kurze Zeit später hörte ich, wie er den Kofferraum öffnete und sich an etwas zu schaffen machte. Ich drehte mich neugierig um, doch er schaute mich mahnend an und ich wandte mich schnell wieder ab. Nach einer gefühlten Ewigkeit öffnete sich meine Beifahrertür. David stand vor mir und sagte nichts. Er reichte mir nur seine Hand, und ich ergriff sie. Sie fühlte sich rau an. Meine Hand in seiner zu spüren, verursachte mir eine Gänsehaut, die meinen Arm hochfuhr und sich auf meinem ganzen Körper ausbreitete.

David führte mich um den Wagen herum zum offenen Kofferraum. Er hatte die Rücksitze umgelegt und auf der frei gewordenen Fläche Kissen und Decken ausgebreitet. Ich drückte seine Hand ganz fest und fühlte mich wie ein verknallter Teenie.

»Überraschung geglückt?« Seine Stimme war so rau und tief und gleichzeitig so unbeschreiblich ruhig.

Ich kletterte hinein und versuchte dabei, eine halbwegs elegante Figur abzugeben. Ich streifte die Schuhe ab und war froh, die Dinger los zu sein. Hinlegen oder sitzen bleiben war die Frage, doch David nahm mir die Entscheidung ab, indem er sich der Länge nach hinter den Fahrersitz legte und es sich mit einem Kissen unter dem Kopf gemütlich machte. Ich zögerte kurz und legte mich dann, mit etwas Abstand zwischen uns, neben ihn. Es fühlte sich gut an, aber ich hatte Angst, dass wir geradewegs auf eine peinliche Stille zwischen uns zusteuerten. Doch David hielt schon die nächste Überraschung parat. Er bediente einen Schalter und mit einem leisen Brummen fuhr die Dachverkleidung zurück und legte ein verglastes Panoramadach frei. Über uns zeigte sich der Himmel mit all seinen funkelnden Sternen, die wie Millionen Glühwürmchen hoch über uns leuchteten und uns in einen zarten Glanz hüllten.

»Wow ... es ist ...« Ich blickte in Davids Augen und sah darin den schimmernden Nachthimmel gespiegelt.

»Ich weiß.« David nahm mir die Bürde ab, ein Wort dafür zu finden. Denn keine Aneinanderreihung von Buchstaben wäre auch nur annähernd dem gerecht geworden, was ich gerade sah. Ich stützte meinen Kopf auf meinen Arm und ließ mich von Davids Augen fesseln. Seine Hand näherte sich meiner Wange. Er strich zärtlich über meine Haut, tausend kleine Stromschläge fuhren durch mich hindurch und hinterließen eine intensive Spur, wo mich seine rauen Finger berührt hatten. Ich wusste, dass ich gerade dabei war, einen Moment zu erleben, den ich für immer in Erinnerung behalten würde.

»An was denkst du gerade?«, fragte er mich und lächelte, während er mir eine Strähne meines dunklen gelockten Haars hinter das Ohr strich.

»An Marmeladenglasmomente.« Mein Magen fuhr Achterbahn, ohne mich mitzunehmen. David war wie einer meiner Book-Boyfriends. Aber das hier war die Realität.

»Und ... an was denkst du?« Meine Worte klangen unbeholfen und naiv. David lächelte mich an, und ich meinte, ein kurzes Aufflackern in seinen Augen wahrzunehmen. Quälend langsam kam sein Gesicht auf meines zu und stoppte erst so nah vor meinen Lippen, dass nicht mal mehr ein Windhauch dazwischen passte. Ich war in einen Tunnel gefahren und konnte nur noch das wahrnehmen, was direkt vor meinen Augen geschah. Ich spürte Davids Atem und genoss es, diesen Trommelwirbel kurz vor unserem Kuss auszukosten. Als seine Lippen sich zart auf meine legten, spürte ich, dass der Moment perfekt war. Seine Haut war so weich, und es fühlte sich unfassbar gut an, sie auf meiner zu spüren. Seine Zunge stieß kaum merklich gegen meine geschlossenen Lippen und brauchte nicht einmal den Bruchteil einer Sekunde, um sie leicht zu öffnen und diesen Kuss zu etwas ganz Besonderem werden zu lassen. Unsere Zungen tanzten miteinander, ich legte eine Hand in seinen Nacken und zog ihn an mich heran. Wir waren schon längst dabei, eins zu werden, und all die Gefühle, die diese Berührungen in mir auslösten, waren schwer einzuordnen. So etwas hatte ich noch nie zuvor gefühlt. Es hing so viel Zuneigung in der Luft und lud sie elektrisch auf, dass ich fürchtete, einen Stromschlag zu bekommen, wenn ich mich auch nur einen Millimeter von ihm wegbewegte. Unser Kuss entlockte Davids Kehle ein lustvolles Stöhnen. Meine Hand lag immer noch in seinem Nacken, ich blickte in seine Augen, die mich in diesen intensiven Farben anfunkelten und all den Gefühlen, die ich empfand, einen Kontext gaben. David.

Er nahm mein Gesicht in seine Hände und hielt den Blickkontakt noch einen kurzen Moment aufrecht, ehe wir genau da weitermachten, wo wir eben aufgehört hatten. Unsere Küsse wurden immer fordernder, immer wilder. Davids Hand glitt an meinem Rücken herunter, ich genoss seine Berührung und zeigte ihm das, indem ich mich noch näher an ihn presste. Seine Hand wanderte weiter nach unten und versuchte, sich einen Weg unter mein Kleid zu bahnen. Auf einmal fiel es mir schwer, mich ausschließlich unserem Kuss hinzugeben. Ich ließ seine Hand noch ein Stück weiter nach unten gleiten, bevor ich David sanft von mir schob.

»Nicht«, hauchte ich atemlos, immer noch ganz gebannt von allem, was gerade passierte. David sah mich fragend an.

»Das ...« Ich hatte Schwierigkeiten, einen vollständigen Satz zu formulieren. »Es ... ist mir zu schnell«, brachte ich hervor.

»Okay.« Er lächelte mich an. »Das ist vollkommen okay«, wiederholte er noch einmal und drückte einen sanften Kuss auf meine Lippen, ehe er sich auf den Rücken legte. Ich schmiegte mich an ihn und genoss es, in seinen Armen zu liegen.

»David.« Ich drehte mich zu ihm, und seine vollen Lippen waren immer noch leicht gerötet von diesem intensiven Kuss, der mir einen Schauer über den ganzen Körper jagte, wenn ich nur an ihn dachte.

»Hmm?«

»Das hier ist perfekt. Genau das hier, das sind wir.« Seine Augenbrauen zogen sich kaum merklich ein Stück zusammen, aber die kleine Falte, die sich bildete, verriet ihn. »Das hier, das bist du, David. Das ist deine Art, wie wir die Zeit gemeinsam verbringen.« Ich legte meine Hand an seine Wange und genoss das warme Kribbeln, wann immer ich seine Haut berührte. »Und das bin ich. Keine viel zu laute Musik inmitten erdrückender Menschenmassen. Sondern Ruhe und Geborgenheit mit nichts mehr zwischen uns als alldem, was wir fühlen.«

Nicht eine Sekunde zögerte ich, ihm das zu sagen. Da war kein Zweifel, keine Angst. Die Worte fanden ihren Weg ganz allein, und jedes davon fühlte sich unbeschreiblich gut an. Das Lächeln, das sich auf Davids Lippen legte, reflektierte meine Gefühle, die ich langsam an die Oberfläche dringen ließ. Was für ein unglaublicher Moment! Ich betrachtete wieder die Sterne und versuchte, in meinem Kopf Ordnung zu schaffen und zu verstehen, was in den letzten Minuten passiert war. Oder waren es Stunden gewesen? Ich hatte völlig mein Zeitgefühl verloren. Ich löste mich aus Davids Armen und griff nach meinem Handy. Auf dem Display leuchtete die Uhrzeit. Augenblicklich schoss mein Puls in die Höhe.

»David«, schrie ich ihn an, obwohl er neben mir lag. Er setzte sich auf und stieß sich dabei den Kopf am Autodach.

»Was ist?« In seiner Stimme lag ernsthafte Sorge. »Was ist passiert?«

»David, es ist nach zwölf!« Ich hörte meinen eigenen Herzschlag. Erst sah er mich verwirrt an, dann fing er an zu lachen. Er lachte!

»Ja ... und?«

Ungläubig schaute ich ihn an, doch er schien den Ernst der Lage nicht zu begreifen. Für ihn war es nichts weiter als eine Uhrzeit, doch für mich war es ein halber Weltuntergang.

»David, ich muss sofort nach Hause! Wir haben Cas versprochen, dass ich pünktlich zurück bin.«

»Schon gut, ich bring dich nach Hause.« David klang immer noch völlig gelassen. Vielleicht war es gut, dass er die Ruhe bewahrte, während ich einen halben Nervenzusammenbruch erlitt und mir schon drei verschiedene Arten von Entschuldigungen überlegte.

»Es wird schon nicht so dramatisch sein.« Er stieg aus und half mir ebenfalls aus dem Kofferraum.

Ich schnallte mich noch an, da startete David bereits den Wagen. »Hör zu ...« Ich hörte den Kies unter den Reifen knirschen, während David den Wagen wieder in Richtung Highway lenkte. »Ich nehme dir das nicht übel, weil du Cas und mich noch nicht lange kennst, aber so läuft das zwischen uns. Wenn man etwas sagt, dann ist das ein Versprechen, und wir halten unsere Versprechen.«

Ich seufzte und starrte aus dem Fenster in die schwarze Dunkelheit. »Und weil ich das nicht getan habe, ist sie sicher schon krank vor Sorge.«

Ich entsperrte mein Handy und sah die verpassten Anrufe und Nachrichten. Ich tippte bereits eine lange Entschuldigung, entschied mich dann aber um. Ich wollte sie ihr lieber persönlich sagen und tippte nur ein kurze Info, damit sie sich nicht sorgte.

`Bin gleich zu Hause`

David nahm eine Hand vom Lenkrad und legte sie mir auf den Oberschenkel. Sein Daumen fuhr sanft hin und her, und diese zarte Geste hatte tatsächlich eine beruhigende Wirkung auf mich.

»Du hast recht, Em, ich kenne dich und Cas nicht gut. Noch nicht. Aber du bist einundzwanzig. Es wird doch wohl okay sein, wenn du mal selbst entscheidest, wie lange dein Abend geht.« Kurz wandte er den Blick von der Straße und sah meinen skeptischen Gesichtsausdruck. »Und ja, vielleicht wird sie ein wenig an dich denken und sich fragen, was du gerade tust, aber die paar Minuten Verspätung wird sie schon verkraften.«

Ich löste den Blick vom Fenster und schaute zu David. Er hatte die Augen auf die Straße gerichtet, nur für einen kurzen Moment glitt sein Blick zu mir hinüber, und wir schauten uns an. Ich wusste, dass er das alles nur gut meinte. Eigentlich hatte er recht. Ich war alt genug, und es war ganz mir überlassen, was ich tue und wie lange. Doch zwischen Cas und mir lief das anders.

Ich wünschte mir, dass David recht behielt und Cas locker reagieren würde. Ich stieg mit einem knappen »Danke« aus, öffnete die Tür zur hinteren Sitzbank, die immer noch umgeklappt war und fischte meine Schuhe unter den Kissen hervor. Ich wandte mich zum Gehen und erschrak, weil David plötzlich direkt vor mir stand.

»Ich bring dich noch hoch«, sagte er sanft und griff nach meiner Hand.

»Auf keinen Fall! Ich muss das jetzt selbst klären – Cas wird dir den Kopf abreißen, und das wäre unpraktisch, denn dann könnten wir das hier nicht wiederholen.« Ich grinste ihn verschmitzt an.

»Jaa ... das wäre wirklich zu schade.« Er sprach langsam und blickte mir dabei tief in die Augen. Ich verlor mich jedes Mal aufs Neue in ihnen, doch kämpfte ich jetzt mit all meiner Kraft dagegen an, denn es war nicht der richtige Zeitpunkt. Ich musterte ihn, wusste nicht, ob ich ihn zum Abschied küssen sollte. Wo genau standen wir eigentlich? David bemerkte, wie ich mir unsicher auf die Lippe biss und fokussierte sie. Ehe ich mich versah, berührte sein Mund auch schon meinen. Dieser Kuss hier war ganz anders als der letzte. Dieser hier war sanft und süß, und es lag nichts Wildes oder Forderndes darin. Vielmehr war er ein Versprechen auf mehr. Er löste sich von mir, nahm mein Gesicht in seine Hände und hauchte mir noch einen letzten Kuss auf die Stirn, ehe er wieder in sein Auto stieg und davonfuhr. Ich schaute ihm nach, bis das Schwarz der Nacht sein Auto verschluckt hatte.

So leise wie möglich drehte ich den Schlüssel im Schloss und schob die Tür auf. Es war mittlerweile schon nach eins. Ich blickte den langen Flur entlang zur Tür, die zu Cas' Schlafzimmer führte. Zögerlich trat ich ein und legte meine Schuhe ordentlich nebeneinandergereiht auf den Schuhständer. Ich griff mir aus dem Korb, der auf der Kommode stand, ein Paar dicke flauschige Kuschelsocken und streifte sie über meine eiskalten Füße. Wo war Cas? War sie noch wach? Ich schlich in die Küche, brauchte dringend ein Glas Wasser und war nicht überrascht, sie am Küchentisch sitzen zu sehen. Vor ihr stand eine Tasse Tee, in der sie stoisch rührte. Sie blickte weder überrascht auf, noch sagte sie irgendetwas zu mir.

»Cas ...«, meine Stimme klang brüchig, »es tut mir leid.«

Sie ließ den Löffel los, der mit einem Klirren an den Rand der Tasse stieß und die Stille zwischen mir und meiner großen Schwester unterbrach. Sie schaute mich an, mit einem Blick, den ich nicht deuten konnte. Das verunsicherte mich noch mehr.

»Dir tut was leid?« Ihre Stimme war gefasst, doch ich hörte die Anspannung, die in jedem Wort mitschwang.

»... dass ich zu spät bin.« Ich fühlte mich wie eine Zehnjährige.

»Nur, dass du zu spät bist, oder auch, dass du damit dein Versprechen gebrochen hast?«

WOW ... da war er. Der Satz, mit dem ich gerechnet hatte und der trotzdem so viel in mir auslöste. Es war wie ein Spaziergang im Regen, wenn man weiß, dass man nass wird und doch überrascht ist, wenn das Wasser kühl auf die nackte Haut trifft und man zu frieren beginnt.

»Das natürlich auch,« schob ich schnell hinterher, denn es tat mir ja wirklich leid. Und doch ließ mich das, was David gesagt hatte, nicht los.

»Aber ...« Ich tapste von einem Fuß auf den anderen, weil ich mit mir haderte, ob ich es ausgerechnet jetzt ansprechen sollte.

»Vielleicht ist es ja auch gar nicht so schlimm, dass ich jetzt erst zu Hause bin.« So. Jetzt war es raus. Ich war es leid, immer so viel für mich zu behalten. Cas riss die Augen ungläubig auf.

»Dir ist es also ab jetzt egal, wenn du mir Dinge versprichst und sie nicht hältst?!«

Ich trat zwei schnelle Schritte auf sie zu.

»Nein! Das meine ich nicht, Cas! Wirklich! Ein Versprechen ist dazu da, gehalten zu werden.«

Ihre Gesichtszüge entspannten sich ein wenig.

»Aber ich bin der Meinung, dass ich mit einundzwanzig alt genug bin, um selbst entscheiden zu können, wann ich nach Hause komme.« Meine Worte klangen deutlich härter als beabsichtigt, aber jetzt war es endlich raus.

Cas umfasste mit beiden Händen ihre Tasse und legte ihre Stirn in Falten. »Das sehe ich anders. Du schaffst es ja nicht mal, eine simple Abmachung wie die von heute Abend zu halten.«

Autsch. Das saß. Ihr mangelndes Vertrauen in mich machte mich wütend. Und die Tatsache, dass Cas mir anscheinend überhaupt nicht zugehört hatte.

Cas stand auf und kippte ihren Tee in die Spüle.

»Und jetzt zieh dich um und geh schlafen. Es ist schon spät.« Sie schaute mich nicht einmal an.

»Mein Gott, Cas!«, schrie ich so laut, dass Cas mitten in der Bewegung innehielt und sich zu mir herumdrehte. »Du bist verdammt noch mal nicht Dad und wirst es auch nie sein, also tu nicht so, als könntest du ihn ersetzen!« Mit einem Mal stand die Zeit still. Keine von uns regte sich. Keine machte auch nur einen Mucks. Ich war zu weit gegangen.

Kapitel 13

Ich schaffte es einfach nicht, mich auf die Vorlesung zu konzentrieren. Ständig schweiften meine Gedanken ab, zurück zu letzter Nacht. Plötzlich hörte ich ein lautes Räuspern neben mir und fuhr erschrocken herum. Lexie sah mich erwartungsvoll an, während mein Blick unsicher über die voll besetzten Sitzbankreihen glitt.

»Jetzt?«, flüsterte ich ihr mit hochgezogenen Brauen zu und beugte mich zu ihr rüber, um kein Aufsehen zu erregen. Ihr Blick gab mir zu verstehen, dass ich nicht drum herumkam, Informationen zu liefern.

»Also gut.« Ich rückte etwas zu ihr herüber und begann zu erzählen. Lex hörte mir gebannt zu und nickte hin und wieder. Ab und zu pausierte ich, um nicht zu laut in eine Sprechpause unserer Dozentin zu reden. Ich kam zu der Stelle, wo David mir den Augenblick unter dem Sternenhimmel geschenkt hatte, und ihre Augen wurden groß.

»UUUUUUUUND?« Sie zog diese drei Buchstaben so in die Länge, dass es für zehn reichte.

Meine Mundwinkel zogen sich verräterisch nach oben, und Lexie grinste wissend. Sie quiekte auf und zog damit die Blicke einiger Sitznachbarn auf uns. Dann nahm sie meine Hände, und ihr Blick wurde ganz ernst. »Weiß er, was er tut?«

Wie schnell wir doch zu den wichtigen Dingen des Lebens kamen. Ich sah mich im Hörsaal um. Ich wollte das eigentlich nicht in aller Öffentlichkeit bereden.

»Lex ...«, sagte ich streng und schwieg.

»Ich deute dein Schweigen als Zustimmung und registriere, dass du gerade nicht über dieses Thema sprechen magst.«

»Na ja, eine Sache gäbe es da schon,« druckste ich herum. Lexie wurde hellhörig.

»Ich bin mir unsicher, ob es richtig war, was ich getan habe«, flüsterte ich, um nicht noch einmal mit den genervten Blicken der anderen gestraft zu werden. Denn sie folgten im Gegensatz zu uns beiden aufmerksam dem Vortrag.

»Na, komm schon, jetzt lass dir nicht alles aus der Nase ziehen«, flüsterte Lexie zurück.

»Also na ja ... wir haben uns geküsst und irgendwann dann wurde es halt ... mehr.« Ich holte Luft, sah mich einmal um, nur um sicherzugehen, dass niemand mithörte.

»Und dann ging mir das alles irgendwie zu schnell, und ich habe ihn gebeten, es langsam angehen zu lassen. Ich weiß jetzt halt nicht, was er von mir denkt und ...«

»STOPP ... an genau dieser Stelle!« Lexie hob ihre Hand, und wenn wir nicht im College gewesen wären, hätte sie die Worte sicher geschrien. »Bis hierhin und nicht weiter.« Sie rutschte auf ihrem Klappstuhl hin und her und räusperte sich einmal kurz und ein bisschen theatralischer als nötig, bevor sie neu ansetzte.

»Du drückst dich voll in die Opferrolle! Wir wissen beide, du suhlst dich manchmal gerne in dieser Unterwürfigkeit. Es fällt dir leicht, die Opferrolle zu akzeptieren, weil du dann der Konfrontation aus dem Weg gehst, aber hier akzeptiere ich das nicht.« Ihre Worte taten weh.

»Also, wir verzeihen dir das jetzt, weil du deine eigenen und ersten Erfahrungen machst. Aber wenn du die Hauptrolle in einem deiner Bücher spielen würdest, das du gerade liest, würdest du an dieser Stelle das Buch zuschlagen und sagen: ›Lex, oh allerschönste Lexie. Die Protagonistin nervt mich aktuell so sehr mit ihren naiven Aussagen. Wenn sie wirklich so denkt, dann wünscht sie sich bestimmt als Nächstes, dass das Frauenwahlrecht wieder abgeschafft wird, weil es ihr zu anstrengend ist, diese Entscheidung für sich selbst zu treffen.‹«

Ich verstand, dass sie recht hatte. Meine Zweifel waren lächerlich. Ich sah Lexie immer noch an. »Lex, oh allerschönste Lexie. Danke.« Ich lächelte sie an, war froh, sie zu haben.

»Na, dann erzähl mal. Wann siehst du Prince Charming wieder? Der Abend schien ja ein voller Erfolg gewesen zu sein.«

»Na ja. Ein voller Erfolg ist vielleicht nicht die Beschreibung, die ich gewählt hätte.«

»So?« Lexie zog eine Augenbraue verwirrt in die Höhe. Wie sehr ich sie doch immer wieder dafür beneidete, dass sie ihre Augenbrauen getrennt voneinander steuern konnte.

»Absolute Vollkatastrophe trifft es wohl eher.« Ich stieß frustriert Luft aus und erzählte ihr in wenigen Sätzen, was danach noch zwischen mir und Cas vorgefallen war.

»Oh, shit«, sagte Lexie, während wir nach Vorlesungsende durch die Gänge schlenderten. »Ihr habt … was?«

»Gestritten.« Resigniert stieß ich die Luft aus und dachte an alles, was Cas und ich zueinander gesagt hatten.

»Und jetzt?« Lexie sah mich mit hochgezogenen Brauen an.

»Nichts und jetzt«, antwortete ich schulterzuckend.

Wir schwiegen fast den gesamten Weg zum Campus-Café.

»Du musst mit ihr reden. Ihr müsst das klären«, brach Lexies Stimme die Stille zwischen uns.

»Und wie stellst du dir das vor?« Ich sah sie fragend an und wühlte in meinem Rucksack nach meinem Portemonnaie.

»Wie wäre es, wenn ihr das erste Mal seit Langem einfach komplett offen miteinander seid?«

Lexies Worte trafen mich. Cas und ich gingen so vielen Themen aus dem Weg. Ich presste meine Lippen aufeinander, während ich meine Mensakarte aus dem Portemonnaie zog.

»Du musst das nicht, Em. Keiner zwingt dich, nicht einmal ich. Aber sei dir bewusst, dass die Alternative diese permanent komische Stimmung zwischen dir und deiner Schwester ist.«

Ich nickte knapp und reihte mich in die Warteschlange ein, um mir in der kurzen Pause wenigstens einen Kaffee zu holen. Nach ein paar Minuten tippte mich Lexie an die Schulter. »David also?«

»Mhm.«

»Freust du dich schon, ihn wiederzusehen?«

Die Schmetterlinge in meinem Bauch tanzten wieder, und allein der Gedanke, ihn wiederzusehen, bereitete mir Gänsehaut.

»Ja«, sagte ich mit fester Stimme.

Ich war mir meiner rosaroten Brille vollkommen bewusst und kostete jede Sekunde davon aus.

Kapitel 14

»Hawkeye ist und bleibt der stärkste Held im ganzen Marvel-Universum!« Andrew tigerte schon seit fünf Minuten durch unser Wohnzimmer. Genauso lange war *Avengers: Infinity War* schon auf Pause gestellt.

»Hawkeye?! Auf gar keinen Fall!« Lexie fuchtelte wild mit den Händen und klang so entrüstet, wie sie es nur bei einem Thema konnte: Wenn sie mal wieder eine Diskussion über Marvel führte. »Hawkeye würde bei mir nicht mal auf Platz 17 landen. Der kann rein gar nichts. Und ohne seinen Hightech-Bogen ist er nicht mal gefährlich.« Lexie lachte höhnisch. »Da find ich ja selbst Ant Man besser. Und ich hasse Ant Man«, schob sie nach und verdrehte nachdrücklich die Augen.

Andrew raufte sich die Haare. Er schien etwas verloren. »Und wer ist deiner Meinung nach der beste Held im Marvel-Universum?«

Sicher hatte Lexie nur auf diese Frage gewartet, denn sie war perfekt vorbereitet, das wusste ich.

»Oh, das ist einfach. Die beste, stärkste und coolste Heldin ist Captain Marvel. Sie hat einfach ALLES.

Ausdauer, Schnelligkeit, Widerstandskraft. Sie kann Photonenstrahlen aus ihren Händen feuern und ohne Hilfsmittel ins All fliegen. Ich könnte ewig so weitermachen, aber selbst Kevin Feige sagt, sie gehört zu den mächtigsten Wesen im MCU. Und der Typ hat Ahnung davon, schließlich ist er Marvel-Chef.«

Amüsiert verfolgte ich von meinem sicheren Platz auf dem Sessel das Wortgefecht und war gespannt, wo es noch hinführte. Ich wünschte, Will wäre schon hier. Er kannte sich fast genauso schlecht im Marvel-Universum aus wie ich, und ein zweiter Außenstehender tat bei solchen Diskussionen immer gut.

Es klingelte, und ich sprang vom Sofa auf.

»Endlich.« Ohne eine Begrüßung zog ich Will ins Wohnzimmer.

»Cas.« Andrew blickte flehend rüber zu meiner Schwester. »Hilf mir doch.«

Cas saß auf der Couch und zuckte mit den Schultern. Ich sah sie an, doch sie wich meinem Blick aus. »Also, ich mag Doctor Strange«, sagte Cas.

Andrew verdrehte die Augen. »Das sagst du doch nur, weil der von Benedict Cumberbatch gespielt wird und du seit der siebten Klasse heimlich in ihn verliebt bist.«

Ich lachte auf. »Heimlich? Cas und Benedict Cumberbatch waren etwas ganz Besonderes«, mischte ich mich ein und lächelte Cas an, doch es fühlte sich unecht an.

»Selbst wenn«, mischte sich Lex wieder ein, »auch Doctor Strange kommt weit, weit vor deinem komischen Adler-Boy.« Lexie wartete Andrews Antwort nicht ab und verschwand in der Küche.

Andrew atmete resigniert aus und setzte sich zu Cas auf die Couch. Er hatte vermutlich begriffen, dass er gegen Lexie bei diesem Thema keine Chance hatte. »Was genau habe ich hier eigentlich verpasst?«, flüsterte Will in mein Ohr und sah mich fragend an.

Wir standen noch im Türrahmen, während Cas und Andrew sich aneinander kuschelten.

»Die unverbesserlichen Marvel-Fans ...«, begann ich, doch Will schüttelte den Kopf.

»Ich meine das zwischen dir und Cas«, flüsterte er und nickte mit dem Kinn in Richtung meiner großen Schwester. Ich presste meine Lippen aufeinander, setzte zu einer Antwort an, da schrie Lexie aus der Küche nach mir und Cas.

Wir stürmten gleichzeitig los.

»Em, Cas, ich wollte das wirklich nicht, aber ich glaube, das wird teuer ...«

»Was ist passiert?« Cas schaute sich hektisch um, während ich zu Lexie trat. Andrew und Will standen im Türrahmen und blickten alarmiert zu Lexie.

»Rein gar nichts, aber ich muss jetzt los zu meinem Date, und wenn ihr schon mal zufällig hier seid, könnt ihr ja reden.« Lexie zuckte mit den Schultern und trat an Cas vorbei. »Über das Wetter oder Marvel oder eben über euch.« Sie griff sich einen Apfel aus der Obstschale und ließ mich und Cas in der Küche zurück. Andrew und Will ließen uns allein und gingen zurück ins Wohnzimmer.

Ich spürte die Schuldgefühle, die mir einen Knoten in meinen Magen banden.

»Es tut mir leid, Cas.« Ich blickte ihr tief in ihre leuchtend grünen Augen, die mich täglich an Dad erinnerten. Cas nickte kaum merklich. »Ehrlich, es tut mir wahnsinnig leid, Cas.« Ich presste meine Lippen aufeinander, nachdem ich die Worte ein zweites Mal aussprach, in der Hoffnung, sie machten all das, was zwischen uns stand, rückgängig. »Es tut mir leid, wie alles gelaufen ist.« Kurz schaffte ich es nicht, den Blick aufrechtzuerhalten. »Cas, dass ich das mit …«

»Schon gut.« Ihre Stimme klang gefasst, aber nicht kühl. »Es ist okay.« Cas stützte sich an der Arbeitsplatte ab. »Wir haben beide in diesem Streit Dinge gesagt, die nicht richtig waren. Aber vielleicht war das ganz gut so, denn so kam vieles auf den Tisch, über das wir scheinbar reden sollten.«

Sie kam ein paar Schritte auf mich zu. Ich setzte erneut zu einer Entschuldigung an, doch sie kam mir zuvor. »Du musst dich nicht noch einmal für alles entschuldigen.« Sie lächelte mich verständnisvoll an. »Aber ich muss mich bei dir entschuldigen.« Sie atmete ruhig, sah mich eindringlich an. »Ich muss akzeptieren, dass du nicht mehr meine Kleine bist und Dinge selbst entscheiden kannst. Auch wenn ich mir in Zukunft wünschen würde, dass du mir trotzdem sagst, wo du hingehst und mir Bescheid gibst, wenn sich Pläne ändern. Nicht weil ich dich kontrollieren will, sondern weil ich mir nicht diese unfassbaren Sorgen machen will.« Sie atmete hörbar aus.

»Selbstverständlich«, antwortete ich, anstatt mich erneut zu entschuldigen.

»Ich weiß, dass ich Dad niemals ersetzen werde.«

Es war so schwer, diesen Satz zu hören. Cas' Trauer schien durch jedes einzelne ihrer Worte hindurch.

»Cas ... ich ...« Tränen stiegen mir plötzlich in die Augen und raubten mir die Stimme. Sie schaute mich an, und auch ihre grünen Augen waren glasig und feucht.

»Ich werde Dad niemals ersetzen, aber das will ich auch gar nicht.« Sie holte tief Luft und kämpfte ebenfalls mit den Tränen. »Ich habe immer versucht, die Lücke zu schließen, die er hinterlassen hat. Aber niemals würde ich mir anmaßen zu versuchen, das zu sein, was er war.«

Eine Träne kullerte mir über die Wange. Was hatte ich nur getan? »Ich weiß ...« Zwei so schwache und inhaltslose Worte waren alles, was ich zustande brachte. Cas war es, die mich in meiner schwersten Zeit unterstützt und dafür gesorgt hatte, dass ich wieder zurück auf meinen Weg gefunden habe.

Es kam mir wie eine Ewigkeit vor, die wir schweigend in der Küche verbrachten. Ich hing meinen Gedanken nach, bis Cas sich regte. Ganz schnell schlang sie ihre Arme um mich und hielt mich fest. Ich vergrub mein Gesicht an ihrer Schulter. Ich hörte sie leise schluchzen, und das war der Moment, in dem ich meine Tränen nicht länger zurückhalten konnte.

»Ich wüsste nicht, was ich ohne dich tun sollte«, schluchzte ich in ihre Haare hinein.

Cas löste sich von mir und hielt mich an den Schultern, ehe sie mir tief in die Augen schaute. »Das musst du auch nicht, weil wir uns immer haben werden.«

Arm in Arm gingen Cas und ich zurück ins Wohnzimmer zu Andrew und Will. Um die Ernsthaftigkeit und Emotionalität der Situation zu brechen, schaute ich Cas gespielt verdutzt an. »Warum fragt eigentlich keiner mich nach meiner Meinung zum MCU?« Drei Köpfe drehten sich gleichzeitig zu mir herum.

»Nenn mir drei Charaktere aus dem MCU«, forderte Cas mich heraus und ließ sich auf den Sessel fallen.

»Hawkeye ...« Ich blickte hilflos zu Will, der sich auf dem zweiten Sessel fläzte, aber nur hilflos mit den Schultern zuckte.

Cas überkreuzte ihre Beine und sagte streng: »Drei, dessen Namen nicht in der letzten Stunde in diesem Raum gefallen sind.«

So ein Mist. Ich zog den Mund kraus und musste mich wirklich anstrengen. »Iron Man, ... Hulk ... und ... der Baum?« Entschuldigend blickte ich in die Runde und setzte mich neben Andrew auf das Sofa. Er legte beschützend einen Arm um meine Schulter.

»Siehst du, Kleine. Genau deshalb fragt dich bei diesem Thema keiner nach deiner Meinung.« Sein charismatisches Lächeln konnte einen ganzen Raum einnehmen, und das tat es auch regelmäßig.

»Und jetzt drück endlich wieder auf Play«, wies Andrew Cas an und legte seine Füße auf den Couchtisch, wofür er einen warnenden Blick von Cas kassierte, und keine fünf Sekunden später waren seine Füße wieder dort, wo sie hingehörten. »Ich muss euch schließlich heute noch von meinem Adler-Boy überzeugen.«

Will lachte leise auf und rutschte etwas tiefer in seinen Sessel hinein. Und so saßen wir vier da. Und während alle auf dem Bildschirm zuschauten, wie Superhelden gegen Schurken kämpften, war ich einfach nur froh und erleichtert, die Dinge mit Cas geklärt zu haben. Den restlichen Film über verschwand das sanfte Lächeln nicht von meinen Lippen.

Kapitel 15

Ich sah David schon von Weitem. Er wartete vor dem Unigebäude auf mich, gleich neben dem Eingang. Ich vergrub mein Gesicht noch etwas tiefer in meinem Schal und ging schneller.

»Expedition in die Arktis geplant?«, begrüßte er mich und hauchte mir einen zarten Kuss auf die Stirn.

»Würdest du denn mitkommen?« Ich strahlte ihn an, während wir uns tief in die Augen schauten.

Wir verschränkten unsere Finger und schlenderten Seite an Seite durch die Gänge. Ich fühlte mich wohl mit David. Es war ein ungewohntes Gefühl, unsere Beziehung so offen zur Schau zu stellen. Waren wir überhaupt zusammen? Keiner von uns hatte den anderen gefragt, aber machte man das überhaupt noch?

Plötzlich blieb David stehen.

»Du folgst nicht zufällig *Hottest Students of Amber Falls*?« David kratzte sich am Hinterkopf. Verwirrt drehte ich mich zu ihm.

»Nein«, antwortete ich, leicht irritiert vom plötzlichen Themenwechsel. »Wieso?«

»Ach, na ja, normalerweise halten sich Klatschseiten von unserer Familie fern. Die haben alle Angst vor den Anwälten meines Vaters.« Er lachte kurz auf und zeigte mir den Post, den mir Lexie im *Green Basil* vorgelesen hatte. »Aber diese Seite schreibt völlig angstfrei über mich, und ich fürchte, du könntest hier auch bald Erwähnung finden.«

Ich schluckte, stellte mir vor, wie mein Gesicht auf der Klatschseite prangte, vielleicht noch mit irgendeiner reißerischen Überschrift. »Aber mach dir keine Sorgen, bisher gibt es nichts über dich, und die haben auch nur ein paar Hundert Follower. Sie wurden bereits vorgewarnt, dass es Konsequenzen hat, wenn sie zu weit gehen.« David drückte meine Hand und sah mich an.

»Das sind bestimmt nur ein paar neidische Studentinnen«, sagte ich schulterzuckend. »Aber den Neid, den kann ich sogar nachvollziehen.« Ich küsste David und erinnerte ihn daran, dass meine Vorlesung in wenigen Minuten begann.

Während wir unseren Weg fortsetzten, sorgte ich mich noch einen kurzen Moment um die Klatschseiten, doch mit Davids Hand in meiner fühlte ich mich beschützt. Komme, was wolle.

»Da wären wir«, riss mich eine Stimme aus meinen Gedanken.

»Tatsache.«

Leider waren wir schon vor meinem Vorlesungssaal, unsere Wege trennten sich hier, da David ein anderes Seminar hatte. Das war wohl die Anfangsphase, in der sich alles anfühlte wie in Zuckerwatte gehüllt und jede Sekunde, die man nicht miteinander verbrachte, schrecklich herzzerreißend war. Ich hatte so was immer belächelt. Doch jetzt stand ich hier, mit dem Geruch von süßer rosafarbener Zuckerwatte in der Nase, und konnte mich nicht von dem Mann losreißen, der für dieses Kribbeln in meinem Körper verantwortlich war. David legte mir eine Hand an die Wange.

»Sehen wir uns später?« Das Strahlen seiner Augen hielt mich einige Sekunden in seinem Bann, und anstatt ihm zu antworten, legte ich meine Lippen auf seine und schenkte ihm einen zärtlichen Kuss. Ich spürte seine Hand, die an meinen Nacken wanderte.

»So kannst du in Zukunft ruhig öfter ›Ja‹ sagen.« Er kam mir ein Stück näher, und in meinem Bauch schlugen die Schmetterlinge Salti. »Das gefällt mir«, raunte er leise, und das Kribbeln fuhr durch meinen ganzen Körper.

Ich blickte ihm nach, musterte seine glänzenden hellbraunen Haare, die immer perfekt saßen, dachte an die süßen Grübchen, die sich bildeten, wenn er mich anlächelte. Mich. Seine Freundin. Ich war eindeutig verliebt.

Das Seminar über vergleichende europäische Literaturgeschichte zog sich hin, aber zum ersten Mal seit Langem konzentrierte ich mich wieder einmal wirklich darauf, was gesagt wurde. Weder Lexie noch David waren hier, um mich abzulenken. Der Einzige, der neben mir saß und die Zeit durch seine bloße Anwesenheit erträglicher machte, war Will. Nur einmal checkte ich Instagram. Die neuen Verlagsvorschauen waren draußen, und ich platzte fast vor Neugier. Wie immer verspürte ich den dringenden Wunsch, einen Kredit aufzunehmen für all die Bücher, die ich mir holen wollte. Will räusperte sich auffällig laut, ich blickte auf und merkte, dass ich das Ende der Vorlesung verpasst hatte. Ertappt legte ich mein Handy zur Seite und begann, meine Tasche einzuräumen.

»Ich brauch dringend eine Auszeit. Thanksgiving kommt keinen Tag zu früh«, murmelte Will, während er seinen Block zuschlug.

»Geht mir genauso.« Ich zögerte und ließ meinen Kugelschreiber durch die Finger gleiten. »Ich glaube, ich will David an Thanksgiving mitbringen.«

Will hielt mitten in der Bewegung inne und ließ seinen Block zurück auf den Tisch gleiten. »Wow, dann muss es ja wirklich ernst mit euch beiden sein.« Er schenkte mir ein aufrichtiges Lächeln.

»Ja, ich glaube schon. Es ist mir wichtig, dass David alle kennenlernt.« Mittlerweile saßen wir allein im Seminarraum. »Und ihr ihn auch.« Während ich den letzten Satz aussprach, fragte ich mich, ob die Menschen, die mir wichtig waren, David auch gut finden würden.

»Mach dir nicht zu viele Gedanken, Em.« Will lächelte und räumte seinen Notizblock in den Rucksack.

»Ich bin unten bei den Spinden verabredet, kommst du mit?« Ich nickte in Richtung Ausgang und zog den Reißverschluss meiner Tasche zu.

»Nein, ich muss noch in die Bibliothek und mir ein paar Bücher für eine Hausarbeit ausleihen. Sorry.« Er warf sich den Rucksack über die Schulter und stand auf. »Aber nächstes Mal.« Ohne eine Antwort abzuwarten, verließ er den Seminarraum und ließ mich allein zurück.

Ich ging ins Erdgeschoss und steuerte direkt die Spinde an, um dort, wie verabredet, David zu treffen. Ich sah ihn schon von Weitem, wie er in einer großen Runde mit seinen Jungs zusammenstand und sich angeregt unterhielt. Jemand musste etwas Lustiges gesagt haben, denn plötzlich lachte David aus vollem Halse los. Ich liebte diesen Klang. Sein Lachen klang so herzlich und ehrlich und füllte einen Raum mit Glück. Vor wenigen Wochen hätte ich bei so einem Satz noch Anfälle von spontanem Brechreiz bekommen. Aber jetzt fand ich diese Aussage völlig angemessen. Sogar mehr als das.

»Hey«, warf ich fröhlich in die Runde, und ein paar von Davids Freunden nickten mir zu.

Lexie, die ebenfalls dabeistand, warf mir ein verschwörerisches Lächeln zu, bevor sie sich wieder an Jason wandte. Er war ihr neuestes Ziel, und Lexie hatte ihn, so wie es aussah, bereits vollkommen um den Finger gewickelt. Ich hatte bisher noch keinen Kerl erlebt, der es geschafft hatte, ihr zu widerstehen.

»Was hältst du davon, Em?« Mike, einer der besten Freunde von David, sah mich fragend an, und erschrocken stellte ich fest, dass ich keine Ahnung hatte, um was es ging.

»Wovon?« Ich lächelte ihn entschuldigend an. David legte sanft einen Arm um mich und schaute mich an.

»Mike und die Jungs haben vorgeschlagen, heute Abend ins *Bronze* zu gehen. Du kommst doch mit, oder?« Überlegend schaute ich in die Runde. Das *Bronze* war der angesagteste Club in ganz Amber Falls. Das war mir bisher immer egal gewesen, da ich um die Zeit normalerweise in meinem Bett lag und las oder mit Cas einen Film schaute. Clubs waren nicht mein Ding. Eigentlich hatte ich keine Lust auf all diese Menschen, umgeben von Alkohol, dröhnender Musik und Gesprächen, die nicht interessanter als die neuesten Sportergebnisse waren.

David stupste mich leicht in die Seite. »Na, komm schon. Es ist so langweilig, wenn du dich immer nur zu Hause einschließt.« Vielleicht hatte David recht, und es war nicht schlecht, wenn ich auch mal etwas Neues ausprobierte. Außerdem standen wir gerade am Anfang unserer Beziehung. War es nicht genau dann wichtig, sich auf den anderen einzulassen und Kompromisse einzugehen? Zu zeigen, dass man bereit war, einen gemeinsamen Weg zu finden?

»Hast du nicht von dieser Hausarbeit erzählt, die du morgen noch abgeben musst?« Lexie gab mir mit ihrem Blick zu verstehen, dass sie mir gerade einen Ausweg anbot. Sie wusste, dass feiern gehen wirklich nicht meine Lieblingsbeschäftigung war, und wollte mich aus der Situation rausholen, ohne dass ich jemandem auf die Füße treten musste. Aber das wollte ich nicht. Ich war dabei, viele neue Erfahrungen zu machen, und ich wollte David noch besser kennenlernen. Ein Abend mit seinen Freunden war genau das Richtige.

»Alles gut«, antwortete ich. Lexie schaute mich verwundert an. »Die habe ich zum Glück gestern schon fertig geschrieben.« Ich zwinkerte Lexie unauffällig zu und war wieder einmal froh, sie zu haben. Also stand es fest. Ich würde heute Abend mit Lexie, David und den Jungs feiern gehen.

Ein paar Stunden und unzählige Outfitdiskussionen mit Lexie später hielt ich Davids Hand, während wir die Türen des *Bronze* durchschritten. Der Club war brechend voll, doch wir waren an der ganzen Schlange vorbeispaziert, sobald der Türsteher David erkannt hatte.

David und ich setzten uns an einen Tisch, den die Jungs zusammen reserviert hatten. Ich schenkte Lexie, die natürlich neben Jason saß, ein wissendes Lächeln zur Begrüßung. Technobeats dröhnten aus den Boxen, so ohrenbetäubend, dass man jedes Wort beinahe schreien musste. Der Bass wummerte so laut, dass ich jeden Schlag in meiner Brust spürte und das Gefühl hatte, der ganze schummrig beleuchtete Raum vibrier te mit. Kaum hatten wir uns gesetzt, wurde David in das erste Gespräch verwickelt.

»Hast du das Spiel der *Seahawks* letzten Sonntag gesehen?« Mike schaute David erwartungsvoll an. Seine Hand glitt immer wieder in das Schälchen mit Erdnüssen, das vor ihm stand.

»Na, sicher!« David lachte und legte einen Arm um mich. Mir gefiel diese öffentliche Zurschaustellung seiner Zuneigung. Auch wenn wir gerade von Alkohol und lauter Musik umgeben waren und das erste Gespräch sich um Sport drehte. »Zu schade, dass sie verloren haben, aber die *Panthers* haben wirklich ein extrem gutes Spiel gemacht!«

Football war definitiv kein Thema, bei dem ich mitreden konnte oder wollte, deshalb wandte ich mich an Lexie. Doch ich sah, wie sich Lexie und Jason etwas zuflüsterten, aufstanden und den Tisch verließen. Ich wollte ihre Zweisamkeit nicht stören. Aber das laute Treiben hier drin löste eine Art Fluchtinstinkt bei mir aus.

»David?« Ich zupfte unsicher an seinem Ärmel.

»Was denn?« Er fuhr zu mir herum. Scheinbar waren die aktuellen Footballergebnisse von ungemeiner Wichtigkeit. Ich schaute ihn an, presste meine Lippen fest aufeinander.

Ich fühle mich gerade wirklich nicht wohl.

Meine Lippen hielten die Worte zurück, aber meine Augen sprachen Bände. Ich fühlte mich verloren und fehl am Platz, dabei wäre es gar nicht schwer für David, das zu ändern. Ein simples Gespräch, in das ich eingebunden wurde, oder irgendetwas, das mir zeigte, dass es ihm wichtig war, dass ich hier war. Wirklich ich und nicht nur eine Hülle, die wie eine Galionsfigur an seiner Seite stand und präsentiert werden konnte. David sah mich an.

»Genieß doch einfach den Abend, Em. Alles ganz entspannt.«

Kurz musterte er mich noch, hielt meinen Blick fixiert, doch dann drehte er sich wieder zu Mike und legte seinen Arm um mich. Vielleicht dachte er, dieser

Arm würde etwas bedeuten. Ich fühlte mich immer unwohler, und auf einmal war Davids Arm an meiner Taille kein Schutzschild mehr, sondern fühlte sich wie eine Kette an, die mich an einem Ort hielt, an dem ich nicht sein wollte. Ich sah mich um, in der Hoffnung, etwas zu finden, an das ich mich klammern konnte. Das Gedränge an der Bar war nicht die perfekte Rettung, und doch war es einen Versuch wert.

»Ich hol mir mal kurz was zu trinken.« Ich löste mich aus Davids Arm.

Er sah mich verwundert an. Er verstand nicht, was in mir vorging. Aber das war okay, wir waren noch nicht lang genug zusammen, dass ich das wirklich von ihm erwarten konnte.

»Die nächste Runde ist doch schon bestellt.« Er hielt mir sein halb geleertes Glas vor mein Gesicht.

Ich beäugte das hellblaue alkoholische Mischgetränk vor meiner Nase misstrauisch. »Ich hol mir trotzdem noch was anderes, aber danke.« Ich gab ihm einen Kuss und hoffte, ihn damit zufriedenzustellen. »Soll ich jemandem noch was mitbringen?« Alle schüttelten verneinend den Kopf oder hielten mir demonstrativ ihr Getränk vor die Nase, also kämpfte ich mir einen Weg durch die Menge.

Ich ging am Rand der Tanzfläche entlang und sah Lexie mit Jason, die sich eng umschlungen zum Takt der Musik wiegten. Sie sah zufrieden aus, und doch war da kein Leuchten in ihren Augen. Doch ich, die keine Erfahrung darin hatte, Männer aufzureißen, erlaubte es mir nicht, ein Urteil darüber zu fällen, wie Lexie ihr Glück fand. Außerdem war es Lexie. Sie wusste IMMER, was sie tat. Ich bahnte mir weiter meinen Weg durch das Gedränge und ergatterte einen Hocker an der Bar. Ich schloss die Augen und atmete tief durch. Nur wenigen Menschen konnte ich verständlich machen, warum das alles hier nichts für mich war. Vielleicht lag es daran, dass ich es mir selbst oft nicht erklären konnte. Es war keine Panikattacke oder blinde Angst. Meine Hände wurden nicht zittrig und schwitzig, das wären immerhin Dinge gewesen, die man hätte erklären können. Ich mochte es einfach nicht, ich fühlte mich nicht wohl. So wie andere nicht gerne schwimmen gingen oder in den Bergen wanderten, ging ich nicht gerne in Clubs.

Ich brauchte dringend ein Glas Wasser gegen meine sich anbahnenden Kopfschmerzen und beugte mich weit über den schwarzen Tresen auf der Suche nach einem Barkeeper. Endlich fasste ich jemanden ins Auge und gab ihm mit einem kurzen Winken zu verstehen, dass ich etwas bestellen wollte. Der Barkeeper kam auf mich zu und fuhr sich mit einer geschmeidigen Bewegung durch die dunklen Locken. Verwirrt sah ich diese vertraute Geste, und während er mir näher kam, sah ich dieses intensive und warme Braun seiner Augen.

»WILL!« Ungläubig schaute ich ihn an und war zu perplex, um weitere Worte zu finden.

»Em!« Überraschung lag in seinem Blick, aber er schien sich zu freuen, mich zu sehen. »Was machst du denn hier?«

»Das Gleiche könnte ich dich fragen.«

»Ich arbeite seit zwei Wochen schon nicht mehr im *Chaplin,* sondern hier.«

Ohne dass ich danach gefragt hätte, füllte Will ein Glas mit Wasser und stellte es vor mir ab.

Ich trank das Glas in einem Zug leer. »Seit wann arbeitest du hier? Das hast du nie erzählt?«

»Du hast nicht gefragt. Du warst in letzter Zeit ja auch anderweitig beschäftigt.« Er zuckte mit den Schultern und begann, ein paar Gläser abzuspülen, die sich neben der Spüle stapelten. In seiner Stimme schwang etwas mit, das ich nicht definieren konnte. Er hielt kurz inne. »Und warum bist du hier?«

»Ich bin mit ein paar Freunden hier«, rief ich über die laute Musik hinweg.

»Also David?« Er trocknete die gespülten Gläser ab.

»Ja.« Ich lächelte ihn verhalten an und wusste nicht, warum sich dabei ein ungewohnt bedrückendes Gefühl in mir breitmachte.

»Komisch ...« Sein Blick war nachdenklich. »Hätte ich nie gedacht, dich ausgerechnet hier im *Bronze* zu treffen.«

»Hey! Glaubst du, ich pass hier nicht rein?«, neckte ich ihn.

»Em, du bist du seit über zehn Minuten hier an der Bar statt bei deinen Leuten und hast bisher nicht den Eindruck gemacht, als würdest du es eilig haben, wieder zurückzugehen.«

Damit hatte er ins Schwarze getroffen. Auf einmal fühlte ich mich unglaublich schlecht. War es falsch gewesen, so lange weg zu sein?

»Ist es ein schlechtes Zeichen, dass ich hier bin und nicht bei David?« Ich umklammerte mein Wasserglas.

»Bist du denn hier, weil du nicht bei ihm sein magst, oder weil du mit der Situation nicht zurechtkamst?«, fragte er, anstatt zu antworten, doch es war die richtige Frage.

»Ich weiß es nicht.«

»Doch«, widersprach er mir, ohne zu zögern. »Du weißt es. Du musst nur lernen, auf dich zu hören und dir selbst zu vertrauen.« Will stand leicht zu mir gebeugt, sodass ich ohne Probleme jedes Wort verstehen konnte, dass über seine Lippen kam.

»Ich glaube, es war beides«, sagte ich zögerlich und nahm noch einen letzten Schluck aus meinem Glas. »Erst war es die Situation und dann David, weil er mir das Gefühl gegeben hat, ich sei ihm nicht wichtig. Er hat, glaube ich, nicht verstanden, dass es mir nicht gut ging.« Ich riss meinen Blick vom Glas los und schaute zu Will. »Ich weiß aber nicht, ob ich ihm daraus einen Vorwurf machen darf.« Will hielt inne und stützte sich am Rand des Spülbeckens ab, während er meinen Blick fixiert hielt. Die Musik drang gedämpft an mein Ohr.

»Hast du es ihm denn gesagt? Dass du dich nicht wohlfühlst und sein Verhalten dich gerade verletzt?«

»Nein.«

»Dann nicht. Dann kannst du ihm daraus keinen Vorwurf machen.« Will sammelte weitere Gläser vom Tresen und stellte sie in die Spüle.

»Wieso?«, fragte ich nach, obwohl ich verstand, was er mir sagen wollte.

Mit einem lauten Klacken setzte er das Glas in seiner Hand ab und schaute mich wieder direkt an.

»Solange du es ihm nicht sagst, bist du ein Teil des Problems.«

Ich senkte den Kopf.

»Alles gut?« Will schaute mich besorgt an.

»Ja …« Ich nickte. »Deine Worte haben mich nur etwas verunsichert.« Zum Beweis schenkte ich ihm ein ehrliches Lächeln und hoffte, es stellte ihn zufrieden. Er begann, die frisch gespülten Gläser abzutrocknen.

»Das dürfen Worte auch.«

Ich starrte ihn mit großen Augen an. »Was meinst du?« Ich zog die Augenbrauen kraus, während Will sich auf der Kante des Tresens abstützte.

»Worte sind mächtig. Aber es kommt am Ende nicht auf die Dinge an, die jemand sagt. Es kommt darauf an, was jemand tut.« Er zog sich das Geschirrtuch von der Schulter und wischte die Spüle trocken.

»Aber …«, setzte ich stotternd an.

»Was bringen dir tausend leere Worte, wenn keine Taten darauf folgen?«

Will sah mich eindringlich an. Ich wollte gerade weiter darauf eingehen, da wurde ich an der Schulter angetippt. Erschrocken fuhr ich herum und starrte Lexie verdutzt in die Augen. Ihr Blick wanderte mehrfach zwischen mir und Will hin und her, ehe sie wieder mich fixierte. Es schien sie nicht zu überraschen, ihn hier zu treffen.

»Ich will euch beide wirklich nur ungern unterbrechen bei … was auch immer. Aber ich werde Em jetzt wieder entführen.« Sie grinste übertrieben und kniff ihre Augen zusammen.

»Verstehe. Em kann also gar nicht selbst entscheiden, wessen Gesellschaft ihr am liebsten ist, und soll sich jetzt wieder an euren Tisch setzen?«

Will funkelte sie an, und doch klangen die Worte aus seinem Mund nicht böse. Sie waren Teil eines Wortgefechts zweier Menschen, die Sarkasmus atmeten.

»Oh nein, ganz und gar nicht. Aber ich muss jetzt aufs Klo. Und du weißt doch, wir Frauen können das einfach nur zu zweit.« Ich hatte nicht mal Zeit, darauf zu reagieren oder zu sehen, wie Will reagierte, da hatte sich Lexie schon bei mir eingehakt und mich vom Barhocker gezogen. Sie zog mich nicht Richtung Klo, aber wir gingen auch nicht zu unserem Tisch zurück, was mich wunderte. In einer der hintersten Ecken des Clubs, wo die Musik nur noch ein weit entferntes Hintergrundrauschen war, drehte sich Lexie ruckartig um und schaute mich mit einem Blick voller Vorwürfe an.

»Was war das denn?« Sie sprach nicht laut, aber ihre Stimme klang so durchdringend, dass sie gar nicht schreien musste, um mir zu zeigen, wie ernst sie es meinte.

»Was war was?«

»Mein Gott. Will?« Ihr Blick war immer noch vollkommen ernst, und ich war halb schockiert und halb belustigt von der Situation.

»Ich habe mich eben mit Will unterhalten, na und?«

»Es geht mir nicht um Will. Es geht mir darum, dass du, kaum angekommen, direkt wieder abgehauen bist!«

»Hör zu, Lexie.« Ich griff ihre Hand. »Das *Bronze* ist einfach nicht mein Ding, und ich wollte nicht, dass David denkt, es liegt an ihm.« Sie musterte mich nachdenklich und analysierte jedes meiner Worte. Das sah ich ihr an.

»Das heißt, du warst also so lange weg, um dich David zuliebe zu beruhigen, weil das *Bronze* dir nicht den Spaß deines Lebens beschert hat, mehr nicht?« Kurz überlegte ich klarzustellen, über was wir wirklich geredet hatten. Doch dann atmete ich resigniert aus. »Mehr nicht. Und jetzt mach bitte nicht so ein Drama draus.«

Lexie nahm meine Hände. »Mache ich nicht. Aber das ist mein Job. Genauso, wie ich bei deiner Hochzeit die süßeste und bestorganisierte Trauzeugin aller Zeiten sein werde. Aber ich werde auch den Fluchtwagen fahren, falls nötig.«

Ich lachte und umarmte sie.

Als ich mich etwas später wieder neben David fallen ließ, unterbrach er sein Gespräch und sah mich mit besorgtem Gesichtsausdruck an. »Alles gut?«

»Em musste nur kurz an die ...«, versuchte Lexie mir beizustehen.

»Ich habe an der Bar zufällig Will getroffen, du hast ihn damals kurz auf dem Fall Festival gesehen, glaube ich.«

David musterte mich skeptisch. Ich griff seine Hand. »Wir haben uns unterhalten und uns ein bisschen verquatscht. Bis Lexie kam, hatte ich nicht mal gemerkt, wie viel Zeit vergangen ist.«

Ich war erleichtert, dass ich David einfach sagen konnte, was geschehen war. Doch gleichzeitig hatte ich ein wenig Angst vor seiner Reaktion. Das mit uns war noch frisch, und ich konnte ihn kaum einschätzen. War er ein eifersüchtiger Freund?

»Alles okay?«, fragte ich verunsichert.

»Ja«, sagte er sanft und gab mir einen Kuss. »Alles okay.« Er gab mir einen zweiten, längeren Kuss, den ich erwiderte. Jedes Mal aufs Neue fuhr mir eine Gänsehaut über den Körper, weil ich jede Berührung zwischen uns so intensiv wahrnahm.

»Ich vertraue dir, Em.«

Ein paar Stunden später löste sich die Gruppe langsam auf. Der Club war nur noch mit ein paar wenigen extrem betrunkenen Existenzen besetzt, die zu ihrer ganz eigenen Musik im Kopf tanzten und sich so voller Entspannung wiegten, dass man glauben konnte, sie würden jeden Moment in sich zusammenfallen.

»Ich gehe mich noch kurz von Will verabschieden«, sagte ich an David gewandt und gab ihm einen flüchtigen Kuss.

»Ich warte an der Garderobe auf dich.« Sein Lächeln ließ mein Herz ein paar Takte höher schlagen. Ich ging zur Bar und stellte mich zwischen zwei der hohen Hocker. Mein Blick glitt vom einen Ende der Bar zum anderen, und ich hoffte, Will zu erblicken, tat es aber nicht.

»Hey, kann ich dir helfen?« Vor mir stand ein sympathisch wirkender Kerl, dessen blonde Wellen kraus über seinen Kopf fielen.

»Ich glaube nicht.« Ich lächelte entschuldigend und hob zur Verdeutlichung leicht meine Schultern. »Ich wollte mich nur von einem Freund verabschieden.«

»Will?«

Mitten in meiner Bewegung hielt ich inne und schaute ihn verwundert an. »Ja …«

»Ich bin Jake.« Er streckte mir eine Hand entgegen, die ich ergriff, um unser Kennenlernen ganz offiziell mit gesellschaftlichen Konventionen zu bestätigen.

»Will ist ein Freund von mir. Wir arbeiten seit Kurzem zusammen hier. Ich kann ihm ausrichten, dass du da warst.« Er räumte Gläser zurück ins Regal, während er mit mir sprach. Typisch Barkeeper. Machten drei Dinge gleichzeitig, während sie imstande waren, eine Unterhaltung zu führen.

»Nein, danke, ich sehe ihn schon bald wieder.« Ich ging zur Garderobe, wo David auf mich wartete.

Meine Hand lag warm in Davids. Wir gingen eine Straße entlang, die von einer feinen Eisschicht überzogen war, in der sich glänzend das Mondlicht spiegelte. Das Funkeln erinnerte mich an die Nacht, in der ich in Davids Armen gelegen hatte, umgeben von nicht weniger als allen Sternen des Universums. Ich atmete tief ein, der kühle Sauerstoff tat mir nach der stickigen Luft im Club gut.

»David.« Die Art, wie ich seinen Namen aussprach, klang anders als sonst. Nicht voller Euphorie oder kribbelnder Gefühle. Doch ich rief mir wieder Wills Worte ins Gedächtnis.

»Hmm?«

»Es fällt mir schwer, das jetzt zu sagen, aber ich muss es loswerden. Ich hoffe, du nimmst mir das nicht übel, weil ...«

»Em.« Er blieb stehen und drehte mich schwungvoll zu sich, sodass ich ihm genau gegenüberstand und gar nicht anders konnte, als in das strahlende Blau seiner Augen zu blicken, das in diesem silbernen Mondlicht wie die Weiten eines unentdeckten Ozeans schimmerte. Ich atmete ein weiteres Mal tief ein.

»Ich habe mich heute Abend nicht wohlgefühlt. Ich ... mache so was nicht gerne und dachte, es würde schon werden, mit dir an meiner Seite.« Ich ließ all die Worte, die ich bisher für mich behalten hatte, ihren Weg finden. »Ich habe mich einfach ausgeschlossen gefühlt, fehl am Platz. Und das hat mich irgendwie verletzt.« Ich hoffte, er hielt mich jetzt nicht für eines dieser schwer zu ertragenden nervigen Mädchen, die von ihrem Freund immer die volle Aufmerksamkeit verlangten. Einen unerträglich langen Moment herrschte Stille zwischen uns, ehe er mein Gesicht zwischen seine Hände nahm.

»Es tut mir leid, Em, das wollte ich nicht.« Sein Daumen strich behutsam über meine Wange, und die Wärme breitete sich auf meiner gesamten Haut aus. »Danke, dass du mir das sagst.« Seine Stimme klang ganz leicht verwaschen, und er drückte mir einen sanften Kuss auf die Stirn. Eine Geste, die Sicherheit und Geborgenheit ausstrahlte. Meine Hand legte sich auf seine, und in diesem Moment empfand ich nichts als pures Glück.

»Es ist wichtig, dass wir keine Geheimnisse voreinander haben, Em. Denn Geheimnisse können alles kaputt machen. Sie können alles von einem Tag auf den anderen auf den Kopf stellen und dein ganzes Leben verändern.« Ich strich mit meinem Daumen über seinen Handrücken.

»Warum ist dir das so wichtig?«, hakte ich nach. Er musterte mich und nahm meine Hand, während wir die Straße entlangliefen.

»Warum hat ein Mensch Geheimnisse? Fehlendes Vertrauen? Fehlende Wertschätzung?« Er strich mit dem Daumen über meinen Handrücken »All das wären Gründe, die für mich in einer Beziehung nichts zu suchen haben.«

Ich lächelte, er benutzte das B-Wort.

Er blieb stehen, zog mich an sich und nahm mein Gesicht in seine Hände, bevor er weitersprach. »Denn dem anderen blind zu vertrauen, die größten Geheimnisse voneinander zu kennen und nicht dafür verurteilt zu werden – das ist für mich Liebe.«

Kapitel 16

Ich kann das alles nicht einordnen.
Es ist verwirrend und neu, aber es fühlt sich gut an.

Ich schrieb die Worte auf das karierte Papier und wusste nicht recht, für wen ich diese Worte aufschrieb. Ich blickte aus dem Fenster, hinaus in die Nacht, und sah mein Spiegelbild in der schwarzen Scheibe. Sah eine junge Frau im Pyjama, die an ihrem Schreibtisch saß und versuchte, Ordnung in ihre Gedanken zu bringen.

Es ist aufregend, diese Dinge mit David zu erleben, ihn jeden Tag ein kleines bisschen besser kennenzulernen und mit alldem auch mich selbst mehr zu verstehen, mehr zu finden. Ich wünschte, du wärst hier, könntest ihn sehen und kennenlernen. Ich wünschte, du könntest mich sehen, all das anhören, was ich dir so dringend erzählen will.

Ich ließ den Stift sinken und schaute auf die Zeilen vor mir. Ohne es wirklich geplant zu haben, schrieb ich einen Brief an meine Mutter.

> *Es gibt so viel, was ich dir erzählen und mit dir teilen will. Ich habe so viele Fragen. Trotz allem vermisse ich dich.*

Auch wenn ich mir sonst verbot, an meine Mutter zu denken, ließ ich jetzt alle Erinnerungen zu. Ich dachte an einen warmen Sommertag im Schwimmbad zurück, daran, wie wir in der Sonne gesessen und Karten gespielt hatten. An ihr herzerwärmendes Lachen, das ansteckend war, und daran, wie ich mich in ihre Arme geschmissen hatte, wenn sie nach einem langen Tag nach Hause gekommen war und nur noch wir gezählt hatten. Doch über all diesen Bildern lag inzwischen ein grauer Schleier, der alles in eine triste Unschärfe tauchte. Die Erinnerungen an sie verblassten mit der Zeit mehr und mehr. Es war nicht mehr die schreckliche Zeit, ohne sie, die an Bedeutung verlor. Es war die Zeit davor. Die Zeit, bevor sie einfach beschloss zu gehen. Bald waren es zwei Jahre ohne sie. Sie war nicht da gewesen, als Dad die Diagnose bekam. Es gab Momente, da fühlte sich diese Zeit ohne sie wie ein unbedeutender Wimpernschlag an, und es gab Momente, da vergaß ich, dass es eine Zeit gab, in der sie zu meinem Leben gehört hatte.

Ich schrieb den Brief zu Ende. Ich erzählte ihr von mir und von David, von Cas und dem *Basil* und von meinen besten Freunden, ohne die ich mir mein Leben nicht vorstellen konnte. Mit einem Klicken verschwand die Mine des Kugelschreibers, den ich sorgsam neben die vollgeschriebenen Blätter legte.

In mir tobte das Chaos, ein Gedanke jagte den nächsten, während ich stumm an meinem Schreibtisch saß. Behutsam ordnete ich die Blätter, knickte sie einmal in der Mitte und schob sie zwischen einen Stapel Papiere in meine Schreibtischschublade. Ich wusste noch nicht, was ich mit diesem Brief machen würde, doch er landete sicher nicht zerknüllt neben all den anderen kläglichen Versuchen in meinem Mülleimer.

Ich lag schon zwei Stunden wach. Ich blickte auf den hellen Bildschirm meines Handys, der mich blendete. Es war kurz nach halb drei. Der Brief, der meine Gedanken ordnen sollte, hatte sie nur noch mehr in Aufruhr gebracht. Ich dachte an *Die kleine Meerjungfrau* im Wohnzimmerregal, und das Gedankenkarussell verlangsamte sich. Wenn ich schon wach lag, dann konnte ich die Zeit wenigstens mit ihr verbringen.

Ich schlug die Decke zurück, ging durch den Flur ins Wohnzimmer und knipste das Licht an. Da lag Cas. Vielleicht wäre ich mehr zusammengezuckt, wenn es mich wirklich überrascht hätte, dass sie vor Erschöpfung einfach auf der Couch eingeschlafen war. Doch Cas schlief öfter dort ein, als sie zugab. Die zerzausten Überreste des Dutts passten zu ihren dunklen Augenringen. Cas schlief tief und fest, und die Erschöpfung warf einen Schatten über ihr sonst so schönes und zartes Gesicht. Sie sah so müde aus. So geschafft. Sie hatte alle Erwartungen, die an sie gestellt wurden, mit dem Schließen ihrer Augen abgelegt. Erwartungen und Verpflichtungen, unter denen sie jeden Tag fast zusammenbrach, und doch war sie die stärkste Person, die ich kannte. Aber jetzt war sie einfach nur Cas. Ohne ihre Verpflichtungen, ohne die Stärke, die ihr jeden Tag alles abverlangte und nur mit der Erschöpfung und der Trauer, die sie mit niemandem außer ihrem Spiegelbild teilte.

Ich knipste das Licht wieder aus. Im Halbdunkel schlich ich auf Zehenspitzen zum Sofa und griff nach der Decke, die dort ordentlich zusammengefaltet lag. Ich schüttelte sie auf und deckte sie zu. Lächelte sanft. Ich liebte meine Schwester.

Dann griff ich in das Bücherregal und nahm das Buch an mich, das meine Kindheit ausgemacht hatte. Lautlos verließ ich das Wohnzimmer und legte mich wieder ins Bett. Im Schein meiner Nachttischlampe strich ich sanft über den blauen Einband und dachte daran, dass mir das Blau in meiner Kindheit noch viel intensiver vorgekommen war. Ich las die handgeschriebene Widmung »Für meine kleine Meerjungfrau. In Liebe, Dad«. Mein Herz zog sich schmerzhaft zusammen. Ich fuhr mit dem Handrücken über meine Wange und wischte eine Träne weg. Und dann begann ich zu lesen und tauchte mit der Meerjungfrau ab. Und alles, was ich hörte, waren mein Atem und das Schlagen meines Herzens, das seinen Schmerz herausschreien wollte, doch stumm blieb.

Der Inhalt des dampfenden Topfs vor mir roch so köstlich, dass ich es kaum abwarten konnte, endlich zu essen. Ich rührte vorsichtig um und stach immer wieder in ein Stück Kürbis, um zu testen, wann endlich alles gar war. Hinter mir hörte ich Cas, wie sie das Geschirr aus den Schränken holte und bereits den Tisch deckte. Es war ein kalter und trüber Novembertag, aber es war Donnerstag, und das machte ihn gleich viel erträglicher. Das Potpourri hatte lang genug geköchelt, ich öffnete die Schublade unter dem Backofen und steckte das Kabel des Pürierstabs in die Steckdose.

»Grins nicht so, als würdest du gerne Dinge zerhäckseln. Sonst könnte man noch denken, du bist komisch«, lachte Cas.

Demonstrativ stellte ich den Pürierstab auf die höchste Stufe und nahm keine Rücksicht auf das Chaos, das ich damit um den Topf herum und auf mir anrichtete. »Ist doch nur Kürbis. Und außerdem bin ich komisch. Genau wie du. Wir sind alle komisch.« Ich lachte, und Cas stimmte mit ein.

Kurz darauf saßen wir vor zwei randvollen Tellern mit leuchtend orangener Kürbissuppe. Ich stieß ein genussvolles Stöhnen aus, als der erste Löffel heißer Suppe auf meiner Zunge zerlief.

Nach kurzer Zeit waren die Teller bis auf den letzten Rest leer und dafür mein Magen so voll, dass ich das Gefühl hatte, ich könnte jeden Moment platzen. Aber das war es wert. Regional angebaute Biokürbisse gab es nicht das ganze Jahr über, und so musste ich ihren Geschmack einfach genießen, wenn es ging. Noch dazu, wenn Dad und Cas einfach das allerbeste Kürbissuppenrezept dieser Welt kreiert und für die Nachwelt in seinem Kochbuch festgehalten hatten.

»Cas.« Ich hielt die Hände über meinem Bauch verschränkt und suchte ihren Blick. »Ich bin gerade so richtig glücklich.« Sie schenkte mir ein sanftes, liebevolles Lächeln.

»Das freut mich, Em.« Sie stand auf, griff nach meinem Teller und stellte ihn auf ihren. »Gibt es dafür einen besonderen Grund?«

»Ich denke, den gibt es«, sagte ich mit einem Lächeln auf den Lippen. Ich zögerte nicht einen Moment, diese Glücksgefühle mit Cas zu teilen. »Ich denke, es liegt an David. Ich habe das Gefühl, er tut mir richtig gut. Er macht mich glücklich.« Die tanzenden Schmetterlinge in meinem Bauch erinnerten mich an die Gefühle, die ich für ihn empfand. Cas griff meine Hand und sah mich sanft lächelnd an.

»Klingt ganz so, als müsstest du mir auf dem Weg zu Andrew alles erzählen.«

Kurze Zeit später steckten meine Hände tief in meinen Manteltaschen, und der Schal, den ich mir mehrfach umgebunden hatte, reichte mir bis fast über die Ohren.

»Warum laufen wir noch mal?« Meine Zähne klapperten, und auch wenn wir noch nicht lange unterwegs waren, rechnete ich mit einem Frostschaden an meinen Zehen.

»Meine Güte!« Cas verdrehte die Augen und lief unbeirrt weiter. »Weil Andrew gerade mal fünfzehn Minuten von uns entfernt wohnt und wir beiden Stubenhocker auch durchaus mal ein wenig Bewegung vertragen können.«

»Hey!« Ich versuchte, sie vorwurfsvoll anzuschauen, aber war mir nicht sicher, ob sie es bemerkte.

»Ach, komm schon. Du verlässt das Haus doch nur für Pflichtveranstaltungen an der Uni oder um eine Buchhandlung zu besuchen.« Cas lachte auf.

»Und um ins *Green Basil* zu gehen«, sagte ich voller Triumph in der Stimme.

»Ach ja, ich vergaß. Für Gratisessen verlässt du natürlich auch deine Höhle.« Sie stupste mich in die Seite. Lachend liefen wir die Straße entlang, die von Laternen beleuchtet war, die gelbe Lichtkegel auf die Straße warfen und den leichten Frost darauf zum Schimmern brachten. Wenn es eins gab, das man neben warmer Kleidung im Spätherbst in Amber Falls noch brauchte, dann waren es rutschfeste Schuhe.

»David macht dich also so richtig glücklich?«, kam Cas auf unser Gespräch von vorhin zurück. Die Hitze stieg mir in die Wangen und war sicher für Cas zu sehen.

»Hmm.« Brummte ich nur, während ich in Gedanken all den fröhlichen Momenten nachhing, die David und ich zusammen verbracht hatten.

»Muss ich dir denn immer alles ...«, begann Cas lachend, während wir in Andrews Straße einbogen, doch ich blieb abrupt stehen und wandte mich an sie.

»Ich genieße jeden Moment mit ihm, Cas. Ich habe das Gefühl, er tut mir so richtig gut.« Ich wandte mich wieder von ihr ab, wir gingen Schritt für Schritt ohne Eile. »Ich glaube, David versteht mich auf eine Art, wie ... *du es nicht kannst«*, wollte ich den Satz schon beenden, zögerte aber und blieb einen Augenblick lang stehen » ... wie ich es gebraucht habe.«

»Das freut mich sehr, Em. Wenn du glücklich bist, bin ich es auch.« Cas legte einen Arm um mich. Eng aneinandergeschmiegt gingen wir die letzten Meter zu Andrews Wohnung.

Cas klingelte. Andrew öffnete die Tür, und schloss Cas sofort in seine Arme. Wir betraten den hellen weiß gefliesten Flur und legten Schuhe und Mantel ab.

»Ist das die Pizza?«, hörte ich Lexie rufen und ging in Andrews Wohnzimmer, wo ich sie vermutete, als ein kalter Lufthauch mir entgegenblies. Lexie zog gerade die verglaste Schiebetür des Balkons zu.

»Nein. Besser.« Ich hielt die Tupperdose hoch. »Der Kürbissuppen-Lieferdienst ist da.«

Lexie machte zwei große Hüpfer auf mich zu, nahm mir grinsend die Tupperdose ab und ging voraus in die offene Küche, die direkt ans Wohnzimmer grenzte. Sie stellte die Tupperdose auf der Kücheninsel ab und holte tiefe Teller aus dem Oberschrank.

»Cas und ich haben bereits gegessen.«

»Gut! Dann ist mehr für uns übrig», lachte Lexie und begann, die Suppe auf drei Teller zu verteilen, als es an der Tür klingelte und kurz darauf Will hereinkam. Er beäugte die Szene stumm und schüttelte leise lachend den Kopf.

Ich lehnte mich gegen die Anrichte. »Willst du Andrew und Will denn gar nicht vorher fragen, ob sie auch etwas wollen?« Lexie fuhr unbeirrt fort, Suppe auf den Tellern zu verteilen. »Das ist Kürbissuppe. Die Glen-Spezial-Kürbissuppe.«

Will und ich lächelten uns an. Bei Kürbissuppe brauchte man wirklich niemanden zu fragen, ob er einen Teller haben wollte. Und Andrew, Will und Lexie, die unser Rezept kannten, schon gar nicht.

»Und was steht heute auf dem Programm?« Ich lehnte mich gegen die Anrichte und betrachtete all die Pflanzen, die genau wie im *Green Basil* wucherten, während Lexie drei Löffel aus der Schublade holte. Es war erschreckend, wie schnell sich Lexie in fremden Küchen zurechtfand. Auch wenn Andrews Wohnung schon lange kein fremder Ort mehr für sie war. Für keinen von uns.

»Ich hab mir gedacht, wir überlassen dir heute mal die Wahl.« Ich riss überrascht meine Augen auf und richtete mich kerzengerade auf, blickte von Lexie zu Will, der mit dem Rücken zu mir gerade den nächsten Teller Suppe in die Mikrowelle stellte.

»Wirklich?«

»Nein«, entgegnete Lexie trocken und drehte sich um. Ich wollte schon enttäuscht in mir zusammensacken, als Lexie anfing zu lachen und Will sich zu mir umdrehte und mich erlöste: »Alles gut. Wir schauen *Game of Thrones* weiter.«

Auf einmal hatte ich das Gefühl, der Abend könnte einer der besten des Monats werden.

Etwas später saßen wir versammelt vor Andrews Fernseher und schauten zu, wie Jon und Tyrion sich auf den Weg zur Mauer machten. Ich hätte jeden Satz mitsprechen können, und doch wurde mir die Serie nie langweilig. Es war, wie nach Hause zu kommen, auch wenn ich sicher nicht in Königsmund leben wollte.

»Ich glaube, ich hätte so richtig gut nach Winterfell gepasst«, meinte Andrew und nickte nachdrücklich.

»Auf gar keinen Fall.« Ich schürzte die Lippen und blickte schockiert. »Dazu bist du viel zu zart besaitet.«

Andrew musterte mich kurz von oben bis unten.

»Ach, aber du würdest es in dieser Kälte gut aushalten?«

»Das habe ich nie behauptet.« Natürlich wäre mir Winterfell auf Dauer viel zu kalt und zu rau.

»Mir ist es völlig egal, ob du ein Schattenwolf oder ein Löwe bist. Hauptsache, wir schauen nächstes Mal den neuesten Marvel!«, mischte sich Lexie ein.

»Mittlerweile habe ich auch endlich das Gefühl, so langsam alle Zusammenhänge im MCU zu verstehen.« Ich setzte mich in den Schneidersitz und schaute Lexie an, die mich nach meiner Aussage skeptisch beäugte.

»Ach ja? Welchen der sechs Infinity-Steine schnappt sich Thanos zuletzt im Infinity War?«

»Und wie heißt der älteste Sohn von Ned Stark?«, stellte ich Lexie eine Gegenfrage.

Aus meiner Sicht war das eine der einfachsten Fragen, die mir auf die Schnelle einfielen, und doch öffnete Lex den Mund nur leicht, ohne dass ein Wort herauskam. Ein paar Sekunden lang wechselten wir stumme

Blicke, ehe sich auf unseren beiden Gesichtern ein strahlendes Lächeln ausbreitete.

»Apropos Rob Stark. Wie steht's eigentlich um David?« Erschrocken drehte ich mich zu Andrew, der mich gar nicht anschaute, sondern unbeirrt auf sein Handy starrte und darauf herumtippte, als hätte er nichts Wichtiges von sich gegeben.

»Was?« Verdutzt blickte ich ihn an.

»Na, David Sinclair. Wart ihr nicht letztens ganz schick zusammen aus?« Er schaute unschuldig von seinem Handy auf.

Ich schaute Cas vorwurfsvoll an, weil sie es mal wieder nicht geschafft hatte, ihren Mund zu halten. Dennoch lag nur ein halber Vorwurf darin, weil es Andrew war.

»Was soll mit ihm sein?«, wandte ich mich wieder an Andrew und zuckte mit den Schultern.

Diesmal war es Lexie, die auf dem Sessel sitzend schmunzelnd jedes Wort einsog, und Will mischte sich ein.

»Ich glaube, Andrew wollte hören, dass es großartig läuft und David der lang ersehnte Mann deiner Träume ist«, sagte er, ohne es wertend klingen zu lassen.

»Aber wieso fragt Andrew dann?«, hakte ich nach »Cas hat ihm doch sowieso schon alles erzählt.«

In Andrews Augen blitzte für eine Sekunde etwas auf, ich lag also richtig. »Hallo? Ich sitze noch hier«, lachte Andrew und legte sein Handy beiseite. »Habe ich als quasi großer Bruder nicht so was wie ein Vetorecht? Ich muss David absegnen, das ist ungeschriebenes Gesetz.«

Ich wusste, dass Andrew es nicht ernst meinte, und trotzdem verunsicherte es mich. Was war, wenn Andrew und David nicht miteinander klarkamen? Die Gedanken in meinem Kopf begannen mal wieder, sich zu überschlagen, und ich malte mir die schlimmsten Szenarien aus.

»Andrew, es tut mir leid, dir so eiskalt die Illusion zu nehmen, du hättest irgendwelche Rechte in Bezug auf Ems Beziehung«, sagte Lexie laut lachend, aber doch mit Nachdruck. »Aber wenn du nett fragst, bringt sie David bestimmt trotzdem nächstes Mal mit und stellt ihn dir vor.«

Ich nahm Lexies Hand und drückte sie kurz. Sie hatte die Worte ausgesprochen, die ich zwar dachte, aber nicht laut äußern konnte. Andrew mochte eine wichtige Rolle in meinem Leben spielen, und ich gab viel auf seine Meinung. Trotzdem gab es eine Grenze zwischen seinem und meinem Leben und eine Grenze dessen, was nur mich etwas anging und meine alleinigen Entscheidungen waren.

Ich schaute zu Andrew und lächelte ihn wissend an. »Aber nur, wenn du ganz lieb ›Bitte‹ sagst.«

»Ich fahr dich schnell nach Hause.« Will lächelte mich an, und ich nickte dankbar. Es war kalt und stockdunkel, und ich wollte nicht alleine nach Hause laufen, auch wenn es nur fünfzehn Minuten waren. Cas schlief bei Andrew, und Lexie war schon vor einer Stunde zu einem spontanen Date aufgebrochen. Ich stieg auf der Beifahrerseite seines Wagens ein und starrte in die Nacht hinaus.

»Was ist los?« Ich spürte Wills Blick auf mir. Er steckte den Schlüssel ins Zündschloss, doch er drehte ihn noch nicht herum. Ich setzte gerade an, da redete er weiter. »Sag jetzt nicht, es wäre nichts, Em. Dafür kenn ich dich zu gut.«

Ich schluckte schwer, musterte ihn und wollte die Worte zurückhalten. Doch sein verständnisvoller Blick gab mir ein Gefühl von Sicherheit. »Ich habe einen Brief an meine Mutter geschrieben.« Ich atmete tief durch. »Nur habe ich ihn nicht wie beim letzten Mal zerknüllt in den Papierkorb geworfen.«

»Was hält dich davon ab, ihn abzuschicken?«

Cas, sagte ich beinahe, doch das stimmte nicht ganz. Cas wusste überhaupt nichts von dem Brief. »Ich glaube, ich habe Angst.« Meine Augen brannten. »Außerdem habe ich ihre Adresse gar nicht«, schob ich schnell hinterher.

»Wovor hast du Angst?« Er sah mich an, brachte mich dazu, mich dem Chaos in meinem Kopf zu stellen.

»Davor, keine Antwort zu bekommen. Aber auch davor, dass sie mir antwortet. Davor, dass mein Brief sie nie erreicht, oder dass er es tut, ich aber nie erfahren werde, was sie denkt.« Die Worte sprudelten nur so aus mir heraus, und es war komisch, es das erste Mal so klar auszusprechen.

»Ist es nicht viel schlimmer, den Brief in einer Schublade zu wissen und dich die ganze Zeit zu fragen, was wäre, wenn?« Ich atmete tief ein, sah ihn an und blickte in seine dunklen braunen Augen. »Em, kann es denn schlimmer als jetzt werden?« Ich verstand nicht ganz, was er meinte, unterbrach ihn aber nicht. »Wenn sie nicht antwortet, weißt du genau so viel wie jetzt. Es wird sich nichts ändern. Es wird auch nicht schlimmer. Aber wenn sie antwortet, dann hast du eine Chance, endlich Antworten auf die Fragen zu bekommen, die seit Jahren da oben herumspuken.«

Er tippte mir sachte gegen die Stirn. So hatte ich das noch nie gesehen.

»Es ist deine Entscheidung, Em. Du musst das tun, was sich für dich am besten anfühlt. Aber lass dich nicht von deinen Ängsten leiten. Wenn du deinen Ängsten jetzt die Kontrolle überlässt, werden sie bald dein ganzes Leben bestimmen, ohne dass du es bemerkst.«

Ich presste die Lippen aufeinander und musterte Will. »Danke«, flüsterte ich und war in diesem Moment unglaublich froh, ihn an meiner Seite zu wissen. »Wirklich.«

Er nickte und startete den Motor, ein Lächeln breitete sich auf seinen Lippen aus. Noch bevor er mich zu Hause absetzte, hatte ich beschlossen, den Abend ohne Cas zu nutzen und alte Unterlagen nach der Adresse von Mom zu durchforsten. Ich hatte noch keine finale Entscheidung getroffen, ob ich den Brief an sie abschicken würde oder nicht – doch die Adresse zu finden, konnte sicher nicht schaden.

Kapitel 17

»Denkst du echt, das geht?« Ich drehte mich mehrfach um mich selbst und schaute immer wieder aus allen Winkeln in den Spiegel. Dabei beäugte ich unsicher jeden Zentimeter meines Körpers und begutachtete die Klamotten, die ich trug, haargenau. Meine Hände strichen über den Stoff meiner hellen Bluse, die ich in meine enge dunkle Jeans gesteckt hatte.

»Jetzt mach dir nicht so einen Kopf, Em.« Cas stand auf und nahm meine Hand. »Du lernst Davids Familie kennen. Mehr nicht.«

»Mehr nicht?« Ich schaute sie entsetzt an. Wie konnte sie die Ernsthaftigkeit dieser Situation nicht verstehen? »Ich lerne seine ELTERN kennen! Was, wenn die mich nicht mögen?« Mein Blick musste die pure Verzweiflung ausdrücken, die ich empfand, denn Cas' Gesichtszüge wurden sanfter, und sie sah mich fast schon mitleidig an.

»Em. Sei einfach du selbst, dann wird alles gut.«

Die bunten Backsteinhäuser in der Innenstadt hatte ich schon lange hinter mir gelassen, als ich dem Navi gehorchend die nächste Abzweigung nahm, die mich auf einer schwach beleuchteten Landstraße in ein Wäldchen führte. David hatte angeboten, mich abzuholen, doch ich hatte abgelehnt. Ich wollte ihm keine Umstände machen. Eine halbe Stunde später hatte ich laut Navi mein Ziel erreicht und stieg aus dem Auto. Eisige Luft schlug mir entgegen. Ich brauchte eine kurze Zeit, um mich zu orientieren, und drehte mich ein paarmal um mich selbst, bis ich zwischen all den Bäumen den Pflasterweg sah, der zu einem eisernen Tor führte.

Ich entschied mich dazu, an der Hauptstraße zu parken und den Fußweg dafür zu nutzen, meine Gedanken zu sammeln. Meine Hände vergrub ich tief in den gefütterten Taschen meines Mantels, den Schal hatte ich mir bis über die Nase gezogen. Ich sog bei jedem meiner Schritte die kühle Luft in meine Lunge. Es fühlte sich an wie die Ruhe vor dem Sturm, wenn die Aufregung erst ein leises unscheinbares Kitzeln in der Brust war. Klar, ich lernte nur seine Familie kennen. Aber dieses »nur« war so falsch, weil es so viel mehr bedeutete. Die Familie kennenzulernen, machte alles so viel realer und hob unsere Beziehung auf eine ganz neue Ebene. Wir hatten uns vor mehr als einem Monat kennengelernt, und seitdem war so viel passiert. Wir waren mehrmals ausgegangen und sahen uns fast jeden Tag. Wir lebten eine seltsame Form von Normalität, an die ich mich mit jedem Tag mehr gewöhnte.

Ich blieb vor dem verschlossenen Eisentor stehen und blickte die langen schwarzen Gitterstäbe hinauf, die weit über mich hinausragten. Der Weg, der sich dahinter auftat, führte weiter durch den Wald, doch es wurde deutlich lichter, und die niedrigen Bäume und vollen Büsche sahen angeordnet und gepflegt aus. Ich machte einen kleinen Satz zurück, als es plötzlich klickte und sich das Tor mit einem kaum hörbaren elektrischen Surren öffnete.

»Schön, dass du da bist, Em! Folge einfach dem Weg«, klang es dumpf aus einem Lautsprecher, und ich erkannte Davids Stimme sofort.

Zögerlich schritt ich durch das Tor und blickte zu der kleinen Kamera, die ich erst jetzt bemerkte. Der steinige Weg machte eine kleine Kurve, und ich erwartete, dass sich gleich dahinter eine riesige weiße Villa mit hohen Säulen im antiken Stil auftat. Doch das, was ich sah, verschlug mir die Sprache, denn damit hatte ich nicht gerechnet.

Ich blickte auf eine Hütte. Gut, es war eine sehr große Hütte – eine zweistöckige Luxushütte aus hellem Pinienholz und einer Veranda die scheinbar um das ganze Haus führte. David öffnete mir die Tür, noch bevor ich klingelte, und ließ seine Grübchen für sich sprechen. Ich presste meine Lippen aufeinander und tapste von einem Fuß auf den anderen, weil die Unsicherheit mich plagte. Konnte ich ihn zur Begrüßung küssen, oder stand sein Vater irgendwo hinter einem Bildschirm und würde einen falschen ersten Eindruck von mir bekommen, wenn ich direkt über seinen Sohn herfiel? David nahm mir die Entscheidung ab, beugte sich langsam zu mir runter und hauchte mir einen flüchtigen, aber zärtlichen Kuss auf die Lippen. Ich schlang meine Arme um seine Taille und genoss die Nähe zu ihm.

»Lass uns reingehen.« Auf seinen Lippen lag ein Lächeln, und ich hoffte, dass es mir galt. »Ich will dir alle vorstellen.« Er ließ mich eintreten und schloss die Tür hinter mir.

Der Eingangsbereich hing voller gerahmter Fotos, jedes hielt einen anderen kostbaren Familienmoment fest. Der helle Holzboden passte perfekt zu den Kommoden und der Garderobe, die im selben Ton glänzten. Eine Wendeltreppe führte in das obere Stockwerk. Der Boden reflektierte das einfallende Sonnenlicht und legte einen zarten goldenen Schimmer auf David und mich. Meine Jacke und meine Schuhe stellte ich ordentlich an der Garderobe ab, in der Hoffnung, das würde mir die Sache mit dem guten ersten Eindruck erleichtern. Ich wollte mir gerade einige der Gesichter, die mich aus den weißen verschnörkelten Fotorahmen heraus anlachten, genauer anschauen, als ein junges Mädchen um die Ecke schoss. Sie war kaum einen Meter groß und zappelte völlig aufgedreht vor David herum. Ihre blonden Haare fielen ihr über den Rücken, und ihre Augenfarbe war so außergewöhnlich wie die von David. Sie wirkte wie eine kleinere Version von Rapunzel. Nur dass sie nicht in einem Turmzimmer eingesperrt war. Sie hatte all das hier. Sie hatte David.

»Ist sie da, ist sie da?« Sie war so klein und süß, wie sie aufgeregt zu David hochschaute.

David stieß ein leichtes Lachen aus und trat einen Schritt zur Seite, um den Blick auf mich freizugeben.

Das kleine Mädchen, von dem ich mittlerweile vermutete, dass es seine jüngere Schwester war, klammerte sich sofort an Davids Bein und lugte vorsichtig dahinter hervor. David versuchte, sich zu lösen, doch die Kleine schien einen festen Griff zu haben. Ich lächelte amüsiert, David war sichtlich überfordert. Er griff ihre kleinen Hände, löste sie langsam von seinem Bein und ließ sie nur ganz kurz los, um sich zu entknoten, ehe er vor ihr in die Hocke ging, um ihr auf Augenhöhe zu begegnen. Er beugte sich zu ihr vor und flüsterte ihr etwas zu. Sie nickte und kicherte gleichzeitig. Ich hätte gerne gewusst, was er zu ihr gesagt hatte, doch das würde wohl ein Geheimnis zwischen den beiden bleiben.

David richtete sich wieder auf und hielt noch kurz ihre Hand fest, ehe sie für sich beschloss, dass alles okay war und sie seine beschützende Nähe nicht mehr brauchte. Sie kam ein paar Schritte auf mich zu und blieb direkt vor mir stehen. Instinktiv ging ich in die Knie, so wie David es eben gemacht hatte. Sie biss sich auf ihre Unterlippe und hielt ihre eigenen Hände fest. Ich wollte sie ganz fest umarmen und ihr die Unsicherheit nehmen, aber etwas sagte mir, dass dieser überstürzte Körperkontakt alles nur noch schlimmer gemacht hätte.

»Ich bin Maja. David ist mein großer Bruder.« Ihre Stimme klang so niedlich verwaschen, wie es nur ein Kind schaffte.

»Hallo, Maja«, ich reichte ihr die Hand, »ich bin Emely.«

»Ich weiß«, kicherte sie, und in ihre Augen trat das Funkeln, das ich schon von David kannte. Kurz beäugte sie meine ausgestreckte Hand kritisch, dann schlug sie ein und lachte.

»Komm mit!«, rief sie fröhlich, huschte um die nächste Ecke und ließ mich lachend zurück. David kam zu mir, griff meine Hand, und gemeinsam gingen wir der kleinen Maja hinterher.

Wir bogen vor der Wendeltreppe nach links ab, in einen großen Raum mit hohen Decken. In der Mitte baumelte ein Kronleuchter, der überall funkelnde Lichtreflexe an die Wände warf. Wie ein feines Mosaik, das sich mit jeder Minute, die das Sonnenlicht weiterwanderte, veränderte.

»Wow«, brachte ich zaghaft hervor.

Diese Schönheit, die mir den Atem verschlug, veränderte sich unaufhörlich. Sie war nicht von Dauer und gerade deshalb umso atemberaubender. David legte seine Arme von hinten um mich und legte seinen Kopf auf meiner Schulter ab, während unsere Blicke weiter durch den Raum glitten. Mehrere Couchs und Sessel standen da, alle bunt, flauschig und einzigartig. Ich konnte fast das laute Lachen hören, das erklang, wenn alle aus Davids Familie hier saßen. An einem kühlen Abend, wenn es schon zu kalt war, die Sterne auf der Veranda zu beobachten. Ich sah vor mir, wie die kleine Maja mit schon halb geschlossenen Augen in Davids Armen hing, jemand eine Anekdote über den letzten Urlaub erzählte und alle so herzlich und frei lachten, bis sie sich vor Schmerzen den Bauch hielten. Ich kannte zwar noch niemanden aus Davids Familie und wusste nicht, welchen Zweck dieser Raum tatsächlich erfüllte, aber genau diese Bilder schossen mir durch den Kopf. Vielleicht war es nur ein heimlicher Wunsch, den ich in meinem Kopf hatte, das Bild einer perfekten Bilderbuchfamilie.

»Gefällt dir, was du siehst?«

Ich griff Davids Hand, zog ihn zu mir herum und sah ihm direkt in seine Augen.

»Jetzt ja.« Ich schenkte ihm ein Lächeln, das er sofort erwiderte.

»Komm. Sie können es alle schon kaum erwarten, dich kennenzulernen.«

Kaum hatte David eine Seite der massiven Flügeltür geöffnet, verstummten die Gespräche und das Gekicher. Mindestens zwanzig Augenpaare brannten sich in meine Haut und sahen mir sicher meine Angst und Unsicherheit an. Ohne jede Vorwarnung stand ich im Mittelpunkt des Geschehens, und ich spürte, wie ich rot anlief. Am liebsten hätte ich mich in der nächsten Ecke verkrochen.

Meine Gedanken waren wie ein viel zu lautes Radio, das jetzt mit einem Knopfdruck auf stumm gestellt wurde. Mein Knopfdruck war David. Er hatte sich hinter mich gestellt, seine Hände lagen sanft auf meinen Schultern. Mein Puls verlangsamte sich, und das Gefühl, mein Herz würde jeden Moment vor Angst aus meiner Brust hüpfen, verschwand. »Glaub mir, meine Familie ist nicht so schlimm, wie du dir das gerade ausmalst«, raunte er mir ins Ohr, und ich war ihm dankbar für diese Worte. Dankbar dafür, dass David mich mittlerweile gut genug kannte, um mir mein Unbehagen anzusehen.

»Das ist Emely«, sagte er mit fester Stimme in die Runde und ließ dabei den Blick über seine Verwandtschaft schweifen, die ein wilder Haufen der unterschiedlichsten Persönlichkeiten zu sein schien. Ich meinte, Davids Eltern auszumachen, und mich überkam das dringende Bedürfnis, die Falten aus meiner Bluse zu streichen. »Emely gehört zu mir.« Zustimmendes Gemurmel erklang, und ich lachte, weil es mich ein klein wenig an das *Green Basil* erinnerte. Alle in diesem Raum waren so ausgelassen und fröhlich und so ... anders. Keiner von ihnen entsprach meinem klischeebeladenen Bild einer Unternehmerfamilie. Ich stellte mir graue Anzüge und glatt gebügelte Blazer vor. Doch stattdessen begegneten mir bunte Haremshosen, College-Hoodies und ganz normale Jeans. Jeder trug das, worin er sich am wohlsten fühlte. Nach und nach nahmen alle ihren Platz an der langen Tafel ein. Erst nachdem ich eine kurze Sekunde zum Durchatmen hatte, dachte ich über das nach, was David gesagt hatte. »Emely gehört zu mir.« Es gefiel mir. Ich gehörte zu ihm. Und er zu mir.

»Alles gut?«, fragte David mich mit einem Lächeln auf den Lippen.

»Ja«, strahlte ich ihn an und drückte seine Hand. Ich wollte mich bei ihm bedanken, und der zarte Kuss, der kurz darauf auf meiner Wange landete, ließ mich wissen, dass er verstand. Ich schaute in die Runde und versuchte, mir ein Bild von all den Menschen zu machen, die mit mir in diesem Raum saßen.

»Warum sind hier eigentlich so viele?« Ich drehte mich wieder zu David und schaute ihn fragend an.

»Wir sind an jedem Wochenende so viele«, sagte er und zuckte mit den Schultern.

Ich nahm mir wieder einen kurzen Moment, um alle, die an diesem dunklen massiven Holztisch saßen, zu mustern. In der Mitte der Tafel waren mehrere silbern schimmernde Vasen mit bunten Blumensträußen arrangiert, die farblich mit den Servietten harmonierten. Mein Blick hing noch eine Weile an all den Personen, die alle so unterschiedlich und individuell wirkten und doch Teil eines großen Ganzen waren, ehe ich mich wieder zu David drehte. »Jedes Wochenende?«

»Ja, das ist normal«, sagte er mit einem Blick in die Runde.

»Das hier ist vieles. Aber nicht normal.« Das wäre ein perfekter Moment gewesen, um eine Augenbraue hochzuziehen, wenn ich dazu fähig gewesen wäre. »Es sei denn, ein bunter Haufen mit noch bunterer Kleidung, der durcheinanderredet, als wäre man auf dem Jahrmarkt, ist für dich normal.« Ich lachte und hoffte gleichzeitig, nicht in ein Fettnäpfchen getreten zu sein. Denn dafür hatte ich ein Talent. Ich trat gerne in Fettnäpfchen, und wenn mir das nicht reichte, badete ich gleich darin.

»Das ist normal, wirklich«, wiederholte David, sah mich ruhig an und wartete darauf, wie diese Worte bei mir wirkten. Erst schaute ich ihn an, dann seine Familie, bevor mein Blick wieder ihn fixierte. Eine nach der anderen gingen wir die Personen in diesem Raum durch, und David gab mir zu jedem Gesicht einen Namen und den passenden Verwandtschaftsgrad.

Die Tür wurde aufgestoßen, und Davids Großmutter betrat mit einem großen Topf den Raum. »Heiß und fettig!«, rief sie laut und setzte den Topf mit einem lauten Knall in der Mitte des Tisches ab. Aus einer Ecke ertönte ein kurzes Klatschen, während ich von irgendwo ein leises »Na endlich!« vernahm. Gleich darauf wurden Teller von Hand zu Hand gereicht, um sie mit dampfendem Braten und Nudeln zu füllen.

Langsam kehrte Stille am Tisch ein, und jeder schaute erwartungsvoll in die Runde. Das machte mich etwas unsicher, aber ich fühlte mich wohl an Davids Seite. Als sich unsere Blicke trafen, fiel die Anspannung von mir ab.

Am Kopfende des Tisches nahm seine Großmutter Platz. Ihr graues Haar wallte in kurzen Locken auf ihre Schultern und schien ein Eigenleben zu führen. Sie wirkte wild und resolut, und ich wollte sie unbedingt kennenlernen. Alle Blicke waren erwartungsvoll auf sie gerichtet.

»Wie immer freue ich mich, in all eure Gesichter zu blicken.« Ihre sanfte Stimme erinnerte mich an eine Großmutter, die ihren Enkeln aus einem dicken Märchenbuch vorlas und dabei mit ihrer Stimme die Geschichte so lebendig werden ließ, dass sich die Magie direkt vor den Augen der Kinder abspielte.

»Immer, wenn ihr hier seid und ich mit meiner Familie am Tisch sitzen kann, weiß ich, was ich im Leben habe. Dann schaue ich euch alle an, und der Stolz in mir sprengt beinahe den Platz in meiner Brust.« Sie griff nach ihrem Glas und hob es bedeutungsvoll in die Luft. »Und ganz besonders freue ich mich heute über ein neues Gesicht in der Runde. Herzlich willkommen, Emely. Fühl dich wie zu Hause.«

Die übrigen Anwesenden taten es ihr gleich, und wir alle hoben unsere Gläser und stießen an. Ich lächelte in die Runde und schaffte es, mich, ohne mich zu verhaspeln, für die Einladung zu bedanken.

Ich nahm eine Gabel des zarten Bratens. Und dann geschah etwas, das nur das Essen einer ganz besonderen Person schaffte. Es war köstlich, und ich spürte die Liebe, die in diesem Gericht steckte. Es versetzte mir einen leichten Stich, weil ich dieses besondere Gefühl beim Essen bisher nur bei von Dad zubereiteten Gerichten gehabt hatte und es schon so lange vermisste. Auch er hatte jedes seiner Gerichte mit so viel Liebe zubereitet und immer gewitzelt, das wäre seine geheime Zutat. Ich spürte, wie die Erinnerung an ihn mir heiße Tränen in die Augen trieb. Mein Signal, die Reißleine zu ziehen und mich verdammt noch mal zusammenzureißen. Ich griff meine Gabel so fest, dass sich meine Fingernägel in die Handfläche bohrten. Es tat weh, doch das war mir egal. Es funktionierte immer, auch jetzt. David stupste mich sachte unter dem Tisch an, und ich zuckte zusammen.

»Em? Ist alles in Ordnung?«

Nein.

Doch als ich die Sorge in seinem Blick sah, wandelten sich die Gedanken in meinem Kopf blitzschnell. Ein Lächeln umspielte meine Lippen.

»Oh Gott, ja.« Ein Lachen, das sich unfassbar falsch anfühlte, kam aus meinem Mund. »Ich hab nur so einen großen Bissen genommen und mir die Zunge verbrannt«, kam mir die Lüge viel zu leicht über die Lippen, und ich fächelte mir mit der Hand etwas Luft zu.

Immer wieder hasste ich mich für genau solche Situationen. In denen ein einziger Gedanke alles von der einen auf die andere Sekunde änderte. Und das, obwohl ich etwas aß, das mir schmeckte. Fast hätte ich ein sarkastisches Lachen ausgestoßen, doch ich verkniff es mir. Ich ergriff seine Hand unter dem Tisch und drückte sie fest, während ich in seine wunderschönen Augen sah. Ob er mir glaubte oder nicht, ich wollte ihm zeigen, dass es mir gut ging. Mich selbst konnte ich davon allerdings nur schwer überzeugen.

»Und Emely, wie habt ihr euch kennengelernt?«, wandte sich Davids Mutter an mich.

Ich setzte mich etwas aufrechter hin und sah in ihre hellblauen Augen, die noch mehr herausstachen, weil sie ihre welligen Haare zu einem unordentlichen Knoten gebunden hatte. Es gab also keinen oberflächlichen Small Talk, wir kamen direkt zu den wichtigen Fragen.

»Wir gehen auf dieselbe Uni und sitzen zusammen in einem Kurs«, erklärte ich lächelnd und dachte an Davids und meine erste Begegnung. Die Trauer, die ich in seinen Augen gesehen hatte und seine Wollmütze, mit der er so unsicher gespielt hatte.

»Und was studierst du?« Die raue männliche Stimme von Davids Vater klang beinahe vorwurfsvoll. Kurz warf ich einen unsicheren Blick zu David und blickte dann wieder in die Richtung, aus der die Frage gekommen war. Robert Sinclair wischte einen Brotkrümel von seinem schwarzen Sakko und sah mich eindringlich an.

»Literaturwissenschaft.« Ich biss mir unsicher auf die Lippen. Dass mein aktueller Lebensplan das Studium nicht mehr ganz so priorisierte, behielt ich aber erst einmal für mich.

»Aha.« Davids Vater musterte mich kritisch.

Ich hielt seinem Blick stand, bis eine Frau mit wilden zotteligen blonden Haaren ihm einen mahnenden Blick zuwarf, und ich hätte wetten können, dass sie ihm unter dem Tisch einen Tritt gegen sein Schienbein versetzte. Ihre gelbe Bluse war weit geschnitten und passte zur weißen Cordhose, die sie trug. Ich schmunzelte, weil ich mir so die Outfits vorstellte, wenn ich auf Pinterest nach Künstlerinnen suchte.

»Oh, Tantchen.« Majas schallendes Lachen unterbrach meine Gedanken, und ich konnte gerade noch sehen, wie ihre Tante eine lustige Grimasse schnitt und damit für Majas Belustigung sorgte, die neben ihr saß und deren Kopf nur geradeso über die Tischkante ragte.

»David. Wir haben nach dem Essen noch etwas in meinem Arbeitszimmer zu besprechen.« Davids Vater ließ keinen Raum für ein Nein und sah nicht einmal von seinem Teller auf. Ich wusste nicht, ob ich nach so kurzer Zeit ein Urteil fällen durfte, aber er war mir unfassbar unsympathisch.

»Schatz, das kann doch sicher warten«, säuselte Davids Mutter, doch in ihren Augen lag die Warnung, die ihre Stimme zu verstecken versuchte. »Gerade heute, wo Emely zu Gast ist, haben die beiden sicher anderes vor.«

Robert Sinclair tupfte mit der Serviette seine Lippen ab. »David ...«, begann er ein weiteres Mal eindringlich.

»Robert, jetzt lass den Jungen in Ruhe!«, ging Davids Großmutter mit scharfer Stimme dazwischen. Kurz ruhte ein vielsagender Blick auf ihrem Sohn, bevor ein zartes Lächeln sich auf ihrem Gesicht ausbreitete, als wäre nichts gewesen. »Außerdem war noch nicht einmal Zeit für den Nachtisch.«

»Na gut.« Davids Vater nahm einen großen Schluck Wasser aus seinem Glas, ehe er David fixierte. »Aber merk dir eines, Sohn. Das Geschäft wartet NIE.« Damit stand er auf und verließ den Raum.

Für einen kurzen Moment herrschte Stille, und alle Blicke richteten sich auf David. Ich wusste nicht, ob ihn das mit seinem Vater sehr mitnahm, oder es Alltag war und völlig an ihm vorbeiging. Ich legte meine Hand auf seinen Oberschenkel, denn ich wollte ihn wissen lassen, dass ich für ihn da war.

Kapitel 18

Davids Zimmer war groß und wirkte auf den ersten Blick seltsam düster. Die Wände waren in einem dunklen Petrol gestrichen, das jedes Tageslicht schluckte. Die einzelne helle Lampe, die einsam von der Decke baumelte, hüllte alles hier drin in ein steriles weißes Licht.

»Sorry, dass das da unten ein halbes Verhör war.« David legte sein Handy auf dem dunklen Schreibtisch ab und lächelte mich entschuldigend an. Alles in diesem Zimmer schien einen exakten Platz zu haben, jedes Möbelstück, jedes Buch, vermutlich sogar jeder Stift. Aber auf keiner der freien Flächen war Platz für Deko, für etwas Leben.

»Schon gut. Ich hatte es mir ehrlich gesagt schlimmer vorgestellt.« Ich schüttelte leicht den Kopf und war froh, endlich mit ihm alleine zu sein.

David ließ sich auf das Kingsize-Bett fallen, das weit in den Raum hineinragte. Mein Blick blieb plötzlich an einer Ecke hängen, die auffällig anders war. Eine alte Kommode aus dunklem Holz mit vielen verspielten Details zog meine Aufmerksamkeit auf sich. Es war nur ein

Möbelstück, und doch wirkte es wild und frei und fehl am Platz in diesem Zimmer. Auf der Kommode standen mehrere Bilder, in Rahmen, die nicht alle aufeinander abgestimmt waren. Fotos von David und seiner Familie. An der Wand dahinter hingen ein paar wenige, aber unglaublich beeindruckende Zeichnungen. Ich musterte die Bleistiftzeichnung, die zwischen zwei Aquarellen hing, einer Landschaft genauer und erkannte, dass es der Blick auf den Mount Amber war. Der Berg und die dichten Wälder davor wirkten so realistisch und waren voller Details, dass ich nur eine vage Vorstellung hatte, wie lange jemand daran gearbeitet haben musste.

Auf einmal begriff ich, dass dieses Zimmer nur eine hübsche Oberfläche darstellte. Das, was David alle jeden Tag sehen ließ, weil es genau so von ihm erwartet wurde. Doch diese kleine Ecke, diese Kommode und diese Bilder, das war er. Das war das, was er liebte und was ihn ausmachte und was er nicht verstecken wollte. Hier in dieser kleinen Ecke war er frei und musste sich von niemandem etwas sagen lassen.

David hatte sich auf sein Bett gelegt und starrte an die Decke. Ein paar Sekunden lang beobachtete ich ihn, doch ich wollte ihn fürs Erste nicht auf die Szene mit seinem Vater am Esstisch ansprechen. Es gab Momente, in denen musste man erst selbst das Chaos in den Gedanken aufräumen, bevor man es mit jemand anderem teilen konnte. Er griff einen Tennisball und warf ihn immer wieder gegen die Decke. Der monotone Aufprall des Balls machte die Stille für mich unangenehm. Neugierig musterte ich die Fotos, die auf der

Kommode standen. Keines der Bilder wurde am selben Ort aufgenommen. Ich erkannte den Eiffelturm und Big Ben, den Kilimandscharo und ein Unterwasserbild, auf dem David durch ein exotisches Korallenriff tauchte. Ich konnte nur Vermutungen anstellen, doch wenn er tatsächlich das *Great Barrier Reef* gesehen hatte, musste er mir unbedingt irgendwann alles darüber erzählen. Ich wusste nicht, ob es eine gute Entscheidung war, etwas zu sagen, aber die Worte lagen mir auf der Zunge, und ich wollte nicht, dass sie unausgesprochen zwischen uns standen.

»Du hast ja bereits die ganze Welt gesehen.« Ich schaute ihn bewusst nicht an, sondern betrachtete weiter die Bilder aus aller Welt, in der Hoffnung, ihm damit den nötigen Raum zu geben, um sich auf das einzulassen, was ich zu erreichen versuchte.

»Mhmm.« Das dumpfe rhythmische Klopfen des Tennisballs, der immer wieder an die Decke prallte, sagte mir, dass sich noch nichts an seiner Gefühlslage geändert hatte.

»Es muss schön gewesen sein, so viel zu erleben und so viel Neues kennenzulernen«, versuchte ich es ein weiteres Mal, aber die Unsicherheit war meiner zaghaften Stimme anzuhören. Ich wollte ihn aber nicht in dem Selbstmitleid ertrinken lassen, in das er sich gerade kopfüber gestürzt hatte. David hörte auf, den Tennisball zu werfen, und kurz herrschte Stille.

»Besonders schön war es, nirgends wirklich zu Hause zu sein und überall mit hingeschleppt zu werden, ohne das Recht auf eine eigene Meinung zu haben.«

Ich drehte mich um und schaute David an, doch er hatte wieder begonnen, den Tennisball in die Luft zu werfen. Zwei schnelle Schritte später stand ich am Bett und fing den gelben Ball aus der Luft, bevor er ihn ein weiteres Mal gegen die weiße Decke pfeffern konnte. Meine Stimme war fest, denn ich wollte, dass er diese Worte noch lange, nachdem sie ausgesprochen waren, im Gedächtnis behielt.

»Seit wann ist ein Zuhause ein Gebäude mit vier Wänden, Tür und Fenstern? Ein Zuhause ist – und das weißt du –, wenn du umgeben bist von den Menschen, die du liebst, den Menschen, die dich lieben, und wenn ihr gemeinsam egal welchen Ort auf diesem verdammten Planeten zum schönsten Platz der Welt macht, einfach, weil ihr gemeinsam dort seid.« Mein Atem ging schnell und flach, und ich verlieh meinen Worten Nachdruck, indem ich ihn keine Sekunde aus den Augen ließ.

David stand vom Bett auf und nahm meine Hände. Ich schaute in seine blauen Augen, die langsam wieder das gewohnte Strahlen zeigten. Mein Blick fixierte seine vollen Lippen, und ich wollte in diesem Moment nichts sehnlicher, als sie mit meinen zu berühren, und doch hielt ich mich noch einen Augenblick zurück. Es kostete mich all meine Selbstbeherrschung, doch es war richtig, diesen Moment zwischen uns noch auszukosten. Dieser Trommelwirbel, bevor all die Luft, die sich statisch aufgeladen hatte, und jedes Staubkorn zwischen uns zum Knistern brachte, sich in einem gewaltigen Blitz voller Gefühle entlud. David stieß langsam die Luft aus, und sein warmer Atem kitzelte meine Nasenspitze. Ich stürzte mich hungrig auf seine Lippen, und der kurze Moment, in dem er von meiner Zielstrebigkeit überrascht war, verflog schnell. Seine Küsse hinterließen überall dort, wo er mich berührte, eine heiße Spur aus tanzenden Wirbeln auf meiner Haut. Unsere Lippen lagen wieder aufeinander, und die erste heiße Lust ebbte langsam ab. Bis in diesem Kuss nichts mehr lag außer den innigsten und tiefsten Gefühlen, die sich uns beiden offenbarten. Ich wusste nicht, ob ich richtig lag, wenn ich behauptete, dass das hier Liebe war. Ich wusste nur, dass ich noch nie in meinem Leben so etwas Unbeschreibliches für eine Person auf diesem Planeten empfunden hatte. Wir lösten uns flach atmend voneinander und blickten einander in die Augen. Ich wusste nicht, ob seine Augen so unglaublich hell strahlten, oder ob sie das Glück aus meinen reflektierten. Behutsam fasste er meine Schultern und drehte mich langsam um, richtete meinen Blick zur Kommode und alldem, was darauf seinen Platz hatte.

Er zeigte mir die Fotos und erzählte Geschichten von Löwen in Afrika und Wanderungen in Peru. Alles, weil sein Vater für die Ölgeschäfte umherreiste, doch ihn erwähnte David mit keinem Wort. Ich schmunzelte über ein Bild, auf dem Maja vielleicht zwei Jahre alt war und so herzlich in die Kamera lachte, dass ich nicht anders konnte, als ebenfalls zu lächeln. Das Lachen eines Kindes hatte so eine unbeschreibliche Macht, dass es jeden dunklen Gedanken sofort vertrieb.

David nahm meine Hand und zog mich noch näher zu sich, bis wir uns schließlich auf sein Bett fallen ließen, ich auf seinem Schoß sitzend. Unsere Gesichter waren nur noch wenige Zentimeter voneinander entfernt, und ich konnte mein Herz in meiner Brust hören, so schnell schlug es.

Er schlang seine Arme um meine Taille, und ich hatte das Gefühl, wir teilten uns jeden Atemzug. Meine Haut war wie elektrisiert, und ich kostete jede Sekunde dieser Nähe aus.

»Mein Zuhause sind die Menschen, die ich liebe. Du bist ein Teil davon«, flüsterte er, und kaum hatten die Worte seinen Mund verlassen, konnte ich mich nicht länger zurückhalten.

Ich schloss die Lücke zwischen unseren Lippen und legte in diesen Kuss all meine Zuneigung und Gefühle für ihn hinein. Ich sagte ihm, was ich empfand, ohne es auszusprechen. David erwiderte jede Bewegung, und schnell wurde unser Kuss wilder, drängender. Ich krallte meine Hände in seine Haare, was ihm ein sanftes Seufzen entlockte. Er ließ sich rückwärts auf die Matratze fallen, doch ich ließ nicht zu, dass sich auch nur ein Zentimeter Abstand zwischen uns aufbaute, und so fiel ich einfach auf ihn drauf. Meine Fingernägel bohrten sich in seinen Rücken, und aus dem sanften Seufzen wurde ein leichtes Stöhnen. Seine Hände wanderten langsam meinen Rücken hinunter, bis er sie vorsichtig unter den Saum meiner Bluse schob. Seine rauen Hände fuhren über meine Haut, und ihre Berührungen fühlten sich unbeschreiblich gut an. Ich küsste David leidenschaftlich, während ich es genoss, wie er jeden Zentimeter meiner Haut erkundete, die ich unter der Bluse versteckt hielt. Seine Finger glitten zum Verschluss meines BHs, und mit einem kaum spürbaren Griff löste sich die Spannung um meinen Brustkorb, und mein BH wurde nur noch von der leichten Bluse gehalten. Ich löste meine Hände, die ich inzwischen in Davids Nacken verschränkt hatte, und setzte mich auf. Knopf für Knopf öffnete ich meine Bluse. David legte seine Hände auf den Stoff über meinem Hintern und hielt mich fest. Langsam richtete er sich auf, setzte sich auf die Bettkante, ich wieder auf seinem Schoß. Ich war fast bei den obersten Knöpfen angelangt, die den Blick auf meine Brüste freigegeben hätten, als ich spürte, wie sehr David mich wollte. Er drückte sich hart gegen mich, und ich fühlte ihn durch den Stoff seiner Hose. Eine Gänsehaut überzog meinen ganzen Körper, und was ich vor einer Sekunde noch genauso sehr gewollt hatte wie er, wich binnen einem Augenblick einem Strudel aus Gedanken, der mich innehalten ließ. Hektisch löste ich mich von ihm und stand auf, um Distanz zwischen uns zu bringen.

»Nein«, sagte ich atemlos, während ich ungeschickt versuchte, die Knöpfe meiner Bluse wieder zu schließen, doch meine Finger zitterten zu sehr, um dabei wirklich erfolgreich zu sein. Ich schloss den Verschluss meines BHs wieder und starrte David an, der verwirrt aussah.

»Ich ... Es tut mir leid, ich ...«

»Em«, unterbrach er mich glücklicherweise, denn ich hätte keine Worte gefunden, um ihm zu erklären, was in mir vorging. Ich konnte es mir nicht einmal selbst erklären. Es war wie ein Schalter, der umgelegt worden war, und mit einem Mal waren da nur noch Unsicherheit und die Frage, warum ich David wollte und gleichzeitig nicht. Warum ich das hier ohne ersichtlichen Grund abblockte und mich wieder anzog, obwohl ich mir das Gefühl seiner nackten Haut auf meiner so sehr wünschte. Ich blickte David an, und in mir keimten Schuldgefühle auf, weil er nichts falsch gemacht hatte. Langsam kam er auf mich zu und nahm meine Hand. Zögerlich wartete er, ob ich damit klarkam, oder ob ich sie ihm entreißen würde.

»Alles ist gut, Em. Das ist okay.« In seinem Blick lag Verständnis. Und mit jeder Sekunde, die verstrich, atmete ich ein kleines bisschen leichter. Fand mit jeder Sekunde ein kleines bisschen mehr zurück zu mir selbst. Ich drückte ihm einen sanften Kuss auf die Lippen als Beweis, dass alles okay war. Auch wenn es das nicht war. Ich wusste, dass das zwischen David und mir etwas ganz Besonderes war. Aber vielleicht hatte ich mich geirrt, vielleicht war da doch noch eine letzte Mauer, die mein Unterbewusstsein gebaut hatte und die ich noch einreißen musste, wenn das mit David wirklich etwas werden sollte. Ich hatte nur keine Ahnung, warum diese Mauer da war.

Wir lagen nach etwa zwei Stunden noch auf Davids Bett, er hatte einen Arm um mich gelegt, während mein Kopf auf seiner Brust ruhte.

»Sind die von einem bekannten Künstler?« Mein Blick hing an den Zeichnungen, die mich vorhin schon beeindruckt hatten.

»Nein.« David lachte leise auf. Ich spürte, wie er seinen Kopf schüttelte und die feinen Härchen seines Barts auf meiner Haut kratzten.

»Aber wer …«, stockte ich, doch dann fiel mir wieder ein, was er im *Friendly Bean* gesagt hatte. Ich stützte mich auf meinen Ellenbogen, um David anzusehen, auf dessen Gesicht sich bereits ein verräterisches Grinsen abzeichnete. »Du?!« Verwundert riss ich die Augen auf und musterte ihn, während er lediglich mit den Schultern zuckte.

»Ich studiere nicht umsonst Kunstgeschichte, Em.« Er drückte mir einen Kuss auf die Wange. Dann legte er sich wieder auf den Rücken und sah mich, eine Hand hinter den Kopf gelegt, entspannt an.

»Aber … du solltest nicht nur Kunstgeschichte studieren. Du solltest Kunst studieren, oder zeichnen, oder keine Ahnung, was man da machen kann und wie man das nennt.« Die Worte sprudelten nur so aus mir heraus, während ich wieder und wieder die filigranen Linien seiner Zeichnungen musterte. Die Menschen darauf sahen so echt aus, dass ich ihre Emotionen sah. Ich musterte ein Porträt einer Frau, das so erschreckend echt wirkte, dass ich meinte, die Trauer, die in ihrem Blick lag, fast selbst zu spüren.

»Em, die Zeit, in der ich machen kann, was ich will, ist vorbei. Nach diesem Semester höre ich auf zu studieren und arbeite in der Firma.«

»Das ist doch scheiße«, verschaffte ich meinem Unmut Raum, während David zustimmend brummte. Seufzend ließ ich mich neben David auf das Bett fallen.

Wir schwiegen und hingen jeder für sich unseren Gedanken nach.

»Was wäre, wenn ...«, begann David grübelnd.

Er rückte etwas von mir ab und sah mich an. »Em, was würdest du machen, wenn niemand, nicht Cas, nicht einmal du selbst, dich von deinen Träumen abhalten würde?«

Ich zog die Augenbrauen zusammen und dachte kurz nach. Was wäre, wenn? Diese Frage hatte ich mir bisher noch nie gestellt.

»Ich glaube, etwas mit Büchern.« Ich hörte David leise lachen, weil das vermutlich nicht sehr überraschend kam. »Ich weiß nicht, vielleicht ein Praktikum im Verlag oder einen Nebenjob, der mit Büchern zu tun hat. Ich könnte bestimmt im *Book Attic* arbeiten! Einfach nur, um mal zu schauen, wie das so ist und ob das vielleicht was für mich wäre.« Meine Gedanken überschlugen sich auf einmal, und ich stellte mir vor, wie mein Leben als Buchhändlerin wohl aussähe. »Und du?«, fragte ich David, während meine Gedanken immer noch zwischen den Regalen des Buchladens hingen.

»Ich glaube, ich würde mich an ein paar Colleges für ein Kunststudium bewerben.«

Mein Kopf lag wieder auf seiner Brust, und wir beide starrten die Wand an, an der seine Zeichnungen hingen. Immer wieder blieb mein Blick an den perfekten Farbverläufen der Aquarellfarben hängen. Diese Zeichnungen, die zeigten, wozu David fähig war und was alles passieren könnte, wenn er wirklich einmal seinen Träumen folgte.

»Weißt du was?« Ich setzte mich schwungvoll auf und wartete keine Antwort ab. »Lass uns das einfach machen!«, rief ich und blickte in Davids verwirrtes Gesicht.

»Was?«

»Na machen, was wir WIRKLICH wollen!« Ich war voller Euphorie, doch David verstand noch nicht, worauf ich hinauswollte. »Ich suche mir ein Praktikum oder einen Job im Buchbereich.« Ich griff seine Hand und hielt seinen Blick fixiert. »Und du informierst dich über die Aufnahmeverfahren der Colleges, die für dein Kunststudium infrage kommen.«

David stützte sich auf seine Unterarme und mahlte mit seinem Kiefer. »Das kann ich nicht machen.« Seine Stirn lag in Falten.

»Wenn du nicht weißt, wie man googelt, bin ich dir da gerne behilflich.« Wir lachten beide über meinen Scherz. »Aber mal im Ernst. Was kann denn schon passieren?« Ich griff nach seiner Hand, verschränkte seine Finger mit meinen und sah in das strahlende Blau seiner Augen. »Wir können uns nicht ewig weiter darüber beschweren, dass unser Leben, wie es gerade verläuft, nicht das ist, was wir uns vorstellen, aber gleichzeitig nur tatenlos rumsitzen.«

Etwas blitzte in Davids Augen. »Aber ...«

»Kein Aber«, unterbrach ich ihn, selbst verwundert, wie resolut ich sein konnte. »Falls du mir einen guten und sinnvollen Grund nennen kannst, warum wir das nicht tun sollten, okay. Aber nur weil du irgendwelche Bedenken hast oder Angst davor, ein Risiko einzugehen, sollten wir es nicht lassen.« Ich stupste David in die Seite, und seine Gesichtszüge entspannten sich. Einen kurzen Moment brauchte er noch, doch dann sah ich ihm an, dass ich ihn überzeugt hatte, noch bevor er mir das leise »Okay« ins Ohr hauchte und mir einen Kuss auf die Lippen drückte.

Kapitel 19

Ich packte den letzten Karton mit Neuerscheinungen aus, die an diesem Morgen angeliefert wurden und trug im System die aktuellen Bestände des *Book Attic* ein.

»Hast du die Bestellungen schon fertig gemacht?« Helen drückte den Locher runter und heftete die Rechnungen der letzten Tage ab.

»Es sind nur noch zwei übrig, die mache ich, sobald ich hier fertig bin.« Ich lächelte sie an und auch wenn ich bereits müde war, liebte ich die Arbeit.

»Du kannst auch schon mal überlegen, welche Empfehlungen du nächste Woche ins Schaufenster stellen willst.« Helen stellte den Ordner in das Regal unter der Kasse und setzte sich an den Computer.

Auch wenn wir heute wegen des Feiertags nur den Vormittag geöffnet hatten, waren viele Kunden gekommen, die auf meine Beratung hin Bücher gekauft hatten. Dieses Gefühl war unbeschreiblich. Ich sortierte die gelieferten Bücher zu den passenden Bestellscheinen und freute mich auf meinen Feierabend, um Thanksgiving zu feiern.

»Nächste Woche habe ich dich für drei Spätschichten eingetragen, nur dass du Bescheid weißt.« Helen reichte ich mir einen Zettel, auf dem die Zeiten notiert waren, und ging nach hinten ins Lager. Schnell zog ich mein Handy aus der Tasche und trug mir meine Schichtzeiten in meinen überfüllten Kalender ein. All die farbig markierten Termine sagten mir jetzt schon, dass ich einige Nachtschichten einlegen würde, um gleichzeitig mit den Uniabgaben hinterherzukommen. Doch ich war froh über den Job und den Spaß, den er mir machte. David und ich hatten uns das vorgenommen und ich war ein wenig von mir selbst überrascht, dass ich meinen Teil des Plans so schnell umgesetzt hatte.

»Tschüss Helen, bis Dienstag. Und fröhliches Thanksgiving!«, rief ich nach hinten ins Lager, während ich die Tür öffnete.

»Bis Dienstag, Emely! Fröhliches Thanksgiving!«

Ich machte mich nicht direkt auf den Weg ins *Basil*, wo ich so wie jedes Jahr Thanksgiving feiern würde. Die Uhr auf meinem Handy verriet mir, dass noch genug Zeit war, einen Umweg über die Post zu machen. Letzte Nacht hatte ich wirklich den Brief an Mom zu Ende geschrieben und in einen Briefumschlag gesteckt. Meine Hände hatten gezittert, während ich die Adresse so leserlich wie möglich auf den weißen Umschlag schrieb. Ihre Anschrift hatte ich auf alten Sorgerechtsunterlagen in Cas' Schreibtisch gefunden. Beim Abfotografieren hatte ich mich gefühlt, als würde ich meine große

Schwester hintergehen. Doch ich wollte das. Ich wollte diesen Brief nicht wie alle anderen im Müll verschwinden lassen, sondern es dieses eine Mal wenigstens versucht haben.

Die Musik dröhnte in voller Lautstärke aus den Boxen und sorgte für eine ausgelassene Stimmung. »Ich kann nicht glauben, dass du wirklich noch nie hier warst.« Lexie sah David entrüstet an, und auch Will schüttelte lächelnd den Kopf, während wir David eine kurze Führung durchs *Basil* gaben. Die Tische waren zu einer langen Reihe zusammengeschoben und standen direkt unter der duftenden Kräuterwand.

»Wie gut, dass wir das heute ändern.« Ich hatte mich bei David eingehakt und zog ihn zu unseren Plätzen direkt neben Will und Lexie.

Thanksgiving im *Basil* war, wie mit der ganzen Familie im Wohnzimmer zusammenzusitzen und sich über alles auszutauschen, was gerade wichtig war. Margret war wie die Großmutter, die Fragen über das Studium und die Zukunft stellte, während Andrew jedes Mal fragte, ob ich denn nun endlich einen Freund hätte, den ich dann auch dringend mal mitbringen müsste. Und dass ich das heute auch wirklich tat, wunderte mich von allen am meisten. Maisy, die Küchenhilfe, war die Tante, die immer etwas abseits saß, sich als Erstes ein Glas Wein bestellte und es den ganzen Abend fest umklammerte, weil sie so viel Familie auf einmal anders nicht ertragen konnte. Auch jetzt saß sie bereits mit einem gut gefüllten Weinglas auf ihrem Platz und studierte das Karomuster der Tischdecke. Es war verrückt, aber ich liebte diesen bunten Haufen.

Andrew kam erst mit einem Kürbiskuchen und kurz darauf mit einem Pekannusskuchen aus der Küche. Ein himmlischer Duft kroch mir in die Nase. »Es ist angerichtet«, rief Andrew fröhlich und zeigte mit einer ausladenden Geste auf die Platten voller Braten, Kartoffelpüree, Süßkartoffeln und buntem Gemüse, die vor ihm standen. Überall begann hektisches Treiben, Stühle wurden verrückt, und jeder nahm vor einem Teller Platz. Cas und Andrew, die beide relativ mittig saßen, übernahmen die Ausgabe des Essens und sorgten dafür, dass keine fünf Minuten später jeder einen gefüllten Teller vor sich stehen hatte. Lexie legte sich ein Extrastück Maisbrot an den Tellerrand und fixierte mit hungrigen Augen die Süßkartoffeln auf ihrem Teller. Und auch Will stand die Vorfreude im Gesicht geschrieben.

Margret saß am Kopfende des Tisches und erhob sich etwas umständlich von ihrem Stuhl. »Ihr Lieben, ich bin euch dankbar, dass ihr heute hierher gefunden habt und wir diesen schönen Abend zusammen verbringen.« Sie griff nach dem Glas vor ihr und prostete in die Runde. »Fröhliches Thanksgiving!«

Alle Anwesenden taten es ihr nach, erhoben ihre Gläser und wünschten sich ein fröhliches Thanksgiving, nur um sich einen Moment später mit großem Appetit und Genuss ihren gefüllten Tellern zu widmen.

»Ihr ratet nie, was mir heute schon wieder passiert ist.« Sarah, eine Aushilfskellnerin, die aber schon seit

Jahren im *Basil* arbeitete, war immer für den neuesten Klatsch zu haben, und es würde mich nicht wundern, wenn sie heimlich hinter *Hottest Students of Amber Falls* steckte.

»Während du heute eine Portion Nudeln serviert hast, hat sich deine Kundin auf einmal als Jennifer Lawrence entpuppt, und weil sie dein Talent direkt erkannt hat, darfst du in ihrem nächsten Film Seite an Seite mit ihr spielen?«, sagte Lexie trocken und stopfte sich eine weitere Gabel gerösteter Kartoffeln in den Mund, während sie Sarah ansah.

»Was denn?«, fragte Lexie schulterzuckend. »Du hast zwar gesagt, wir würden es nie erraten, aber man wird es ja wohl noch versuchen dürfen ...«

John und Adam, die sonst unter Cas' Kommando in der Küche standen und mit ihr kochten, lachten herzhaft über Lexie, und ich stieß sie leicht in die Seite.

»Das ist also deine Familie.« David beugte sich leicht zu mir, während Sarah den anderen weiter von ihrem Tag erzählte.

»Ja, das ist sie«, nickte ich lächelnd und ließ meinen Blick in die Runde schweifen.

»Und Em, wie ist der neue Job?« Andrew schaute mich an, während mein Blick zu Cas wanderte, weil sie ihn sicher gebeten hatte, diese Frage zu stellen.

»Gut. Es ist auf jeden Fall anstrengend, auch alles unter einen Hut zu bekommen, aber es macht mir unheimlich viel Spaß.« Ich legte meine Hand auf Davids Oberschenkel und wartete, bis seine Finger sich mit meinen verschränkten. Cas räusperte sich auffällig laut und schüttelte den Kopf, während sie Maisy noch etwas von den grünen Bohnen auftat.

»Ich finde es schön, dass Em diese Entscheidung für sich getroffen und den Job angenommen hat. Ich will und werde sie da nur unterstützen.« Ich biss mir auf die Lippe, unsicher, was Cas zu Davids Worten sagen würde.

»Verrückt. Manche von uns tun das schon seit Jahren«, sagte Will sarkastisch und stocherte in seinem Gemüse rum. Mein verwunderter Blick hing immer noch an Will, als Lexie meine Aufmerksamkeit auf sich zog.

»Ich glaube, wir sind uns einig, dass wir uns alle über ihren Job im *Book Attic* freuen und Em unterstützen.«

Fast, wollte ich schon sagen, doch ich hielt das Wort zurück. Die Stimmung war mit einem Mal komisch, und wir waren dabei, in peinliches Schweigen zu verfallen.

»Hauptsache ich muss meine kleine Schwester nicht länger dabei unterstützen, pünktlich zu sein.« Cas schnaubte, und ich sah mich unsicher um. Alle um uns herum hörten, was Cas zu mir sagte.

»Cas, das waren nur zwanzig Minuten.« Ich verdrehte die Augen, weil ich nicht einmal als Letzte gekommen war und die verabredete Zeit für alle nur lose Orientierung war. Ich hatte keine Lust, mich jetzt mit ihr zu streiten.

»Trotzdem warst du zu spät. Dein Job im *Book Attic* ist ja so unglaublich wichtig.«

»Cas...« Doch ich kam nicht weiter.

Margret räusperte sich laut. Kaum hatte sie das getan, waren alle Augen auf sie gerichtet.

»Cas, denkst du bitte daran, dass morgen früh ein weiterer Koch zum Probearbeiten kommt?« Ich blickte Cas verwundert an.

»Du wirst nicht weiter hier arbeiten?« David sprach die Frage aus, die mir auf der Zunge lag.

»Ich werde wieder studieren«, sagte Cas völlig selbstverständlich.

»Bis dahin müssen wir einen Koch finden, der Cas ersetzen kann.« Margret lächelte und nahm einen Schluck Wasser. »Auch wenn das natürlich gar nicht möglich ist.«

Andrew legte einen Arm um Cas und auch auf ihre Lippen stahl sich ein zaghaftes Lächeln. »Na ja, einen Monat hat sie noch. Bis dahin muss sie ihren Nachfolger ausgesucht und eingearbeitet haben«, sagte Andrew an David gewandt. »Spätestens dann müssen alle Unterlagen bei der Uni sein, damit Cas ihr Lehramtsstudium wieder aufnehmen kann.« Andrew drückte Cas an sich und küsste sie auf die Schläfe. »Ich werde dich so was von vermissen.«

Mir blieb der Mund offen stehen. Wir hatten immer darüber gesprochen, dass sie irgendwann mal weiterstudieren wollte. Dass es schon so ernst war, war mir allerdings neu.

»Keine Sorge.« Andrew lachte und sah in mein überraschtes Gesicht. »Bisher war niemand gut genug für deine Schwester, und ich habe auch für morgen keine große Hoffnung. Das geht noch eine Weile so weiter.« Dafür kassierte er von Cas einen Ellenbogen in die Seite, aber die beiden brachten mich zum Lachen.

»Das geht noch so lange, bis sie realisiert, dass sie viel lieber im *Basil* bleiben will, anstatt Lehrerin zu werden«, sagte Lexie in einem kaum hörbaren Flüsterton und lachte leise. Ihr Kommentar war so absurd, dass ich mich zusammenreißen musste, um nicht mitzulachen.

Die leeren Teller und Platten waren schon lange wieder in der Küche verstaut, während wir noch Stunden später an den Tischen saßen und uns über die Musik hinweg unterhielten.

Irgendwann saß ich mit Will an einem runden Tischchen etwas abseits, die Füße auf einem Stuhl vor mir aufgestellt.

»Hast du den Brief eigentlich jemals abgeschickt?« Die Frage kam so unerwartet, dass ich fast das Glas Cola in meiner Hand verschüttete.

»Ja«, gab ich einige Augenblicke später zurück.

»Wie fühlst du dich damit?«

Ich senkte meinen Blick und schaute auf die tanzenden Bläschen, die aus meiner Cola aufstiegen. Gerade setzte ich an, um Will zu antworten, da trat David hinter mich und legte seine Hände auf meine Schultern.

»Störe ich?«

Ich schaute zu ihm hoch.

»Nein, alles gut.« Ich lächelte ihn an, während ich eine Hand auf seine legte.

»Super.« David blieb hinter mir stehen und legte seine Arme um mich. Ich schenkte Will einen kurzen Blick, versicherte ihm, dass alles gut war, auch wenn wir dieses Gespräch nicht zu Ende führen konnten.

»Wäre es okay für dich, wenn wir gleich fahren?« Ich schaute David fragend an und rieb mir meine Augen.

»Wieso? Ich lerne doch gerade erst alle kennen?« Verwundert blickte er mich an und fuhr mit seiner Hand über meine Beine.

»Ich bin unglaublich müde. Ich hatte nach den Vorlesungen eine Schicht im *Book Attic* und bin direkt von dort hierher.« Fast hätte ich demonstrativ gegähnt. Ich liebte jede Stunde im *Book Attic*, trotzdem machte mich diese Mehrbelastung müde, und gerade an einem Tag wie heute sehnte ich mich einfach nur noch nach meinem Bett.

»Kann ich mich zu euch setzen?« Davids Blick ging zu Will, der die letzten Minuten stumm auf seinem Stuhl gesessen hatte.

»Wieso? Ich dachte, ihr fahrt jetzt.« Wills Blick musterte David kritisch, bevor er mich fragend ansah.

»Ich hingegen dachte, das wollten Em und ich jetzt besprechen.« Davids Worte klangen hart. »Alleine«, schob er unmissverständlich nach.

»Was ist dein Scheißproblem?«, sagte Will schroff. Erschrocken fuhr ich zusammen und starrte Will mit offenem Mund an. »Em ist müde und will schlafen, also fahr sie verdammt noch mal nach Hause, bevor ich das tue.« Ohne ein weiteres Wort zu verlieren, stand er auf und ging hinter die Bar, um sich ein Bier zu holen. Kurz schaute ich ihm nach.

Ich griff nach Davids Hand. »Lass uns einfach fahren.«

Das monotone Motorengeräusch und die Klimaanlage, die einen warmen Luftstrom ins Wageninnere blies, machten mich noch müder. Ich hatte Mühe, meine Augen offen zu halten, und driftete bereits in Richtung Halbschlaf.

»Wenn dich das alles so schafft, arbeite doch wieder etwas weniger.« Davids Stimme drang sanft an mein Ohr.

»Wie stellst du dir das vor?« Ich lehnte meinen Kopf gegen die Beifahrertür, um ihn nicht mehr aus eigener Kraft halten zu müssen.

»Wenn dir das alles zu viel wird, kannst du den Job im *Book Attic* auch einfach wieder kündigen.« Ich sah ihn entrüstet an.

»Ist das dein Ernst?«

»Sorry, ich mache mir nur Sorgen, dass dir das alles zu viel wird.«

Ich verdrehte die Augen und starrte auf die Straße vor uns.

»Kümmer dich doch erst mal um dich selbst.«

»Was willst du damit sagen?« Kurz schaute David mich verwundert an, ehe er seinen Blick wieder auf die Straße richtete.

»Ich will damit sagen, dass ich seit über einer Woche arbeite, während du nicht einmal die Website einer einzigen Kunsthochschule besucht hast. Du hast dich um rein gar nichts gekümmert.« In mir staute sich Wut, von der ich nicht recht wusste, woher sie kam.

»Immer langsam mit den Vorwürfen, ich muss ja nicht ...« Doch vor lauter Wut ließ ich ihn nicht einmal ausreden.

»Jaja, solange du nichts musst. Du sollst wollen, David. Im einen Moment willst du etwas ändern, etwas für dich machen und tust es dann doch nicht. Und im nächsten beschwerst du dich wieder über deinen Vater und wie ätzend dein Leben ist. Das kotzt mich an.« Ich verschränkte die Arme vor meiner Brust. »Sorry, ich bin übermüdet, das hätte ich nicht sagen sollen.« Ich presste die Lippen aufeinander und griff nach Davids Hand.

»Schon gut. Irgendwie hast du ja auch recht.« Er bog in meine Straße ein. »Es ist nur so schwer. Mich gegen die Person zu behaupten, die bisher mein ganzes Leben bestimmt hat.« Er schluckte und hielt vor meiner Wohnung.

»Es ist deine Entscheidung, David. Der schwere Weg, weil du das willst, oder doch lieber der bequeme Weg, weil es einfacher ist.« Ich sah David eindringlich an, auch wenn ich todmüde war, wollte ich dieses Gespräch zu Ende führen.

»Gute Nacht, Em.« Er beugte sich zu mir rüber und gab mir einen Kuss. »Ich muss morgen früh raus und hab jetzt keine Zeit für diese Diskussion.«

Das war deutlich. Ich schüttelte den Kopf.

»Gute Nacht, David.« Ich stieg aus und warf die Tür des schwarzen Geländewagens hinter mir zu.

Kapitel 20

Meine Decke war bis unter das Kinn gezogen. Es war später Nachmittag, die Sonne schien in mein Zimmer, doch ich lag immer noch in meinem Bett. Den ganzen Tag schon dachte ich an meine Mutter. Daran, dass da immer noch so viele unbeantwortete Fragen waren, ich immer noch nicht wusste, warum sie uns damals einfach verlassen hatte. Daran, dass ich mich jeden Tag fragte, wie man so etwas seiner Familie antun konnte. Ich dachte an meinen Vater. Immer und immer wieder an die Tatsache, dass er tot war. Ich starrte ins Nichts, und die Stille in meinem Zimmer war so erdrückend, dass mein eigener Atem ohrenbetäubend laut war. Mit jedem weiteren Atemzug verstrichen weitere bedeutungslose Sekunden, die an mir vorbeizogen wie verschwommene Bilder eines Films, den man schnell vorspulte, weil man das Ende nicht erwarten konnte. Das ganze Drama überspringen und direkt am Happy End ankommen. Aber wie konnte ich sicher sein, dass mich ein Happy End erwartete? Verlor ich vielleicht wichtige Momente, die von Bedeutung waren, weil ich ihnen nicht genügend

Beachtung schenkte? Nur weil ich immer auf mehr hoffte und nicht glaubte, dass das schon alles war?

Mein Handy vibrierte auf dem Nachttisch. Ich ignorierte es. Doch es hörte nicht auf zu vibrieren, deshalb schälte ich meinen Arm unter der Decke hervor und entsperrte es. Auf dem Hintergrundbild, einem Schnappschuss von Lexie, Will und mir aus dem letzten Sommer, erschien eine Nachricht von David. Ich klickte sie an. Noch bevor ich die Zeilen las, wusste ich bereits, dass es um unser Date heute Abend ging.

`Freue mich schon auf dich! Um sieben bei mir.`

Ich las seine Nachricht, ohne dabei etwas Bedeutendes zu empfinden. David konnte nichts dafür, es lag nicht an ihm. Heute war einfach wieder einer dieser Tage. So wie eine dieser schlaflosen Nächte, in denen mich alles ohne Vorwarnung überrollte, gab es Tage, an denen einfach alles verschwand. Tage, an denen nichts von Bedeutung war und diese wenigen Stunden ausreichten, um mich in das tiefe schwarze Loch zu stoßen, in dem ich gerade saß. Meine Finger schwebten unentschlossen über der Tastatur, und ich wusste nicht so recht, was ich antworten sollte.

`Ich fühle mich heute nicht wirklich gut.`

Meine Finger tippten den Satz, und bevor ich weiter darüber nachdenken konnte, hatte ich bereits auf Senden gedrückt.

Oh … Was ist los?

Es dauerte keine Minute, bis David meine Nachricht gelesen und geantwortet hatte. Ich hielt mein Handy weiter in der Hand und begann erneut zu tippen. Weil David und ich uns bedingungslose Ehrlichkeit und absolute Offenheit geschworen hatten.

Weiß nicht so recht. Bin müde und traurig. Und müde vom Traurigsein. Heute ist einfach nicht mein Tag.

Ich stieß die Luft aus und strich mir ein paar Haare aus dem Gesicht. Ich wurde immer besser darin, meiner Realität ein Bild zu geben, Worte für das, was ich fühlte, zu finden und auch wirklich auszusprechen. Doch heute war es anstrengender und ich einfach zu müde. Aber Liebe ist, nicht nur die guten Momente zu teilen – die Momente, die man mit bunten Blumen in seinen Erinnerungen ausschmückte. Sondern auch die schlechten Momente, in denen die Tränen flossen und man hilflos am Boden lag.

Oh, okay … kommst du trotzdem vorbei?

Ich ließ mein Handy neben mich auf das weiße Bettlaken fallen und drehte mich auf den Rücken. Die Hände hinter dem Kopf verschränkt, starrte ich an die Decke. In der Hoffnung, dass dort die rettende Antwort geschrieben stand und mir jemand diese Entscheidung abnehmen würde. Stattdessen starrte mich nur weiße

Leere an. Ich wollte nicht wie eine dieser hoffnungslosen Protagonistinnen in einem Roman sein, die sich in Selbstmitleid suhlten und in ihrer Trauer fast ertranken, weil ihnen das Schwimmen auf einmal so schrecklich anstrengend vorkam. Und doch war ich nicht fest entschlossen, mich anders zu verhalten. Ich wollte auch nicht die anstrengende Freundin sein, mit der man immer nur Probleme hatte. Ich wollte für David die Version meiner selbst sein, bei der man sich freute, sie zu sehen, bei der es keine Probleme gab und die sich nicht so anstellte. Und doch behauptete ein kleiner Teil von mir, es sei okay. Es war okay, ehrlich mit ihm zu sein und das heute einfach abzublasen. Mich nicht zu etwas zu zwingen, was ich heute nicht leisten konnte.

Wenn du magst, kannst du gerne kurz vorbeikommen. Wir können was Ruhiges machen, einen Film schauen oder so. Das würde mir, glaube ich, guttun.

Das entsprach am ehesten der Wahrheit. Ich starrte weiter auf das Display und sah, wie David dabei war zu antworten. Eine quälend lange Zeit verging, auch wenn es laut der Uhr auf meinem Handy angeblich nur vier Minuten waren, bis ich seine Antwort las.

Schade … Mein Bett und ich hatten uns schon sehr auf dich gefreut …

Der Smiley dahinter ließ keine Zweifel offen, worauf er anspielte, und vielleicht hätte es mich mehr stören sollen, aber ich las weiter und was folgte, hatte viel mehr zu bedeuten.

```
Nee, glaube, das ist nichts für mich.
Gehe dann zu Mike, das Spiel schauen.
```

Als ich fertig gelesen hatte, war er nicht einmal mehr online. Vermutlich saß er bereits im Auto und fuhr zu Mike. Möglicherweise ging meine Fantasie aber auch mit mir durch, weil es mich verletzte, dass er nicht zu mir kommen wollte.

Eine Stunde später lag ich ausgestreckt auf meinem Teppich. Links neben mir Lexie und auf der anderen Seite Will. Lex reichte mir den Eimer mit *Ben&Jerrys*, sie hatte mir ein extra großes Stückchen rohen Keksteig übrig gelassen. Das machte sie sonst nie.

»Ich glaube, ich bin einfach zu oft zu traurig«, platzte es aus mir heraus.

»Und ich glaube, du solltest die Klappe halten, wenn du nur so einen Unsinn zu sagen hast.«

»Jedes Mal, wenn irgendetwas schön werden könnte, stehe ich mir selbst im Weg und erinnere mich an Sachen, die ich eh nicht wieder rückgängig machen kann. Ist doch alles nur verschwendete Zeit.«

»Unsinn«, wiederholte sich Lexie.

Mit einem Seufzen ließ ich meinen Löffel wieder in das Eis wandern. Ich war gerade ziemlich genervt von mir selbst. »Aber nimm doch mal die restliche Welt. Jeder läuft glücklich durch sein Leben. Auf jedem

Instagram-Kanal scheint die Sonne, und anscheinend bin nur ich es, die 24/7 unter einer grauen Regenwolke steht.« Ich ahnte, wie Lexie die Augen verdrehte, aber ich sah nicht zu ihr, weil Will sich einschaltete.

»Du darfst nicht vergessen, dass in dieser Welt, in der Selbstdarstellung und der äußere Schein das Wichtigste sind, es nicht mehr so wirkt, als hätte jeder seine Probleme und Schwierigkeiten. Aber unter der Oberfläche sieht das ganz anders aus. Jeder Mensch hat seine ganz eigenen Baustellen und Schwächen. Aber jeder hat auch seine Stärken. Und die hast du auch, und du musst lernen, das zu akzeptieren.« Es war erstaunlich, wie Will es immer wieder schaffte, die Dinge auf den Punkt zu bringen.

»Du hast dich entwickelt«, führte Lex das Gespräch weiter, während ich stetig das Eis in mich hineinschaufelte.

»Bin ich jetzt ein Pokémon, oder was?«, lachte ich, während ich den nächsten Klumpen Keksteig zu meinem Mund führte.

»Ich bin zwar stolz, dass du noch weißt, dass Pokémons sich entwickeln, aber nein.« Sie stupste mich leicht am Arm an und stieß dabei ein Schnauben aus. Früher hatte sie mich auf der Jagd nach Pokémon quer durch die Stadt gezogen. Früher hieß vor kaum zwei Jahren. »Noch vor wenigen Monaten hättest du dich an einem Tag wie diesem bloß verkrochen. Du hättest David niemals ehrlich gesagt, was los ist, und auch nicht gewusst, wie es dir besser gehen würde. Du hättest in Selbstmitleid gebadet und dich unter der Bettdecke verkrochen.« Ich sah meine beste Freundin an, während sie weitersprach. »Heute kennst du dich selbst viel besser. Deine wirklichen Ängste und die Trauer, der du dich hingeben musst. Und du weißt, wann es bloß dein innerer Schweinehund ist, der einen viel zu großen Schatten wirft, über den du einfach springen musst.«

Keiner sagte etwas. Es war ein Kompliment, das Lexie mir machte. Und ich wusste, sie hatte recht. Irgendwann würde ich hoffentlich auch lernen, Komplimente anzunehmen.

»Themawechsel«, sagte ich tonlos. Ich wollte mich jetzt weder mit meinen Stärken noch meinen Schwächen oder meinen Selbstzweifeln beschäftigen.

»David. Bis eben mochte ich den Kerl noch.« Lexie klang angespannt, während ich mich weiter an dem nur noch halb gefrorenen Eis zu schaffen machte.

»Jetzt sei nicht so streng mit ihm«, nuschelte ich mit halb vollem Mund und runzelte die Stirn. Teilweise, weil ich mich auf das Eis konzentrierte, teilweise, weil ich über das nachdachte, was Lexie gesagt hatte.

»Was soll ich denn sonst dazu sagen?« Sie richtete sich auf und stützte sich auf einen Arm. »Jetzt hilf mir doch mal, Will.« Sie blickte ihn erwartungsvoll an, doch Will stieß nur ein kurzes Lachen aus.

»Aber ganz ehrlich, kaum rafft er, dass da heute nichts läuft und du ihn nicht ranlässt, ist ihm irgend so ein Footballspiel wichtiger?« Sie ließ sich resigniert auf den Rücken fallen.

»Ich weiß nicht ...« Kurz machte ich eine Pause und hörte, wie wir alle einfach nur dalagen, atmeten und nachdachten. »Vielleicht habe ich ihn überfordert.«

»Er sieht dich nicht«, brummte Will und verschränkte die Arme unter seinem Kopf.

»Was?« Jetzt wurde auch Lexie hellhörig und stützte sich auf meinen Rücken, um einen besseren Blick zu haben.

»Er sieht nur das in Em, was er in ihr sehen will.« Will hatte sich immer noch nicht bewegt, starrte weiter an die Decke. »Aber er sieht nicht ›dich‹.«

Ich runzelte die Stirn und war verwirrt.

»Könntest du mir das bitte etwas genauer erklären?«

»Nein.«

»Nein?« Ich stieß Lex sanft von mir und setzte mich in den Schneidersitz.

»Nein«, wiederholte er und blieb tiefenentspannt auf meinem grauen Teppich liegen. Für ihn war alles gesagt.

»Ich finde, dass wir ihm keinen Vorwurf daraus machen sollten. Ich hatte keine Lust auszugehen und er keine Lust herzukommen. Daran ist nichts Verwerfliches, aus dem man jetzt ein großes Ding machen müsste.«

Ich wusste selbst nicht, ob ich es wirklich so sah oder mich gerade selbst belog. Aber heute war nicht der richtige Tag, um tiefgehender darüber nachzudenken.

Kapitel 21

Ich schloss den Ford ab und schritt über den Campus, vorbei an all den Autos und kahlen Bäumen, die die Wege säumten. Kurz stockte ich und musterte den Baum, an dem ich David vor wenigen Monaten das erste Mal gesehen hatte. Dieser Moment wirkte so nah und so unendlich fern zugleich. David machte alles besser. All die Trauer und die unbeantworteten Fragen würden niemals verschwinden, aber David machte es erträglicher. Ich betrat das Hauptgebäude und steuerte direkt die Spinde an, weil David und ich uns dort verabredet hatten. Ich sah ihn bereits auf mich warten.

»Hab dich vermisst«, flüsterte ich ihm von hinten ins Ohr.

David erkannte meine Stimme sofort, drehte sich um, legte seine Arme um mich und beugte sich für einen Kuss zu mir herunter. Seine vollen Lippen pressten sich auf meine, und ich genoss es. Ich teilte seine Lippen mit meiner Zunge und verschränkte meine Hände in seinem Nacken, um ihn ganz für mich zu haben. Es erforderte meine ganze Selbstbeherrschung, nicht mit meiner Hand durch seine Haare zu fahren oder ihm sanft auf seine Unterlippe zu beißen, aber ich wusste, was das mit uns beiden machte, und die Uni war kein Ort dafür. Wir lösten uns voneinander, noch eng aneinandergeschmiegt, und ich kostete jede Sekunde aus, die ich weiter in dieses blaue Universum seiner Augen blickte.

»Darauf habe ich mich schon den ganzen Morgen gefreut«, hauchte er so nah an mir, dass sein Atem an meinen Lippen kitzelte.

Diese Worte waren so leise, dass sie nur mir gehörten. Doch das Lachen von Jason und Mike beendete unsere Zweisamkeit. Schnell lösten wir uns voneinander und standen kurze Zeit später in einer kleinen Runde mit Lexie und Davids Freunden, die ich aus dem *Bronze* bereits kannte. Ich hatte nur Augen für David und hielt seine Hand. Weil er mein Anker war in einer Welt, deren Stürme und meterhohe Wellen täglich an mir zogen und drohten, mich hilflos aufs offene Meer hinauszuziehen. Nur nicht, wenn ich mit David zusammen war. Wenn wir uns so nah waren, dass unsere Grenzen verschwammen und man nicht mehr klar erkennen konnte, wo ich aufhörte und er begann. Weil er mich kannte und ich ihn. Weil wir bedingungslos ehrlich zueinander waren und nur so funktionierten.

»Ach, David, ich werde dich nächstes Semester wirklich vermissen«, sagte Mike.

»Was?« Mein Kopf schnellte herum, und ich fixierte Mike.

»Na, wenn er nach London zieht«, erklärte er mit einem lässigen Schulterzucken, als wäre es selbstverständlich und nicht eine Information, die mir gerade jeden Halt unter den Füßen wegzog.

Ich sah David an und zog ruckartig meine Hand zurück.

»Em ...«, begann er, aber ich zögerte nicht eine weitere Sekunde, machte auf dem Absatz kehrt und stürmte hinaus. David rief meinen Namen, aber es interessierte mich nicht. Erst auf dem Parkplatz stoppte ich und lehnte mich gegen eines der Autos. Mein Herz pochte wild, und ich versuchte, meinen flachen Atem zu beruhigen. Ich spürte das Adrenalin, wie es durch mich hindurchschoss und jede Faser meines Körpers in Alarmbereitschaft versetzte. »Wenn er nach London zieht«, hallten die Worte in meinem Kopf nach. Immer und immer wieder in einer nicht abzuschaltenden Dauerschleife. Ich versuchte zu verstehen, was das für uns bedeutete. Doch viel schlimmer war, dass er mir nichts davon erzählt hatte. Er hatte mir in die Augen gesehen und es mir versprochen. Keine Geheimnisse.

»Em!« David griff nach meinem Arm, aber ich ließ es nicht zu und fuhr wütend herum.

»WAS?!«

»Em ...«, versuchte er es noch einmal. Ich erwartete, dass er verzweifelt aussah. Wie ein klägliches Häufchen Elend darum bettelte, dass ich ihm zuhörte. Doch ich sah kein Elend und keine Verzweiflung. Er wirkte ... genervt. Sein Blick glitt über die Dächer der Autos hinweg.

»Okay, klär mich auf.« Ich klang gefestigt, aber in mir kochte es. »Habe ich da was falsch verstanden? Hat Mike nicht gerade gesagt, dass du nach London ziehst?«

»Ja ... »

»Dann wüsste ich nicht, welches Recht du gerade hast, hier zu stehen und mich genervt anzusehen, als hätte ausgerechnet ich mich unpassend verhalten«, unterbrach ich ihn und spuckte ihm die Worte förmlich vor die Füße.

»Emely ...« Er wollte nach meiner Hand greifen, doch mitten in der Bewegung hielt er inne. »Nein, so war das nicht gemeint. Du hast dich nicht unpassend verhalten. Bitte lass mich das erklären.« Es lag echte Verzweiflung in seiner Stimme, und auch wenn ich voller Wut war, hörte ich mir seine Sicht der Dinge an.

»Okay.« David fuhr sich unsicher durch die Haare und mied dabei meinen Blick. »Mike hat recht, ich soll nach London gehen.« Er blickte auf und sah mich an. Es kostete mich Mühe, nicht an Ort und Stelle wieder loszuschreien. »Und ja, ich habe es dir nicht gesagt, aber ...«

Ich hörte seiner Stimme den Kampf an, der in seinem Inneren wütete.

»Mein Vater hat beschlossen, dass ich nach England auf eine Business School gehen soll, und ich kann absolut nichts dagegen ausrichten. Deshalb London.« Kurz wartete ich ab, ob da noch mehr kam, doch er sprach nicht weiter.

»Ich verstehe jetzt, warum du nach London sollst.« Meine Stimme überraschte mich selbst. Ich sprach ruhig, fast schon kühl. Mit jedem Wort distanzierte ich mich ein kleines bisschen mehr von ihm. »Was ich aber nicht verstehe, ist, warum ich scheinbar die Einzige bin, vor der du dieses Geheimnis bewahrt hast.«

»Weil ich dich beschützen wollte, Em.« Er nahm meine Hand, und diesmal ließ ich es zu. Aber es fühlte sich falsch an.

»Sag mir nur eins.« Mein Blick glitt vom Boden zu ihm, direkt in seine saphirblauen Augen, die für mich einen Teil ihres Glanzes verloren hatten. »Wusstest du es, während du mir gesagt hast, du könntest mir niemals etwas verheimlichen? Während du in meinen Armen gelegen und mir versprochen hast, dass uns so etwas niemals passieren würde? Wusstest du es, als wir beschlossen haben, einmal in unserem Leben etwas nur für uns zu tun? Als du mir versprochen hast, dass wir etwas ändern werden?«

Ich hatte Angst vor seiner Antwort, weil ein Ja alle Worte, die er jemals ausgesprochen hatte, infrage stellen würde. Er brachte es nicht fertig, mir zu antworten, und nickte nur knapp.

»Warum?« Ich stand immer noch regungslos da, ließ zu, dass er meine Hand hielt, während sich meine Augen mit Tränen füllten.

»Zuerst habe ich es dir nicht gesagt, weil ich nicht gehen wollte. Und dann wollte ich damit warten, bis es wirklich entschieden war.« David senkte seinen Kopf, und ich drückte seine Hand.

»Wir schaffen das, Emely. Wir können eine Fernbeziehung führen, und das Geld für Langstreckenflüge ist bestimmt auch kein Problem. Eigentlich will ich zwar hierbleiben, aber ...«

»Ist das dein Ernst?« Ich entriss ihm meine Hand, schaute ihn mit weit aufgerissenen Augen an. »Das hast du ja alles wunderbar geplant.« Ich lachte bitter auf und schüttelte den Kopf.

»Was hast du denn?« David zog die Augenbrauen kraus.

»Was ich habe?!« Ich konnte nicht glauben, dass er mich das wirklich fragte. »Erst verheimlichst du mir etwas, das einfach alles verändert, und jetzt setzt du mich vor vollendete Tatsachen?!« Ich fischte in meiner Tasche nach dem Autoschlüssel, der mir kurz darauf auf den Boden fiel.

»Em, ich will doch nur das Beste für uns.«

»Nein, David. Du weißt vermutlich nicht einmal, was du willst, aber was du gerade tust, hat rein gar nichts mit einem ›uns‹ zu tun.« Ich schnaubte, sah ihn eindringlich an und hob den Schlüssel vom Boden auf, um das Auto zu entriegeln. »Gerade gehst du einfach nur den Weg des geringsten Widerstandes und hoffst, dass ich da irgendwie mitziehe. Dass du nicht ein einziges Mal etwas davon mit mir geteilt hast, mir nicht eine Frage gestellt hast, macht mich traurig, David.«

Ich war verletzt. Nach all dieser gemeinsamen Zeit, nach allem, was wir besprochen und geplant hatten. David setzte an, doch ich wollte ihm nicht länger zuhören.

»Lass gut sein.« Ich winkte ab. »Ich brauche jetzt erst mal ein bisschen Zeit.«

Einen kurzen Moment noch sah ich ihn an, bevor ich ins Auto stieg und ohne ein weiteres Wort davonfuhr.

»Es ist wichtig, dass wir keine Geheimnisse voreinander haben, Em. Denn Geheimnisse können alles kaputt machen. Sie können alles von einem Tag auf den anderen auf den Kopf stellen und dein ganzes Leben verändern.«

Und jetzt hatten ein paar kleine Worte ausgereicht, um alles kaputt zu machen. Weil er all das, was dadurch an die Oberfläche kam, viel zu lange für sich behalten hatte.

Kapitel 22

Die Wanderschuhe fühlten sich ungewohnt an meinen Füßen an. Will lief dicht neben mir über den gefrorenen Weg, der bei jedem unserer Schritte knirschte. Die kniehohen Büsche und langen Gräser, die sich sonst im Wind wiegten, lagen unter einer dünnen Frostschicht, die im Sonnenlicht glänzte.

»Ich weiß wegen David einfach nicht weiter«, sagte ich ratlos und leicht außer Puste von dem stetig ansteigenden Weg, der uns den Mount Amber hinaufführte.

»Sonst wärst du nicht hier.« Will hörte man im Gegensatz zu mir keinerlei Anstrengung an.

Er war heute Morgen mit Wanderschuhen in der Hand bei mir aufgetaucht und hatte mich hierzu überredet. Seit Dads Tod hatte ich meine Wanderschuhe im Schrank verstauben lassen und war nicht mehr auf einen einzigen Berg gestiegen.

»Ich weiß, dass David es nicht böse gemeint hat, aber trotzdem hat er mich damit verletzt. Und jetzt fühlt sich alles mit ihm so komisch an.« Ich ging konzentriert, um nicht wegzurutschen. »Eigentlich wollte er mich nur beschützen«, nuschelte ich in meinen Schal.

»Du bist aber niemand, der beschützt werden muss. Zumindest nicht vor so etwas.« Ich blieb nicht stehen, auch wenn die ungeübten Muskeln in meinen Oberschenkeln danach schrien.

»Vielleicht«, antwortete ich und atmete erleichtert auf, als ein flacheres Wegstück vor uns lag.

»Ich habe keine Ahnung, was ich tun soll, Will«, schnaufte ich und blieb nun doch stehen. Ich drehte mich um und schaute den Berg hinunter, sah den Weg, den wir bereits hinter uns gebracht hatten. Dann wandte ich mich wieder nach vorne zu all den Höhenmetern, die noch vor uns lagen. Das hier war ein Zwischendrin. Der Punkt, an dem man zu zweifeln begann, ob man den ganzen Aufstieg schaffen konnte. Gleichzeitig hatte man Angst aufzugeben, weil man nichts verpassen wollte. Vor allem nicht, wenn man schon so weit gekommen war. Will musterte mich. Sah, wie mein Blick zum Gipfel wanderte und sich nach und nach eine Entscheidung in meinem Gesicht abzeichnete. Ich drehte mich zu ihm, blickte in das warme Braun seiner Augen und lächelte ihn an, während die kühle Bergluft meine Lunge füllte.

»Warum fühle ich mich seltsam, wenn ich an David denke? Warum sind da keine Schmetterlinge mehr, die in meinem Bauch kribbeln?« Fragen über Fragen tanzten in meinem Kopf, so wie es noch vor Kurzem die Schmetterlinge in meinem Bauch getan hatten. »Ist es das jetzt? Dieses Gefühl, wenn man sich an jemanden gewöhnt? Wenn die Beziehung zum Alltag wird? Muss ich mir Sorgen machen?« Ich ließ jedem Gedanken seinen Platz und ließ jeden Zweifel zu einer neuen Frage werden. Ich zog den Reißverschluss meiner dunkelblauen Daunenjacke noch etwas weiter zu.

»Das kannst nur du wissen.« Auch Will klang mittlerweile leicht angestrengt. Ich stieß ein Atemwölkchen aus und schaute ihm nach, bis sich mein Atem mit der eiskalten Luft vermischte und verschwand.

Unsere Schuhe knirschten im Takt, und jeder gelaufene Meter brachte uns weiter und höher, dem Gipfel immer näher.

»Nur du kannst wissen, was sich richtig anfühlt. Du musst zwischen ängstlichem Grübeln und berechtigten Zweifeln unterscheiden«, fuhr Will fort.

Mein Atem ging flach und schnell vor Anstrengung.

»Aber, Em ...« Ich hörte, wie er stehen blieb, also tat ich es ihm gleich. Er hatte die Hände in die Hüften gestemmt, seine geröteten Wangen ließen ihn jünger wirken, und mit der glühenden Stupsnase würde ich ihn später noch aufziehen. Er hielt meinen Blick fest, und ich war gespannt, was er zu sagen hatte, das so wichtig war, dass wir so kurz vorm Ziel noch einmal anhalten mussten.

»Noch vor wenigen Monaten hättest du keine dieser Fragen laut ausgesprochen. Du hättest nicht mit mir geteilt, was in dir vorgeht. Mit niemandem.« Er lachte mich an, und das Strahlen passte zum Schnee, der die Sonne mit einem Glitzern reflektierte.

»Noch vor wenigen Monaten hätte ich auch nicht in Wanderschuhen auf einem Berg gestanden«, gab ich grinsend zurück, drehte mich wieder um und lief weiter.

In mir tobte ein Wirbelsturm, der mich in eine unangenehme Unruhe versetzte. Die Stille der Natur, in der ich nur mich selbst und meine lauten Gedanken hörte, verstärkte das alles nur noch. Ich empfand so viel für David. Wir hatten uns kennen- und vielleicht sogar lieben gelernt, hatten so viel miteinander geteilt. Und dann diese Lüge. Je länger ich darüber nachdachte, desto mehr Situationen drängten sich in meinem Kopf nach vorne, die ich jetzt in einem ganz anderen Licht sah. Wie er mich überredet hatte, mit ins *Bronze* zu kommen, und mich dann verletzt hatte. Wie er nicht zu mir kommen wollte, als es mir schlecht ging. Und wie wir immer noch nicht miteinander geschlafen hatten, weil irgendein Teil in mir, der nicht in Worte zu fassen war, sich dagegen sträubte. Ich wollte die schlechten Dinge nicht einfach vergessen und glücklich zu ihm zurückkehren. Genau so wenig wollte ich aus den Fehlern, die wir beide gemacht hatten, mehr machen als nötig und all das, was wir hatten, einfach wegwerfen. Ich entdeckte neben meinem Schuh ein Schneeglöckchen, das zur völlig falschen Zeit durch die Schneedecke wuchs.

»Em …«, hörte ich es hinter mir keuchen, und ich blieb stehen. Ich fuhr zu Will herum, der auf das ebene Plateau trat, auf dem ich bereits wartete. Jetzt erst realisierte ich, wo wir standen. Ich drehte mich langsam um, legte meinen Kopf in den Nacken, um das graue metallene Gipfelkreuz in voller Größe zu betrachten.

Fast in Zeitlupe drehte ich mich einmal um mich selbst. Ich sah all die Bergketten und weißen Spitzen, die sich in allen erdenklichen Formen auftaten, soweit das Auge reichte. Ich blieb stehen, als ich ganz genau Richtung Norden schaute und das sah, was Dad früher immer das *Glen-Trio* genannt hatte. Er, Cas und ich. Drei Berge, die für sich allein standen und doch eine Einheit bildeten, die man aus dieser fast unendlich wirkenden Ferne erkennen konnte. Sie existierten für sich, hatten jeder eine eigene unverkennbare Form und ihre eigenen Ecken und Kanten. Und doch gehörte einer zu dem anderen. Wenn man auch nur einen Berg außer Acht ließ, fehlte etwas.

Heiße Tränen liefen mir über die Wangen, und der kühle Windzug, der darüber fegte, ließ die Spur, die sie hinterließen, kalt auf meiner Haut brennen. Zögerlich breitete ich die Arme aus, öffnete meine Handflächen und stand einfach nur da. Die Arme ausgebreitet wie ein Vogel, der jeden Moment bereit war, davonzufliegen. Ich schloss die Augen, und die klare Bergluft, die mich umgab, strömte in meine Lunge, und es war wie früher. Ich fühlte mich frei, so unbeschreiblich frei, und konnte alles loslassen. Ich ließ jeden Gedanken los, jeden Zweifel, jedes Gefühl, das mich wie eine Kette an etwas gebunden hatte, von dem ich mich losreißen musste. Ich stand einfach nur da, atmete und ließ alles los.

Seit über einem Jahr lief ich durch schummrige Wolken, die mir die Sicht vernebelten. Doch jetzt, da ich hier oben stand, ließ ich diese Wolken hinter mir. Ich hatte es geschafft und sah das erste Mal seit sehr langer

Zeit wieder klar. Ich wusste jetzt, dass es sich lohnte, für mich und mein eigenes Glück zu kämpfen. Dass ich es selbst schaffen würde, wieder zurück zu mir zu finden. Und wenn ich jemals daran zweifeln sollte, würde ich einfach wieder genau hierher kommen und mich an diesen Moment erinnern. Nach einem letzten tiefen Atemzug drehte ich mich um und schaute Will an, der die ganze Zeit keinen Ton gesagt hatte.

»Alles gut?« Seine Augenbrauen hoben sich leicht, die Sorge in seinem Blick war nicht zu übersehen.

»Es könnte nicht besser sein.« Ich brach in schallendes Lachen aus, stürmte auf Will zu und stürzte mich in seine Arme. Er fing mich auf und wirbelte mich herum. Nachdem er mich abgesetzt hatte, ließen wir die Aussicht ein letztes Mal auf uns wirken. Ich hatte immer geglaubt, es gäbe kein Wort, das ausdrückte, was man hier oben fühlte. Aber ich hatte mich geirrt. Es gab ein Wort, acht Buchstaben. Freiheit.

Kapitel 23

Meine Beine fühlten sich schwer an. Die Wanderung steckte noch in jedem meiner Muskeln, aber war nicht der Grund, warum ich zögerte, durch diese Tür zu gehen. Der klare Blick, den ich seit gestern auf alles hatte, war noch nicht verschwunden. Ich hatte erkannt, dass es zum Leben dazugehörte, jemandem zu verzeihen, der einem wichtig war. Trotzdem fiel mir das bevorstehende Gespräch nicht leicht. Nicht weil ich mir nicht sicher war, sondern weil es David verletzen würde.

»Hey.« Ich klopfte sachte an der dunklen Holztür und schob sie dabei zögerlich zur Seite.

David blickte von seinem Schreibtisch auf und klappte den Laptop zu. Er stand auf und kam mit diesem bezaubernden Lächeln auf den Lippen auf mich zu. »Hey!« Er nahm mich in den Arm und gab mir einen Kuss.

Ich spürte, dass er mehr wollte, dass das keine flüchtige Berührung zur Begrüßung war, doch ich blieb fast regungslos stehen und erwiderte den Kuss kaum. Am liebsten hätte ich ihn gar nicht erwidert, doch ich wollte

David nicht an Ort und Stelle das Herz brechen. Er stockte und trat einen Schritt zurück, hielt mich dennoch an den Schultern und schaute mir in die Augen. Ich zögerte eine Sekunde, drohte, mich in dem unendlichen Blau seiner Augen zu verlieren. Seine Mundwinkel zuckten kaum merklich, während er mich Zentimeter für Zentimeter musterte, scheinbar auf der Suche nach etwas. Etwas, das ihm erklärte, wieso meine Augen ihn so traurig ansahen und nicht einmal sein Lächeln mein Gesicht erhellte.

»Ist alles okay?« Er klang besorgt und strich mir eine Strähne meiner braunen Wellen aus dem Gesicht. Sanft fuhr sein Daumen über meine Schläfe, und ich spürte seine raue Haut, die noch etwas länger auf mir ruhte.

»David ... Ich ...«, begann ich, nahm seine Hände in meine und streifte sie von meinen Schultern. »Ich ...«, setzte ich noch einmal an, doch ich konnte die Worte, die ich mir bereitgelegt hatte, nicht aussprechen.

Seine Augen verloren ihr Strahlen, und er presste unsicher die Lippen aufeinander. Ich fuhr mir durchs Haar und schloss die Augen. In meinen Gedanken war es einfacher gewesen. Nur jetzt, während er hier vor mir stand, es ernst und real wurde, wog alles viel schwerer. Jedes noch so bedacht gewählte Wort würde den Mann, den ich geglaubt hatte zu lieben, verletzen.

Ich atmete tief ein und sah David an, der nur dastand, mich aus großen Augen ansah und immer noch nicht begriff, was los war. Keiner meiner vorbereiteten Sätze half mir. Das hier musste ich dennoch schaffen. Ihm zuliebe. Und mir zuliebe.

»David, ich kann das so nicht«, war das Erste, was ich hervorbrachte. Leise und Wort für Wort. Sein Mund öffnete sich leicht, aber es dauerte einen Moment, bevor er sprach.

»Du kannst was nicht?« Jedes seiner Worte klang abgehackt.

»Du und ich, David. Das kann ich so nicht mehr.«

»Emely ...«, versuchte er es, doch ich wollte ihn noch nicht anhören. Er sollte mich erst ausreden lassen, mich besser verstehen. Er sollte noch nicht verzweifelt meinen Namen sagen, weil er glaubte, noch eine Chance zu haben, mich umzustimmen.

»David.« Ich nahm seine Hand, aber es fühlte sich anders an als in den letzten Wochen.

Bereits nach so wenigen Worten war nichts mehr so wie vorher. Jedes Wort setzte einen neuen Stein auf die Mauer, die wir gerade zwischen uns errichteten.

»Das hier, das geht nicht mehr.« Ich sprach ruhig und bedacht. »Ich habe so viel in uns gesehen, was eigentlich gar nicht da war. Ich ...« David entriss mir seine Hand, und ich erkannte eine ganze Palette von Emotionen in seinem Gesicht. Welchen würde er sich hingeben? Wut, Trauer, Verzweiflung?

»Aber ich liebe dich, Em!«, schrie er fast. Ich liebe dich. Er liebte mich. Drei kleine Worte, die er bisher noch nie zu mir gesagt hatte. Erst jetzt, als ich mit ihm Schluss machte, schrie er mir voller Verzweiflung ins Gesicht, was er glaubte, für mich zu empfinden.

»Nein«, sagte ich tonlos, obwohl es in mir tobte. Alles in mir sträubte sich gegen diese Entscheidung, mein

Körper sehnte sich nach Davids starken Armen, die mich hielten. Aber ich wusste, es war der richtige Weg für mich. Und ich war mir sicher, dass es keinem von uns etwas brachte, in diese emotionale Ekstase zu verfallen, auf die David gerade zusteuerte.

»Nein?« Seine Hände ballten sich zu Fäusten, und seine Augenbrauen zogen sich zusammen. Wut.

»Nein. Zumindest nicht so, wie ich Liebe verstehe.« Langsam ging ich einen Schritt auf ihn zu, und er erlaubte mir, diese Nähe zu suchen, obwohl wir gerade dabei waren, uns voneinander zu entfernen. »Liebe ist für mich bedingungslose Akzeptanz. Den anderen für das zu lieben, was er ist.« Ich atmete ruhig. Ein und aus. Zählte bis drei und bremste mich. Ich gab ihm Zeit, all das sacken zu lassen, was er von mir zu hören bekam, bevor ich weitersprach. »Liebe ist, füreinander da zu sein, nicht nur wenn die Sonne scheint, sondern auch wenn es mal regnet. Liebe bedeutet Ehrlichkeit. Liebe bedeutet, alle Geheimnisse des anderen zu kennen und ihn nicht dafür zu verurteilen«, sagte ich, so ruhig, wie es mir möglich war.

Davids Augen wurden groß, und er machte zwei Schritte auf mich zu.

»Darauf läuft es also hinaus? Dass ich dir London verschwiegen habe?«, schrie er mit zittriger Stimme. Seine Stirn legte sich in tiefe Falten.

»Nein, David. London war nur der Tropfen, der das Fass zum Überlaufen gebracht hat. Nur dass ich bis dahin ignoriert hatte, dass es dieses Fass überhaupt gab.« Ich blieb stehen, ließ ihn wissen, dass diese bedrohliche Nähe mir nichts ausmachte. »London hat mir die Augen geöffnet. Wie kann blindes Vertrauen dort existieren, wo solche Lügen Platz haben?«

»Aber ich wollte dich doch nur beschützen!« Verzweifelt hob er die Hände. Ich blieb weiterhin gefasst, bedacht darauf, nicht kühl zu wirken. Ich wollte ihm nicht das Gefühl geben, all das würde mir nichts ausmachen. Immerhin beendete ich gerade eine Verbindung, die mir viele glückliche Momente beschert hatte.

»Und du weißt selbst, dass keiner von uns beiden beschützt werden muss. Dass wir uns bedingungslose Ehrlichkeit nicht einfach so ohne Grund geschworen haben, David.«

»Ich glaube das einfach nicht.« Resigniert setzte er sich auf die Bettkante, die Hände auf den Oberschenkeln abgestützt. Er gab sich selbst Halt, weil ich das gerade nicht konnte. Im Gegenteil: Ich zog ihm gerade den Boden unter den Füßen weg.

»Es tut mir leid, David, wirklich. Aber ich kann das nicht. Ich kann nicht mit dir zusammen sein, wenn ich weiß, dass ich dich nicht mehr liebe.« Ich musste das jetzt zu Ende bringen, auch wenn das bedeutete, dass meine Augen sich bereits mit Tränen füllten, weil ich Davids Schmerz fühlen konnte, als hätte ich ihn mir gerade selbst zugefügt. »Ich kann das nicht, wenn in meinem Kopf eine Pro-und-Contra-Liste existiert, und ich bitter hoffe, die gute Seite möge gewinnen. Ich sollte mit einem Kribbeln im Bauch an dich denken, jede Minute mit dir verbringen wollen und das Gefühl haben, du bist mein sicherer Hafen, mein Zuhause. Aber das habe ich nicht mehr.«

»Nicht mehr?«, wiederholte er und schaute auf, mit einem letzten Funken Hoffnung in seinen dunklen Augen, der glomm wie das Licht eines Leuchtturms inmitten eines tosenden Ozeans.

»Nicht mehr«, wiederholte auch ich langsam und war mir bewusst, was das bedeutete. Sprach mit Verzögerung zwei Worte aus, die alles sagten. »Ich weiß, keiner von uns hat es jemals gesagt, aber ich bin mir sicher, da war etwas. Und für einen kurzen Moment habe ich geglaubt, es war Liebe. Wir haben uns gefunden, als wir einander dringend brauchten, wir haben durch den anderen so viel über uns selbst herausgefunden und für uns gelernt. Und diese Zeit möchte ich nie mehr missen.« Ich ließ ihn nicht aus den Augen. Den Leuchtturm fest im Blick, wissend, dass ich gleich dabei zusehen würde, wie sein letztes Licht erlosch.

»Aber nicht mehr. Wir haben beide Fehler gemacht und uns beide weiterentwickelt. Überleg doch mal, vor wenigen Monaten hätte ich all das hier nicht gesagt. Ich hätte diese Entscheidung nicht einmal treffen können, wäre zu keinem klaren Gedanken fähig gewesen. Und auch du hast dich entwickelt. Du weißt, was du willst, und du bist kurz davor, dich zu trauen, dazu zu stehen. Du stehst kurz vor einem der wichtigsten Kämpfe in deinem Leben. Du musst dich gegenüber deinem Vater emanzipieren. Und das kannst du nur allein.«

David mahlte mit dem Kiefer. Etwas arbeitete in ihm. Behutsam ging ich auf ihn zu und setzte mich neben ihn auf die Bettkante.

»Das kann man niemandem von uns vorwerfen. Das ist das Leben. Aber jetzt müssen wir unsere Wege allein weitergehen. Ich bin an einem Punkt in meinem Leben, an dem es wichtig ist, allein voranzukommen, und wenn ich bei dir bleibe, obwohl das nicht richtig wäre, ist es wie eine Kette, die ich mir selbst umlege und die mich von alldem abhält, was ich erreichen könnte.« Kurz dachte ich, damit sei alles gesagt, doch da war noch mehr. Ich konnte nicht mit den Sätzen enden, in denen ich ihn als eine Last bezeichnete.

»Du warst mein Fels in der Brandung, David. Du warst mein Anker. Du hast mich durch Stürme getragen und dafür gesorgt, dass ich nicht hilflos aufs offene Meer hinausgetrieben bin.« Ich stockte und atmete tief ein, während mein Blick zu der Kommode glitt. Zu den Fotos von uns beiden, die er zwischen seine Zeichnungen gehängt hatte. Bilder von gemeinsamen Momenten, die mich einmal mehr an alles erinnerten, was wir miteinander geteilt hatten. »Aber ich brauche keinen Anker mehr. Weil ich wissen will, wie das offene Meer ist. Weil ich herausfinden muss, was mich dort erwartet, und ich das mit einem Anker, der mich hier an Ort und Stelle hält, der nicht zulässt, dass ich unbekannte Weiten sehe, nicht kann.«

Ich schwieg. Ich hatte fast alles gesagt, was ich sagen wollte, und nun war es an David, damit umzugehen. Ein kurzes sarkastisches Schnauben entwich ihm.

»Hmm, also machst du Schluss mit mir.« Ungläubig schüttelte er den Kopf, und gleichzeitig lag eine Resignation in jeder Bewegung. Er wusste, dass er mich verloren hatte. Auch wenn er mich nie besessen hatte.

»Ja. Aber glaub mir, das ist kein Schlussmachen aus Rache oder weil ich dir einen Fehler nicht verzeihen konnte.« Ich nahm seine Hand. Eine letzte Geste der Zweisamkeit, die es ab jetzt nicht mehr geben würde. Aber in diesem Moment, in dem ich das zwischen uns beendete, musste ich ihm nah sein. »Ich habe erkannt, dass ich etwas gesehen habe, das da nie war. Weil ich es mir so sehr gewünscht habe, dass ich meine Augen vor der Realität verschlossen habe. Und ich glaube, du kannst mich nicht wirklich lieben, wenn du dich nicht einmal selbst liebst.« Es waren harte Worte, aber sie waren notwendig.

»Vielleicht kannst du das jetzt alles nicht verstehen. Und vielleicht wirst du mich auch eine Weile hassen, wenn ich aus dieser Tür gehe, weil ich diese Entscheidung einfach so für uns beide getroffen habe. Aber ich hoffe, dass du es eines Tages genauso sehen kannst wie ich. Dass das hier das Beste für uns beide ist. Dass das hier deine Chance auf dein eigenes Leben ist.«

Kapitel 24

Die Teppichfransen fühlten sich anders an. Ich hatte schon so oft hier gelegen, auf dem grauen Teppich inmitten meines Zimmers, und an die weiße Decke gestarrt, doch heute fühlte es sich anders an. Alles fühlte sich anders an. Lexie lag bereits minutenlang neben mir, ohne etwas zu sagen. Genauso wie Will. Unsere Köpfe berührten sich fast in der Mitte des Teppichs. Unsere Blicke waren auf die Decke gerichtet, an der wir schon so oft nach Antworten gesucht hatten.

»War es richtig, mit David Schluss zu machen?« Meine Stimme klang unsicher, obwohl ich das eigentlich nicht war.

»Ja.« Lexie klang überzeugt.

»Ja, das war es«, meinte auch Will. Sie klangen beide so sicher, während meine Gedanken mal wieder Achterbahn fuhren.

»Warte mal.« Lexie drehte ihren Kopf zu Will und zog verwundert ihre Augenbrauen zusammen. »Bist du nicht sonst der Typ für stundenlanges Schweigen, der dann am Ende einen unfassbar weisen Rat raushaut, der dann als Postkartenspruch verkauft wird?« Lexies Lippen kräuselten sich, und doch lag da ehrliche Verwunderung in ihrem Blick.

»Du magst es kaum glauben, aber auch ich habe manchmal recht schnell eine Meinung zu Dingen.« Will lachte. Die Hände hinter dem Kopf verschränkt, den Blick immer noch an die weiße Decke gerichtet, die uns allen so vertraut war. Über uns kreisten die Gedanken wie zarte Wölkchen.

»Ich frage mich nur«, begann ich, und meine leise Stimme inmitten der Stille war wie ein erstes fernes Donnergrollen, das durch die Berge fegte, kurz bevor das Gewitter sich mit Macht entlud, »ob ich nicht etwas wirklich Wertvolles aufgegeben habe?«

»Glaubst du wirklich, dass es ein Fehler war, mit David Schluss zu machen, oder bist du dir jetzt einfach nur unsicher, weil du nicht weißt, wie es weitergeht?« Da war er wieder. Will, der schwieg und zuhörte und im richtigen Moment genau die richtigen Fragen stellte.

»Ich habe mich wie in Ketten gefühlt«, sagte ich, in Erinnerung an das befreiende Gefühl, nachdem sie endlich von mir abgefallen waren. »Ich hab die Ketten erst gar nicht bemerkt. Und vielleicht ist es nicht fair gegenüber David, ihn für die Ketten verantwortlich zu machen. Vielleicht habe ich sie mir selbst angelegt. Oder wir beide zusammen. Ich weiß nur, dass ich irgendwann nicht mehr glücklich war.«

»Siehst du.« Das war alles, was Will dazu sagte.

Es zählte nicht, was Will tun würde oder Lexie. Es lag an mir. Letztendlich zählte nur diese Stimme, die eigentlich schon immer gewusst hatte, was richtig war. Die ich so lange ignoriert hatte, und auf die ich jetzt langsam zu hören lernte.

»Wäre es jetzt nicht an der Zeit für eine richtig klischeehafte Veränderung?«, fragte Lexie enthusiastisch.

»Was?« Ich drehte mich auf meine linke Seite und stützte meine Hand flach auf dem grauen Teppich ab.

»Na, nach so großen Einschnitten oder Erlebnissen, verändert man doch immer etwas.« Sie hob ihre Hände und gestikulierte wild in der Luft herum, in der Hoffnung, ich könnte dadurch sehen, was sich gerade in ihrem Kopf abspielte. »Du könntest dir die Haare pink färben!« In ihren Augen lag ein fröhliches Funkeln.

»Das hättest du wohl gerne!« Lachend legte ich mich wieder auf meinen Rücken, und für einen kurzen Augenblick stellte ich mir vor, wie ich wohl mit pinken Haaren aussehen würde. Aber ich wollte nicht so eine radikale Veränderung. Das tat man, wenn man das alte Ich hinter sich lassen wollte, die Vergangenheit vergessen. Mit einem klaren Schnitt das Neue vom Alten trennen, nicht nur für sich selbst, sondern auch äußerlich für jeden sichtbar. Ich bereute die Vergangenheit nicht, ich wollte David nicht vergessen.

»Du könntest aber wirklich etwas für dich tun. So richtig nur für dich.« Will klang gleichzeitig gedankenverloren und nachdrücklich.

»Dich zum Beispiel 200 Prozent auf deinen Blog konzentrieren.« Lexies Vorschlag kam aus dem Nichts, und ich musste lachen. Aber sie hatte meine Aufmerksamkeit.

»Ja nee, ist klar«, antwortete ich. Das war zwar eine süße Vorstellung, aber nichts, was ich ernsthaft in Betracht ziehen konnte.

»Nein, wirklich.« Lexie hob die Augenbrauen und nickte. »Du könntest es wirklich einfach mal probieren. Du hast doch schon einen Fuß in der Tür beim Verlag, und du hast Erfahrung.« Jetzt wurde auch Will hellhörig, und ich richtete mich auf, um Lexie anzusehen.

»Übrigens bekomme ich bald den Spitzentitel des Frühjahrsprogramms zugeschickt und soll mein Zitat dazu abgeben«, erzählte ich aufgeregt.

»Siehst du!«, platzte es aus Lexie heraus.

»Ich könnte mich zum Beispiel für ein Semester beurlauben lassen. So ganz offiziell. Und dann hätte ich ein halbes Jahr Zeit herauszufinden, was ich will und ob das mit dem Bloggen so klappt, wie ich es mir vorstelle.« Die Euphorie packte mich, und mein Kopf sprudelte voller Ideen. Es war so verlockend. Einfach mal machen.

»Okay«, sagte ich, und kaum hatte ich es ausgesprochen, erfüllte die Freude mich komplett.

»Okay?« Will schaute mich verwundert an.

Meine Spontaneität überraschte ihn anscheinend, aber warum nicht einfach mal meinem Bauchgefühl das Steuer überlassen und mich treiben lassen? Ich würde schon herausfinden, wo der Wind mich hintrieb, wenn ich mich nicht mit aller Kraft dagegen sträubte. Wenn mich kein Anker festhielt und das offene Meer auf mich wartete. Dieser Impuls war unbekannt und neu und anders. Aber anders war nicht immer schlecht.

Manchmal war loslassen genau das, was man brauchte, um dort anzukommen, wo man schon immer hinwollte.

»Antrag auf ein Urlaubssemester« stand auf meinem Laptop-Bildschirm. Ich füllte ein kurzes Formular aus, um die ganzen Stapel an Papier zu beantragen, die ich zur Umsetzung meines Vorhabens brauchte, ausfüllen und unterschreiben musste. Meine Computermaus schwebte einen Augenblick über dem Abschicken-Button, und kurz fragte ich mich, was Cas dazu sagen würde, wenn sie mich jetzt hier so sehen würde. Aber der Gedanke an ihre Reaktion machte mir erstaunlicherweise nichts aus. Ich tat hier etwas nur für mich. Etwas, das ich unbedingt wollte und bei dem mir niemand etwas vorzuschreiben oder vorzuhalten hatte. Kurze Zeit später tapste ich in Hausschuhen das kühle Treppenhaus entlang und leerte unseren Briefkasten. Noch bevor ich wieder auf den Flur trat, schaute ich einmal jeden Brief durch. Ich seufzte enttäuscht, als wieder keine Antwort meiner Mutter dabei war.

Dafür hatte Lucy von Peak Press geschrieben. Ich legte die Briefe für Cas auf die Kommode im Flur und öffnete den Umschlag. Ich hielt einige mit einer Heftklammer zusammengehaltene Seiten in der Hand, auf denen in Großbuchstaben VERTRAG geschrieben stand. Grinsend hüpfte ich auf und ab und konnte es gar nicht erwarten zu unterschreiben. In meiner Jeanstasche vibrierte mein Handy mit einer Nachricht von Lexie.

`Wie geht's dir?`

Ich wusste sofort, dass sie auf David anspielte.

`Gut.`

Ich antwortete zügig und schob sofort ein weiteres Wort hinterher.

`Wirklich.`

Jeder Tag bestärkte mich aufs Neue, dass es für David und mich die richte Entscheidung war, unsere Beziehung zu beenden.

Ich hatte mich lange danach gesehnt, von jemandem geliebt zu werden. Jemanden zu haben, der all die Leere in mir füllte und der mich wieder ganz machte. Jemanden, der mich glücklich machte. Es hatte ein paar Tage gedauert, bis ich vollkommen begriffen hatte, dass David nicht dieser Jemand war. Und dass es niemals jemand anderes sein würde, der mich ganz machen würde, sondern immer nur ich selbst. Eine Beziehung war nicht der einzige Weg, um sich geliebt zu fühlen und glücklich zu werden. »Du kannst mich nicht wirklich lieben, wenn du dich nicht einmal selbst liebst«, hatte ich zu David gesagt. Das Gleiche traf auf mich zu. Aber ich arbeitete daran. Und ich war gespannt, wie es war, mich selbst zu lieben. Eine neue Nachricht von Lexie traf ein.

Wir sehen uns später bei Will!
☺

Ich schickte einen Smiley zurück und freute mich auf unseren gemeinsamen Abend.

Ich saß auf Wills heller Couch, während er aus der kleinen verwinkelten Küche Gläser für uns holte.

»Die Stelle, wo er die ganze Flasche Olivenöl trinkt«, rief Will durch den langen beige gefliesten Flur. Ich legte zwei Servietten zu unserem Besteck und freute mich schon sehr auf die cremigen Nudeln, die in den To-go-Boxen vor sich hin dampften. Auf dem Weg zu ihm war ich beim *Basil* vorbeigegangen und hatte uns Abendessen besorgt. Eigentlich wollte auch Lexie dazukommen, aber ihr Date entwickelte sich wohl besser als erwartet.

»Oh, definitives Ja. Diese Stelle im Buch ist großartig!« Ich fuchtelte mit der Gabel in der Luft herum. »Aber es gibt noch so viele geniale Stellen, wir würden ewig hier sitzen, wenn ich sie dir jetzt alle aufzähle.« Will nickte im Türrahmen stehend. Er hatte *Das größere Wunder* gerade erst beendet und es genauso geliebt wie ich.

»Was ist für dich die tragischste Liebesgeschichte?«, fragte ich Will, der sich neben mich an den gläsernen Couchtisch setzte. Ich kaute auf meinen Nudeln und dachte darüber nach, mit welchem Buchtitel ich diese Frage beantworten würde.

»Das Leben.« Will schnaubte sarkastisch und gabelte einen großen Schwung Nudeln auf.

»Das gilt nicht, und das weißt du selbst.« Ich schürzte die Lippen. Will musterte mich und schob keine weitere Antwort nach. Kurz herrschte Stille, doch er hatte mein Interesse geweckt.

»Wieso?«

»Na ja ... Ich finde, man sagt nicht umsonst, das Leben schreibt die besten Geschichten.«

Ich boxte ihm leicht in den Arm und lachte. »Es mag dir jetzt wie ein Schock vorkommen, aber ausnahmsweise lasse ich Sprüche, die du aus Glückskeksen klaust, nicht zählen.«

Jetzt musste auch Will lachen und sah mich dabei mit seinen tiefbraunen Augen so intensiv an, dass wir beide auf einen Schlag verstummten.

Will räusperte sich und schaute auf seine Gabel. »Ich bin mir sicher, dass es jede Liebesgeschichte, jede tragische Wendung und jede Konstellation von Liebenden schon einmal genau so im echten Leben gegeben hat.« Er starrte weiter auf seine Gabel und bemerkte deshalb das Fragezeichen auf meinem Gesicht nicht einmal, während er weitersprach.

»Ich glaube nicht, dass irgendeine Geschichte auf dieser Welt erfunden ist.« Will blickte auf und sah mich wieder an.

»Du sagst also, dass jede Geschichte eigentlich wahr ist?«

»Nein.«

»Nein?«

»Nein«, wiederholte Will noch mal und schüttelte sachte den Kopf.

»Okay, das musst du mir jetzt erklären. Irgendwo unterwegs bin ich definitiv aus dieser Konversation ausgestiegen.« Ich zog meine Beine an und machte es mir auf der Couch bequem.

»Nur weil etwas nicht erfunden ist, muss nicht gleich alles wahr sein.« Will fuhr sich durch seine dunklen Haare und räusperte sich.

»Oh klar, jetzt versteh ich's!« Ich nickte euphorisch.

»Wirklich?«

»Nein«, entgegnete ich trocken und sah, wie sich die Andeutung eines Lächelns auf Wills Gesicht stahl.

»Ich glaube, dass keine Geschichte wirklich erfunden oder neu ist. Alles gab es schon mal irgendwo so. Vielleicht musst du etwas abstrakter denken. Ich sage ja nicht, dass die ganze Welt von *Game of Thrones* real ist oder es Drachen gibt. Aber ich sage, dass sich sicher irgendwann und irgendwo auf dieser Welt zwei Geschwister geliebt haben und die eine oder andere verbotene Sache getan haben.«

Ich ließ die Worte sacken und konnte Will tatsächlich folgen, während er seine Argumentation unbeirrt weiterführte.

»Leute schreiben angeblich eher über etwas, das sie gut kennen, weil es die Geschichte vermeintlich authentischer macht. Auch wenn es vielleicht nur die Gefühle sind und nicht die exakte Story, die man am Ende liest.«

»Natürlich«, sagte ich lachend, bei Will klang das alles so selbstverständlich.

»Ich will damit sagen, auch wenn ein Autor oder eine Autorin davon ausgeht, gerade die beste und neueste

Liebesgeschichte auf der ganzen weiten Welt zu erfinden, ist das nicht wirklich so, weil es sie bereits gibt.« Will entspannte sich, doch mich ließen diese Gedanken nicht los.

Ich rutschte auf der Couch herum und sah ihn leicht verwundert an. »Aber gehen wir mal davon aus, dass der Autor oder die Autorin nichts davon weiß. Dann ist die Geschichte doch trotzdem erfunden, oder etwa nicht?« Ich musterte Will.

»1:0 für dich«, sagte er leise, und ich grinste verschmitzt über den kleinen Sieg, den ich gerade errungen hatte.

Ich räumte die Teller zusammen und wollte gerade aufstehen, als ich hörte, wie die Wohnungstür geöffnet wurde. Mein Blick ging verwundert zu Will, der mich auch fragend ansah. Mit den Tellern in der Hand folgte ich ihm in den Flur. Die Tür schwang auf. Lexie trat ein und lächelte uns an.

»Oh, hey!« Sie streifte die Schuhe von ihren Füßen und hing ihre Jacke an den Haken, während Will und ich ihr schweigend zusahen.

»Was ist?« Mitten in ihrer Bewegung hielt sie inne. »Ihr wusstet doch, dass ich etwas später komme.«

Will regte sich noch nicht, während mir bereits das breite Grinsen auf den Lippen lag.

»Wir dachten nur, dass du normal klingeln würdest, so wie immer.« Ich schüttelte den Kopf. Lexie kam auf mich zu und umarmte mich flüchtig, wobei sie aufpasste, nicht gegen die Teller in meinen Händen zu stoßen.

»Aber wieso denn, das wäre doch völlig langweilig. Das wäre so ... normal.« Ihre blonden Haare fielen ihr über die Schultern, während sie sich noch einmal umdrehte und ihren Rucksack vom Boden aufhob.

»Stimmt, als ob du dir jemals so einen Auftritt nehmen lassen würdest.« Ich lachte laut, und Lexie funkelte mich aus ihren hellen Augen heraus an.

»Woher verdammt noch mal hast du diesen Schlüssel?!« Will fuchtelte mit den leeren Essenskartons in der Luft herum.

Lexies Blick glitt zwischen uns beiden hin und her. »Den hast du mir doch gegeben«, sagte sie völlig selbstverständlich.

»Was? Hab ich garantiert nicht!« Will trat einen Schritt nach vorne. »Scheinbar auch aus gutem Grund.«

Ich lachte und stellte mir vor, wie Lexie mitten in der Nacht in Wills Wohnung schlich.

Lexie baute sich vor Will auf und stemmte die Hände in die Hüften. »Natürlich! Marvel-Abend vor zwei Wochen. Wir haben Cocktails getrunken! Da hast du gesagt: ›Ach Mensch, ich hab noch den Ersatzschlüssel hier liegen, den muss ich noch jemandem geben.‹ Also ich daraufhin: ›Den nehme ich.‹ Du dann so: ›Ja, geht klar.‹« Lexie sprach unglaublich schnell, und ich konnte ihr kaum folgen, während sie die verschiedenen Stimmen imitierte und ich versuchte, mich an den Abend zu erinnern.

»Das war ein Witz. Das war Sarkasmus, und das weißt du ganz genau. Du sprichst ja kaum etwas anderes«, entgegnete Will.

Lexie schwieg, und ich konnte ihr ansehen, dass Will recht hatte. Sie wusste, dass alles nur ein Spaß gewesen war, hatte sich den Schlüssel aber wohl trotzdem ohne Wills Wissen geschnappt. Sie bemühte sich sichtlich darum, nicht in schallendes Lachen auszubrechen.

»Na gut, dann hätten wir das ja jetzt auch geklärt.« Lexie drehte sich um und wollte ins Wohnzimmer gehen, doch Will hielt sie mit einer Hand an ihrer Schulter auf.

»Da du den Schlüssel jetzt eh schon hast ... Aber bitte, komm wenigstens nicht mitten in der Nacht, wenn du betrunken bist.« Will sah sie eindringlich an.

»Und was ist, wenn ich tagsüber betrunken bin?« Lexie lachte und ging an uns vorbei ins Wohnzimmer, während Will sich durch die Haare fuhr.

»Wieso, Lexie? Wieso?«, rief er ihr nach, während Lexie es sich vermutlich bereits auf der Couch bequem machte.

Ich brachte das Geschirr in die Küche und drehte den Wasserhahn auf. Will schnappte sich ein Geschirrtuch.

»Dir ist klar, dass sie dir den Schlüssel zurückgibt, wenn du ihr das sagst?« Ich gab ein bisschen Spülmittel auf den Schwamm und putzte das Besteck.

»Na klar«, Will lachte kurz auf »aber ich vertraue ihr. Wenn sie ihn sich nicht genommen hätte, hätte ich ihn ihr vermutlich sowieso irgendwann gegeben.«

»Falls es dich beruhigt, meinen Ersatzschlüssel hat sie auch.« Ich legte das Besteck zum Abtropfen zur Seite.

»Will«, begann ich und hielt kurz inne.

»Hmm?« Er ließ das Geschirrtuch sinken und schaute mich an.

»Was ist, wenn die Geschichte gar nicht von Liebe handelt?«, kam ich auf unser Gespräch von vorhin zurück und hoffte, er würde mir folgen können. Für einen winzigen Augenblick herrschte Stille, doch er hielt meinen Blick fixiert.

»Jede Geschichte handelt von Liebe, Em. Ausnahmslos jede.«

Kapitel 25

Ich drehte den Schlüssel im Schloss, und die Wohnungstür sprang mit dem gewohnten Klacken auf. Meine Schuhe stellte ich mittlerweile fast automatisch ordentlich an den dafür vorgesehenen Platz. Musik dröhnte aus der Küche, und ich war mir sicher, dass ich Cas hörte. Cas, die den neuesten Song von Selena Gomez mitsang und sicher auch dazu tanzte. Ich drückte die Tür hinter mir etwas fester zu als nötig, damit sie laut ins Schloss fiel. Sofort hörte ich, wie die Musik leiser gedreht wurde. Ich schritt gerade den Flur entlang, da streckte sie ihren Kopf aus der Küchentür, um mich zu begrüßen.

»Wie war die Uni?« Sie grinste mich an und verschwand direkt wieder in der Küche. Vermutlich um irgendwas umzurühren, das gerade auf dem Herd stand und Gefahr lief anzubrennen.

»Ganz okay. So wie immer«, rief ich ihr hinterher und folgte ihr in die Küche.

Ich ließ mich auf einen Stuhl fallen, stützte meine Ellbogen auf dem runden Tisch ab und legte meinen Kopf in die Hände, damit ich ihn nicht mehr aus eigener

Kraft halten musste. Wobei ich das streng genommen immer noch tat, auch wenn es jetzt andere Muskeln waren, die ich beanspruchte.

»Em?« Cas schnipste vor meinem Gesicht. »Du hörst schon wieder nicht zu. An was denkst du gerade?«

»Nackenmuskeln«, antwortete ich gedankenverloren.

Cas sah mich verwundert an. Ich winkte ab. Cas richtete ihre Aufmerksamkeit wieder auf ihre Töpfe.

Wir schwiegen, und ich war mir noch nicht sicher, welche Art der Stille das gerade war. Eine Stille, die zwischen zwei Menschen herrschte, die sich verstanden, ohne permanent miteinander zu reden. Oder eine unangenehme Stille, in der niemand aussprach, was er dachte, aus Angst, den anderen zu verletzen. Das hier war weder ganz die eine noch ganz die andere Art. Es war eher ein Abwarten, ein zarter Übergang.

Seit ich Cas vor wenigen Tagen erzählt hatte, dass ich mit David Schluss gemacht hatte, gab es immer wieder solche unangenehmen Situationen zwischen uns. Situationen, die niemand wirklich beschreiben konnte und die von außen betrachtet vielleicht völlig normal wirkten. Und doch konnte ich spüren, dass etwas nicht stimmte. Dass seit wenigen Tagen etwas aus dem Gleichgewicht geraten war. Doch wie sollte man die Balance wiederfinden, wenn man das Gewicht, das einen runterzog, nicht einmal benennen konnte?

»Cas ... ich habe mir da etwas überlegt.« Vielleicht war es nicht der beste Zeitpunkt, über meine neuen Pläne zu sprechen, aber ich war so voller Tatendrang, dass ich es ihr einfach erzählen musste. Ich wollte ihr strahlendes Gesicht sehen, nachdem ich sie von meinen Plänen überzeugt hatte. Sie schob die Töpfe von den Kochplatten und drehte sich zu mir, um mir ihre ungeteilte Aufmerksamkeit zu schenken.

»Ich möchte ein Semester Pause machen.«

»Auf gar keinen Fall«, kam es, ohne zu zögern, aus ihrem Mund. Dabei hatte sie noch nicht einmal gehört, was ich zu sagen hatte.

»Cas, ich möchte ...«

»Nein!« Diesmal ließ sie mich nicht einmal ausreden. Cas' gesamte Körperhaltung wirkte mit einem Mal angespannt, und sie hatte die Arme demonstrativ vor der Brust verschränkt.

»Cas. Bitte hör mir zu.« Ich atmete tief ein und aus, um nicht zuzulassen, dass die Emotionen in mir hochkochten. »Ich möchte ein halbes Jahr mit dem College pausieren, um mich voll auf meinen Blog zu konzentrieren. Ich will ausprobieren, was da noch möglich ist.« Ich hätte schwören können, dass ich eine kleine Ader an ihrer Stirn pulsieren sah. Alles an dieser Situation war unwirklich und gleichzeitig beängstigend real. »Und wer weiß, vielleicht kehre ich danach voller neuer Erfahrungen zurück ans College und mache dort weiter, wo ich aufgehört habe.«

Ein paar Sekunden ließ ich mir noch Zeit, ehe ich weitersprach, wägte ab, ob Cas gleich vor Wut in Flammen aufgehen würde. »Vielleicht werde ich aber auch noch einmal ein anderes Studienfach in Betracht ziehen. Oder ich werde gar nicht mehr studieren.«

Eins. Zwei. Drei. Langsam zählte ich die Sekunden. Wie eine tickende Uhr. Nur dass die Zeit eigentlich rückwärtslief. Wie bei einer Bombe, die kurz davorstand, zu explodieren und alles in unvorstellbarer Stärke rauslassen würde, was so unscheinbar in ihr geschlummert hatte. Und dabei würde sie ohne Rücksicht auf Verluste alles mit sich reißen, was sich ihr in den Weg stellte.

»Auf gar keinen Fall«, schrie Cas und versuchte nicht einmal, ruhig zu bleiben. Regungslos saß ich auf meinem Stuhl, unfähig mich zu bewegen, bei all dem Unverständnis und der noch viel größeren Wut, die meine große Schwester mir gerade entgegenbrachte.

»Wie kannst du auch nur für eine verdammte Sekunde denken, dass dieser bescheuerte Vorschlag eine gute Idee wäre?« Ihre Hände flogen wild und unkoordiniert durch die Luft, und sie schrie, doch ich hörte sie nicht. Es war wie ein Film, den ich von außen betrachtete. Eine Szene, die sich für immer in mein Gedächtnis einbrennen würde. Ein Stummfilm in Zeitlupe, mit nichts als wilden und wütenden Gesten. Unterlegt mit einem melancholischen Lied, das all die Trauer ausdrückte, die sich in mir breitmachte. Weil ich dabei war zu realisieren, was ich für Cas war. Weil ich mit jeder Sekunde immer mehr spürte, wie weh das tat. Wie mit jedem Wort, das ihren Mund verließ, der Riss in meinem Herzen ein kleines Stückchen größer wurde, bis er nichts mehr übrig ließ als zertrümmerte Stücke von etwas, das einst die vielleicht reinste Liebe gewesen war, die es gab: die zwischen Schwestern.

»Cas.« Meine erstickte Stimme kam nicht gegen das an, was Cas mir vorwarf. Ich empfand keine Wut über die Art, wie sie mich behandelte. Keine Empörung über die Ungerechtigkeit, die mir gerade widerfuhr. Da war nichts als Schmerz. Darüber, dass jemand, der immer vorgegeben hatte, mich zu lieben, mich so rücksichtslos verletzte. Ich hielt die Tränen nicht zurück, die wie wilde Bäche über mein Gesicht liefen. Und doch gab sie nicht nach, hörte nicht auf, mich zu verletzen.

»Nach allem, was ich für dich getan habe.« Ihr Atem ging flach und schnell. »Nach allem, was ich verdammt noch mal für dich aufgeben habe. ALLES! Aber scheinbar ist dir das nicht genug. All das hier ist dir nichts wert. Ich bin dir nichts wert!« Sie drehte sich zur Anrichte und stützte sich schwer atmend auf der Arbeitsplatte ab.

»VERDAMMT NOCH MAL«, schrie sie erneut und warf ein Glas quer durch die Küche. Es zerschellte in tausend Splitter an der weißen Wand, genau wie meine Träume. Aber ich blieb einfach sitzen. Regungslos.

Kapitel 26

Lexies Apartment wirkte noch winziger, wenn wir zu dritt hier waren. Genau aus dem Grund waren wir das auch eigentlich nie. Aber heute lag ich in ihrem Bett, das zur Standardausstattung der unzähligen gleich geschnittenen Wohneinheiten im Studentenwohnheim gehörte. Will saß auf dem Boden, mit dem Rücken gegen die Bettkante gelehnt, während Lexie sich auf ihrem schwarzen Schreibtischstuhl herumdrehte und dabei ununterbrochen den gleichen Punkt an der Decke anstarrte. Ich hatte seit dem Streit mit Cas gestern Abend kein Auge zugetan. Müdigkeit, Trauer und Schmerz. Keine gute Kombination.

»Das hat sie sicher alles nicht so gemeint«, nahm Lexie Cas in Schutz, aber selbst sie klang nicht davon überzeugt.

»Warum sonst hat sie es dann gesagt?« Ich verschränkte meine Hände und legte sie auf meinen Bauch.

»Ich glaube, da ist noch viel mehr hochgekocht, was schon so lange zwischen euch steht.« Will spielte an seinen Fingern herum und kaute auf seiner Lippe.

»Zwischen mir und Cas steht nichts«, widersprach ich ihm, doch mir wurde mulmig bei dem Gedanken daran, dass er vielleicht recht hatte.

»Ich glaube, alles, was Cas in ihren Bahnen hält, sind Pläne. Pläne, die sie für dich hat, weil sie ihr eigenes Leben auf einmal nicht mehr planen konnte, weil alles sich auf einen Schlag änderte.« Ich brummte, auch wenn ich seiner Meinung war. »Und die Tatsache, dass du dich nicht mit diesen Plänen identifizieren kannst, lässt alles aus ihr herausbrechen, was sie seit Langem so gut verschlossen hält. Weil sie die Erwartungen, die sie selbst an sich stellt, nicht erfüllen kann.«

Ich setzte mich auf und schaute Will an.

»Weißt du, dass du mir manchmal echt Angst machst? Du kennst mich und Cas besser als wir uns selbst.« Ich verstand jetzt, dass Cas mich zwar mit ihren Worten verletzt hat, es aber viel mehr um sie selbst ging. Und ich begriff, dass die Kleine manchmal auch für die Große da sein musste und diese Tatsache den Schmerz vielleicht etwas erträglicher machen konnte.

»Ach, ich glaube, ich habe nur genug Abstand und die nötige emotionale Distanz, weil ich nicht selbst in der Situation verfangen bin. Das macht alles viel einfacher.«

»Themenwechsel!«, rief Lexie, die mittlerweile aufgehört hatte, sich auf ihrem Stuhl zu drehen. »Ich habe keine Lust, dass wir jeden Tag alles zu Tode analysieren. Heute ist nicht der Tag dafür. Heute darf Em noch wütend sein und irgendwas richtig Dummes tun.« Sie funkelte mich an, und mein Blick ging zwischen ihr und

Will hin und her, der natürlich schon lange verstanden hatte, was sie vorschlug.

»Auf keinen Fall«, sagte ich bestimmt.

»Komm schon.« Lexie bettelte schon fast. »Das *Bronze* kann auch wirklich Spaß machen. Und außerdem hast du heute einen echten Grund, mal so richtig viel Alkohol zu trinken und einfach loszulassen. Für deine Verhältnisse könnten das sogar ganze zwei Bier sein!« Ich warf ein Kissen nach ihr, verfehlte sie aber um einen Meter, was in diesem Apartment schon eine echte Leistung war.

»Du weißt, wie sehr ich das *Bronze* das letzte Mal gehasst habe, Lexie. Außerdem arbeitet Will da. Ich an Wills Stelle würde nicht gerne Party machen am selben Ort, wo ich bezahlt werde.«

»Du würdest gar keine Party machen«, schob Will ein und kassierte von mir gleich darauf einen Schlag gegen die Schulter, der hoffentlich wehgetan hatte.

»Aber was bleibt sonst, außer dem *Bronze*?« Lexie lehnte sich in ihrem Stuhl zurück.

»Jake schmeißt heute Abend eine Party in seiner WG.« Will ließ seinen Blick von mir zu Lexie wandern.

»Jake?« Lexie wurde hellhörig und zog ihre Augenbrauen leicht nach oben.

»Arbeitet mit Will im *Bronze*«, warf ich ein, um Klarheit zu schaffen. »Ziemlich süß, blonde Haare, etwa so groß«, sagte ich und streckte dabei meine Hand so weit es ging zur Decke, bis ich merkte, dass es gar nichts brachte, solange ich noch saß.

Lexies Augenbrauen wanderten fast bis zu ihrem Haaransatz. Und der freudige Ausdruck in ihren Augen galt vermutlich Jake.

»Das wäre doch viel zu spontan und überstürzt ...«, versuchte ich ein letztes Mal dagegen anzureden, aber nur halbherzig, weil selbst ich nicht mehr so richtig abgeneigt war.

»Und deine Argumentation ist auf dem Niveau einer Vierjährigen«, neckte Will mich.

Ich verschränkte trotzig die Arme vor der Brust. »Aber ...«

»Na, wenn schon«, unterbrach mich Lexie, rollte mit ihrem Schreibtischstuhl auf Will zu und bremste gerade rechtzeitig ab, bevor sie ihm über die Füße fuhr. »Was spricht dagegen, heute mal was richtig Spontanes und Überstürztes zu tun?«

Keine zwei Stunden später betraten wir Jakes Wohnung und drängten uns durch die Feiernden. Die Musik war so laut, dass ich den Bass in meiner Magengrube spürte.

Lexie hatte gemeinsam mit mir ihren Kleiderschrank durchwühlt, der aus allen Nähten platzte und nicht im Geringsten sortiert war. Nach etwa dreißig Minuten und zwei Klamottenbergen, die wir im Zimmer aufgetürmt hatten, trug ich eine enge dunkle Jeans, die mir fast bis an die Taille reichte und wie eine zweite Haut saß. Mein Top hatte hauchdünne Träger, und der schwarze, samtige Stoff fiel mir locker über die Brüste. Bei der Hitze, die zwischen all diesen Menschen herrschte, war ich froh, mich gegen eine Strickjacke entschieden zu haben.

»Kann ich dich alleine lassen?« Lexie sprach so laut in mein Ohr, dass ich kurz zurückzuckte.

»Lexie, ich bin zwar nicht oft auf Partys, aber ich bin auch kein kleines Kind mehr, das du an die Hand nehmen musst«, lachte ich und wurde etwas näher an sie herangedrückt, als sich zwei Typen zu einer anderen Gruppe durchschlugen.

Sie zögerte kurz, wägte ab und sah sich um.

»Wir befinden uns hier in einem abgegrenzten Raum. Solange ich es auf die Reihe kriege, nicht nach draußen zu gehen, findest du mich wahrscheinlich auf irgendeinem der Sofas.« Sie drückte mich ein letztes Mal kurz, dann sauste sie auch schon davon. »Eins noch«, sagte sie und drehte sich noch einmal zu mir um. »Ich habe gehört, dass ein paar Jungs aus dem Footballteam da sind. Völlige Idioten, wenn du mich fragst.« Ich sah sie verwirrt an. »Diese Idioten halten sich allerdings für besonders cool, wenn sie zusammen ein paar Joints geraucht oder sich noch schönere Dinge eingeschmissen haben.« Lexie warf mir einen warnenden Blick zu.

»Okay«, sagte ich ruhig.

»Halt dich bitte einfach von ihnen fern.« Sie sah mich eindringlich an und lächelte, als ich ihr zunickte. Lexie lebte für Partys und schlug auch gerne mal über die Stränge. Dass sie mich jetzt so eindringlich warnte, überraschte mich. Sie drängte sich durch die Feiernden, bis sie von den ersten bekannten Gesichtern begrüßt wurde und in schallendes Lachen ausbrach.

Unter all diesen Menschen war Lexie ganz in ihrem Element.

»Komm schon«, riss Will mich aus meinen Gedanken.

Er nahm meine Hand und zog mich hinter sich her durch das Gedränge. Ich meinte, das ein oder andere Gesicht aus der Uni zu erkennen, war mir jedoch nicht sicher genug, um auch nur einen von ihnen anzusprechen. Will hielt in der Küche vor einem riesigen Aufgebot an alkoholischen Getränken. Ich ließ meinen Blick über all die Flaschen wandern, bis ich schließlich direkt neben dem Küchentresen aus Marmor ein überdimensionales Fass sah, aus dem sich gerade jemand einen roten Plastikbecher bis zum Rand mit Bier zapfte.

»Ich habe Lust, was zu trinken«, sagte ich und ließ meinen Blick weiter über die vielen Flaschen schweifen. »Aber ich habe absolut gar keine Ahnung, was.« Ich drehte mich zu Will und sah ihn fragend an. »Ich weiß, du hast heute zwar frei, aber würdest du trotzdem für mich Barkeeper spielen?«

Will lächelte mich an und nickte. Kaum eine Minute später reichte er mir einen Becher. Skeptisch betrachtete ich die Blubberblasen, wie sie durch die klare Flüssigkeit im Becher tanzten.

»Du musst nichts trinken, wenn du das absolut nicht willst, dazu zwingt dich keiner.« Seine Stimme klang wie immer ruhig, auch wenn er bei all diesen Unterhaltungen und der dröhnenden Musik viel lauter sprach. »Falls du aber doch Lust hast, musst du das probieren«, sagte er und zeigte auf das Getränk in meiner Hand. Ich zögerte ein paar Sekunden, ehe ich den Becher anhob und einen Schluck probierte.

»Was ist das?«, wollte ich von Will wissen, der sich gerade einen Becher Bier nahm.

»*Bacardi Razz.*« Er lächelte, doch bevor ich meine Unwissenheit in Sachen alkoholischer Mischgetränke vertiefen konnte, ging Will auch schon in Richtung Wohnzimmer, und ich folgte ihm unaufgefordert.

Der Abend verlief überraschend gut. Ich führte ein paar nette Gespräche, wippte im Takt der Musik und wollte kein einziges Mal gehen und den Abend lieber in meiner eigenen Welt auf der Couch verbringen. In meinem Bauch kribbelte es warm, vermutlich der Alkohol, der sich bemerkbar machte. Aber es fühlte sich gut an.

»Em, das ist Jake«, sagte Will.

Jake stand mir im Wohnzimmer gegenüber und prostete mir mit seinem Becher zu. Sein schwarzer Hoodie verdeckte fast seine blonden verwuschelten Haare, die ihn wie einen Surfer wirken ließen.

»Hey, Jake, ja, wir kennen uns bereits«, begrüßte ich ihn. »Ich erinnere mich.« Jake hob die Hand und tippte ein paarmal mit dem Zeigefinger in die Luft. »Aus dem *Bronze*!«

»Wie kommt es, dass ein Haufen Studenten sich das hier leisten kann?« Mein Blick glitt über die schwarze Ledergarnitur, den riesigen Flachbildschirm und blieb an mehreren VR-Brillen hängen, die wohl zu der Spielkonsole gehörten, die in einem verchromten Glasregal stand, das aussah wie aus einem Museum für moderne Kunst.

»Mein Mitbewohner hat zu viel Geld. Besser gesagt: sein Dad. Seit sein Dad mit einer neuen Frau zusammen ist, fühlt er sich unglaublich schlecht und bezahlt das alles hier. Es gibt hier sogar eine Game Cave.« Er nahm einen großen Schluck seines Getränks.

»Game Cave?«, wiederholte ich ungläubig Jakes Worte.

»Wie eine Man Cave, nur dass es uns egal ist, wer da letztlich drin sitzt.« Während Jake mir erklärte, mit welchen technischen Geräten diese Game Cave ausgestattet war, nahm ich noch einen Schluck von meinem Bacardi und stellte fest, dass mein Becher bereits leer war. »Ein absoluter Techniktraum eben!«, vollendete Jake seine Ausführungen, und ich nickte lächelnd, weil mich die Euphorie, mit der er über Technik sprach, amüsierte. Trotzdem merkte ich, dass mir das alles hier etwas zu viel wurde. Will nahm mir meinen Becher ab und gab mir stumm zu verstehen, dass er mir ein Soda holte.

Die Luft, die aus dem offenen Fenster hineinströmte, war frisch, doch ich genoss es, einen Moment all den Menschen und der stickigen Luft in den anderen Räumen zu entkommen. Jake hatte mir erlaubt, mich kurz in sein Zimmer zurückzuziehen. Ich stellte mich ans Fenster. Meine nackten Arme überzog bereits eine leichte Gänsehaut, doch ich wollte noch ein paar Minuten hier drinnen sein und einfach in die tiefe Dunkelheit blicken, die von Abermillionen funkelnder Sterne unterbrochen wurde. Ich erinnerte mich an das letzte Mal, als ich die Sterne so genau betrachtet hatte. Ich hatte in Davids Armen gelegen, seinen Atem gespürt, der auf meiner Haut gekitzelt hatte. Ich erinnerte mich an all die Schmetterlinge, die in meinem Bauch getanzt hatten. Und an unseren Kuss und den Trommelwirbel davor. Als wir uns so nah waren, dass für uns die Welt um uns herum aufgehört hatte, sich zu drehen.

Ich atmete tief ein, und als ich ausatmete, ließ ich den Gedanken los.

Ich schloss ab, mit einer Erinnerung nach der anderen. Jeden Tag ließ ich eine weitere Erinnerung gehen. Nicht für immer. Ich würde nichts vergessen. Aber ich ließ meine Zeit mit David gehen als etwas, an dem ich hing, dem ich nachtrauerte. Mein Atem formte eine kleine Wolke vor meinem Gesicht, ehe sie ins Nichts verschwand. So, als hätte sie nie existiert. Mir wurde bewusst, dass etwas, nur weil ich es gerade nicht sah, deshalb nicht für immer verschwunden war. Es war deshalb nicht weniger real. So war es auch mit der Liebe. Und irgendwie auch mit meinem Vater.

Ich drohte abzudriften, was mich überraschte, weil das schon lange nicht mehr passiert war. Aber so war es immer. Wenn ich gar nicht damit rechnete, kam die Trauer wieder hoch. Wenn ich Zeit hatte, mit meinen Gedanken allein zu sein.

»Hey.« Seine Stimme würde ich unter Tausenden erkennen. Ich wandte mich nicht vom Nachthimmel ab, sah nur aus dem Augenwinkel, wie Will sich neben mich an das geöffnete Fenster lehnte.

»Hey.« Meine Stimme war leise, nur ein Hauch in der Dunkelheit, und doch klar. Hinter der geschlossenen

Zimmertür, die uns von der Party trennte, wummerte der Bass, und es war, als wären diese wenigen Zentimeter aus Holz das Tor zu einer anderen Welt und nicht die Tür, die Jakes Zimmer vom Rest der Wohnung abtrennte.

»Jake hat mir gesagt, dass du hier bist.« Will klang ruhig, und ich konnte seine Haut fast an meiner spüren, so nah standen wir uns.

»Ja, er meinte, hier könnte ich mal kurz durchatmen.«

Wir schwiegen gemeinsam, unsere Blicke in die Ferne gerichtet. Auf nichts Bestimmtes, nur den Sternenhimmel, und es kam mir so vor, als würde ich in jedem einzelnen Stern einen meiner Gedanken sehen. Es gab unzählige davon, und alle waren sie immer da, auch wenn man sie nicht immer sehen konnte. Nachts schienen sie sich zu vermehren und ein wildes Chaos aus leuchtenden Punkten zu bilden. Doch wenn man genau hinsah, konnte man erkennen, wie alles zusammengehörte. Wie jeder Gedanke und jeder Stern seinen Platz hatte und zum großen Ganzen gehörte.

»Ich weiß immer noch nicht, ob ich mich das mit dem Urlaubssemester wirklich trauen soll.« Ich legte meine Finger auf den kalten Rahmen des Fensters. »Ich habe die Unterlagen alle beantragt, aber noch nicht unterschrieben zurückgeschickt.« Langsam drehte ich mich zu Will, und unsere Blicke trafen sich. Ich versank einen kurzen Moment lang in seinen Augen, und als ich merkte, wie ich dabei war, mich in diesen Tiefen zu verlieren, wandte ich mich rasch wieder ab. Mir schoss das Blut in den Kopf, und ich spürte, wie sich meine Wangen röteten.

»Em.« Er griff nach meiner Hand, die noch immer auf dem Fensterrahmen lag, der sich langsam unter meiner Haut erwärmte, und ich ließ es zu. Weil seine Hand sich gut auf meiner anfühlte.

»In einem Kopf voller Ängste ist kein Platz für Träume.« Kurz wandte ich meinen Blick von ihm ab und schaute auf unsere ineinander verschränkten Hände. Es fühlte sich gut an. Will nah zu sein, fühlte sich richtig an. Seine Worte machten mir Mut und gaben mir das Gefühl, dass er an mich glaubte. Zögerlich löste ich meinen Blick wieder von unseren Händen und schaute Will an. Mein Blick verfing sich wieder in seinen Augen, und bei diesem gedimmten Licht fiel es mir schwer, seine dunklen geweiteten Pupillen vom schimmernden Braun abzugrenzen, das sie umgab. Ich blickte in unendliche Weiten. Wills Augen waren mein eigener kleiner Nachthimmel. Ich war so gefangen davon, dass sein Blinzeln mich kaum merklich zucken ließ. Doch Will nahm es wahr.

»Em, ich ...«

»Nicht«, unterbrach ich ihn, und kaum hatte ich ihn unterbrochen, lagen meine Lippen auch schon auf seinen.

Ich wollte nichts hören, was diese Situation beenden würde, noch bevor sie richtig angefangen hatte. Meine Lippen pressten sich sanft auf seine, und fast hätte ich mich zögernd zurückgezogen, als Will den Kuss mit einem Mal heftig erwiderte. Er öffnete seine Lippen, ließ mich hinein, und in diesem Moment fühlte ich mich, als hätte ich mir nie etwas anderes gewünscht. Ganz langsam fuhr ich mit meiner Hand durch seine schwarzen Locken im Nacken, die fast von der Dunkelheit verschluckt wurden. Er zog vorsichtig an meiner Unterlippe, und ich wusste, dass es ihm gefiel. Seine Hände legten sich an meine Hüfte und zogen mich ganz eng an ihn. Ich genoss all die Wärme, die mich durchfuhr.

Ohne uns voneinander zu lösen, drückte ich Will sanft rückwärts, und wir taumelten ein paar Schritte, ehe er der Länge nach aufs Bett fiel und ich auf ihm lag. Für einen kurzen Augenblick unterbrach ich den Kuss und stützte mich auf meine Arme, die links und rechts neben seinen Schultern lagen. Ich blickte ihm in die Augen und fand das Aufblitzen, nach dem ich gesucht hatte. Die unausgesprochene Forderung, weiterzumachen und sich dem Verlangen hinzugeben, das uns beide überkommen hatte wie ein hungriges Raubtier. Ich begann wieder, ihn zu küssen, und wurde mit jeder Sekunde fordernder. Wills Arme legten sich auf meinen Rücken, und ganz langsam rutschte ich zwischen seine Beine, als er mich mit einem Ruck umdrehte und plötzlich auf mir lag.

Ich spürte den Druck, spürte, wie sein Körpergewicht sich auf mir verteilte, und genoss es, in seinem Kuss gefangen zu sein. Seine Hände wanderten an den Saum meines luftigen schwarzen Shirts und schoben den Stoff ganz langsam ein Stück hoch, bevor sie über die nackte Haut darunter fuhren. Jeder Zentimeter, den

Will berührte, kribbelte heiß, und ich wollte, dass er mich überall berührte. Er sah mir in die Augen, hielt meinem Blick einen kurzen Moment stand und fand dort nichts, das ihn aufhielt. Er setzte sich auf, unsere Körper immer noch eng umschlungen, und befreite mich von meinem Shirt. Wills dunkle Augen blieben lange an meinen Brüsten hängen, die nur noch von meinem BH bedeckt waren. Ganz sanft fuhr seine Zunge über meine Lippen, dann legte er seine Hände wieder um meine Hüfte, hielt mich, bevor er sich zu mir hinunterbeugte und jeden Millimeter meiner nackten, warmen Haut küsste.

Er fing dort an, wo seine Hände lagen, küsste meine Hüften und die empfindliche Haut über meinem Bauchnabel. Quälend langsam bahnte er sich einen Weg mit zarten und warmen Küssen, bis er schließlich wieder bei meinen Lippen angekommen war. Meine Haut brannte, und ich schob mich ihm entgegen, während er meinen schweren Atem wegküsste. Meine Hände glitten seinen Rücken entlang, bevor ich sie unter sein Shirt schob und meine Finger in seine warme und weiche Haut krallte. Ich griff sein Shirt und schob ihn sachte aber bestimmt von mir, damit ich auch ihm endlich die Kleidung über den Kopf ziehen konnte, von der er noch viel zu viel anhatte. Er hatte den Blick auf mich gerichtet und verlor kein Wort darüber. Keiner von uns sagte etwas. Vielleicht aus Angst, unser Verstand würde sich dann zurückmelden, und wir würden realisieren, was wir in Begriff waren zu tun. Vielleicht aber auch, weil keine Worte vonnöten waren. Weil wir uns stumm verstanden und unsere hungrigen Blicke alles waren, was es gerade brauchte.

Immer noch atemlos wanderte mein Blick über seine nackte Haut, auf die ich meine Hände legen wollte. Ich öffnete den obersten Knopf seiner Jeans, und es war, als hätte ich eine unsichtbare Grenze überschritten, nach der es kein Halten mehr gab. Es dauerte nur einen Wimpernschlag, ehe Will nur noch in Boxershorts vor mir kniete, und ich nichts sehnlicher wollte, als dass er sie auch loswurde. Ich konnte durch den Stoff seiner Boxershorts deutlich sehen, wie sehr er mich begehrte. Und ich wollte ihn berühren, ihn spüren und ihm so nah sein wie nur möglich. Mit jeder Sekunde, die er verstreichen ließ, wurde mein Verlangen größer, bis ein Ziehen durch meinen Körper ging und ich kurz meinen Atem anhielt.

Ich begann, meine Hose zu öffnen. Er beugte sich über mich und half mir, zog an meiner Hose, bis mir die Hitze, die mir in die Wangen stieg, und alles, was wir noch trugen, zu viel war. Der wenige Stoff, der uns noch bedeckte, musste dringend verschwinden. Kaum hatte Will meine Hose ausgezogen, lagen unsere Lippen auch schon wieder aufeinander. Will zog mich zu sich. Breitbeinig setzte ich mich auf ihn und spürte, wie er sich mir entgegendrängte. Als ich nicht von ihm wich, sondern den Druck noch etwas verstärkte, stöhnte er leise, und ich wusste, wie sehr es ihm gefiel, mich zu spüren. Seine Hände lagen auf meinem Rücken, hielten mich fest an ihn gepresst, während er sich an meinem BH zu schaffen machte. Das letzte bisschen Stoff fiel und gab den Blick auf meine Brüste frei. Meine Nippel schoben sich ihm entgegen, und ein heißer Schauer durchfuhr mich, als seine Lippen einen davon umschlossen. Seine Zunge umkreiste ihn, sein heißer Atem kitzelte auf meiner Haut, und ich drückte meinen Rücken durch, während er ganz vorsichtig daran saugte. Er drehte mich um, legte mich sachte auf dem Bett ab, ehe seine Lippen weiter meine Brüste umspielten, und er mir ein Keuchen entlockte. Mein Atem ging schwer. Ich schob mich ihm Zentimeter für Zentimeter entgegen, wollte mehr, immer mehr.

Er hielt kurz inne, blickte auf, sah mir in die Augen. Kaum eine Sekunde hielt ich seinem Blick stand, schob mich nach hinten und befreite erst mich von meinem Slip, dann ihn von seiner Boxershorts. Meine Hand umschloss seinen Penis, und die leichten Bewegungen, die ich machte, ließen ihn lustvoll aufstöhnen. Ich beugte mich zu ihm, und als meine Zunge mit seiner empfindlichsten Stelle spielte, entlockte ihm das ein tiefes Stöhnen. Meine Zunge fuhr auf und ab, und ich genoss jede Sekunde davon. Ich genoss, wie es sich anfühlte und wie sehr Will mir zeigte, dass es ihm gefiel. Wills Atem ging immer flacher, und sein Stöhnen wurde immer lauter. Er richtete seinen Oberkörper etwas auf, fuhr mit seinen Händen über meine Wangen. Ich sah zu ihm auf, und wir küssten uns. Noch nie hatte sich ein Moment so perfekt angefühlt. Seine Augen spiegelten meine Gefühle, mein Verlangen, meinen Wunsch, das hier nie enden zu lassen.

Einen kurzen Augenblick wandte er sich von mir ab, ließ mich los, doch als ich ein Knistern hörte und kurz darauf das Einreißen von Plastik, wusste ich, er hatte nur ein Kondom geholt. Er ließ sich wieder zu mir auf das Bett fallen und stützte sich über mir ab. Er hielt meinen Blick und ließ mich keine Sekunde aus den Augen, während er sich das Kondom überzog und dann langsam in mich eindrang. Seine sanften Bewegungen in mir brachten mich zum Stöhnen, und auch ihm schien es hörbar zu gefallen. Wir stimmten uns sanft aufeinander ein, achteten aufeinander, und je mehr wir merkten, wie sehr es uns gefiel, desto mehr wollten wir. Stück für Stück wurde das Verlangen größer, die Lust immer stärker und wir beide immer wilder. Ich zog Will zu mir, küsste ihn, während er in immer schnellerem Rhythmus in mich eindrang. Ich vergrub meine Hände in seinen Haaren und stöhnte, ehe ich mich diesem Gefühl, das er in mir auslöste, hingab und mich ihm immer drängender entgegenschob. Meine Hände wanderten über seinen Rücken, meine Fingernägel rutschten über seine Haut, und das kehlige Stöhnen, das ihm entfuhr, ließ mich immer weitermachen. Er wurde immer schneller, unser Atem raste flach, wir konnten uns kaum noch zurückhalten, aber das wollten wir auch nicht. Es war perfekt, Will zu spüren und uns zu genießen. Jede Sekunde und jede Bewegung fühlten sich unglaublich gut an. Wir verloren uns ineinander, die Blicke fest aufeinander gerichtet, als ein Zucken durch Wills Körper fuhr. Das laute Stöhnen, während er ein letztes Mal in mich stieß und der Orgasmus seinen Körper mit einem Schwall aus Glückshormonen flutete. Ich hielt ihn fest, bis das letzte kleine Zucken verebbt war und ich nichts mehr wahrnahm außer seinem flachen Atem, der die empfindliche Haut an meinem Ohr streifte.

Ich wollte mich lösen, mich zu ihm drehen, als er meine Hand nahm und sie verschränkt mit seiner in das Laken drückte. Es überraschte mich, aber er gab mir klar zu verstehen, dass das hier noch nicht vorbei war. Er schenkte mir einen kurzen, flammenden Kuss auf die Lippen, ehe er sich mit dem Mund weiter nach unten vortastete, bis er zwischen meinen Beinen angekommen war. Seine Lippen fuhren sanft über meine Leiste und tasteten sich immer weiter vor, bis sie auf meiner Mitte lagen. Seine Zunge fuhr über meinen empfindlichsten Punkt. Ich stöhnte auf. Wenn er so weitermachte, würde es nicht lange dauern, bis auch ich zum Orgasmus kam. Seine Zunge hinterließ eine warme Spur überall dort, wo sie mich berührte, und ich spürte das intensive Ziehen noch, als sie schon längst wieder woanders über meine nackte, feuchte Haut tanzte. Er schloss seine Lippen und begann ganz vorsichtig zu saugen. Meine Hände krallten sich in das Bettlaken, und als ich leise stöhnte, richtete Will seinen Blick direkt auf mich. Er hörte nicht auf, seine Zunge pausierte nicht, aber seine Augen fixierten meine. Er wollte mir in die Augen sehen, während er mir diesen unglaublichen Orgasmus bescherte, auf den ich mich gerade zubewegte. Das dunkle Braun seiner Augen und das Universum, in das ich blickte, zusammen mit all den Gefühlen, die seine Zunge und seine Lippen gerade in mir auslösten, ließen mich geradewegs auf den Höhepunkt zusteuern.

Mein Atem war nur noch ein flaches Keuchen, als ich meinen Rücken durchdrückte und mit einem Mal jeder Muskel in meinem Körper angespannt war und der Orgasmus mich in Wellen durchfuhr. All die Lust und das Glück, das ich empfand, weil Will bei mir war. Als der letzte Muskel sich wieder entspannt hatte, hatte sich mein Atem immer noch nicht beruhigt, aber Will legte sich auf mich und gab mir einen letzten, sanften Kuss. In diesem Kuss lag nichts mehr von dem großen Verlangen oder dem ersten Hunger, der uns überkommen hatte. Nur noch pure Zuneigung und Glück darüber, was wir beide genau in diesem Moment hatten.

Noch während ich mein Trägertop wieder überstreifte, schaltete sich mein Kopf wieder ein. Ich schaute zu Will, der gerade den letzten Knopf seiner Jeans zuknöpfte, und auf einmal knipsten meine Gedanken sich wieder an und übernahmen die Kontrolle. All die Unbeschwertheit war plötzlich weg, verschwunden wie unsere nackte Haut unter unseren Kleidungsstücken. Wie konnte es dazu kommen, dass aus einer Zusage zu einer harmlosen WG-Party, Sex mit meinem besten Freund wurde?

»Em?« Vielleicht hätte ich die Sorge in seiner Stimme gehört, die Hand, die er nach mir ausgestreckt hatte, nicht ignoriert, wenn ich nicht völlig in meiner Welt gewesen wäre. Das hier war falsch. Das hier hätte nicht passieren dürfen.

»Es tut mir leid«, war das Einzige, was ich rausbrachte.

Meine Tränen brannten bereits heiß in meinen Augen. Ich hatte mit meinem besten Freund geschlafen. Ohne etwas Weiteres zu sagen, ging ich an ihm vorbei, riss die Zimmertür auf und schloss sie hinter mir, als könnte ich all das, was hinter dieser Tür passiert war, hinter mir lassen und so tun, als wäre es niemals geschehen.

Kapitel 27

Gedankenverloren rührte ich in meinem Tee, obwohl ich nicht einmal Zucker hineingetan hatte. Immer wieder durchbrach ein Klirren die Stille, wenn der kleine silberne Löffel gegen die Tasse stieß. Cas war bereits im *Basil*, und ich hatte mich heute bei Lexie krankgemeldet. Der Uni war es so oder so egal, ob ich einen der wackeligen Klappstühle besetzte oder nicht. Es war bereits halb zwei, und ich saß noch in meinen Schlafshorts am Küchentisch und hatte die letzten zehn Minuten nichts getan, außer meinen Tee zu Tode zu rühren und all die Kratzer und Kerben auf dem Holztisch zu zählen.

Ich war mit einem brummenden Schädel aufgewacht und froh, dass Cas mich so nicht zu Gesicht bekam. Kurz hatte ich in meinem Bett gelegen und mich gefragt, ob das alles nur ein Traum gewesen war. Ob ich nicht doch nach Hause gegangen war, anstatt mit auf die Party. Doch dann flackerten Bilder vor meinem inneren Auge auf. Kleine Sequenzen und einzelne verwackelte Aufnahmen von Will. Und mir. In Jakes Schlafzimmer. Wie wir uns immer näher gekommen waren und dabei nach und nach unsere Klamotten verloren hatten. Seitdem wurde ich diese Bilder nicht mehr los. Sie verfolgten mich und erinnerten mich daran, was ich angerichtet hatte. Ich hatte mit meinem besten Freund geschlafen, weil ich betrunken gewesen war. Weil ich traurig gewesen war und Wills Nähe und Zuneigung mir so viel gegeben hatte. Will mit seinen braun schimmernden Augen, seiner verständnisvollen Art, seinen intensiven Küssen ...

Mein Handy vibrierte, und das Display leuchtete auf. Lexies Nachricht überlagerte den Schnappschuss von Will, Lexie und mir vom letzten Sommer.

UND?

Lexie wartete immer noch darauf, dass ich ihr sagte, was genau passiert war. Es würde mich nicht einmal wundern, wenn sie bereits alles wusste, aber mir dennoch die Möglichkeit gab, es ihr selbst zu erzählen. Ich wollte mich jetzt nicht damit auseinandersetzen und legte das Handy weg.

Ich ließ meinen Tee auf dem Tisch stehen und ging ins Wohnzimmer. Es war nicht die Sehnsucht nach meinem Dad, die mich zum Buch von der kleinen Meerjungfrau führte, sondern das Gefühl, ihn jetzt zu brauchen. Ich setzte mich auf die Couch, sank tief darauf ein und breitete eine dünne Decke über meine Beine aus. Ich las und fühlte mich Dad sofort nah. Die Kapitel flogen dahin, und mit jedem Wort wurde ich ruhiger, und mein Gefühlschaos fühlte sich kleiner an. Das

Handy in meiner Hosentasche vibrierte, es war wieder Lexie.

```
Rede mit ihm.
```

Ich wandte den Blick vom Display ab und seufzte. Natürlich wusste sie es. Mein Blick blieb an der kleinen Meerjungfrau auf dem Cover hängen, und ich strich sanft darüber. Ich wusste selbst, dass ich mit Will reden musste. Jetzt sofort.

Unsicher stand ich vor der Milchglastür, die den Eingang zu Wills Wohngebäude sicherte. Seit fünf Minuten starrte ich auf seinen Namen, der fein säuberlich mit einem blauen Kuli dort geschrieben stand. »Adams«. Ich hatte ihm beim Umzug geholfen. Will hatte mehr als eine halbe Stunde für dieses Klingelschild gebraucht, bis es seinen Ansprüchen genügte, und Lexie hatte es ihn monatelang nicht vergessen lassen. Meine Mundwinkel zuckten, während ich an diesen Tag zurückdachte, doch die Andeutung eines Lächelns verschwand, sobald ich klingelte und daran erinnert wurde, warum ich hier war.

Der Türöffner surrte, und ich trat ein. Ich nahm eine Treppenstufe nach der anderen, doch ich hatte das Gefühl, jeden rationalen Gedanken an der Eingangstür zurückgelassen zu haben. Die Erinnerung an die Freude, die ich gestern Abend noch empfunden hatte, wurde stärker. Doch so perfekt die Nähe zu Will auch gewesen war, das Gefühl nach unserem Sex war einfach zu verwirrend gewesen. Ich war wütend auf mich selbst. Auf meine eigene Dummheit.

Will erwartete mich an der Tür. Die Arme vor der Brust verschränkt, lehnte er lässig am weißen Türrahmen, doch er mahlte mit dem Kiefer, und auch seine restliche Körperhaltung wirkte eher angespannt. Er trug eine hellgraue Jogginghose und ein schwarzes Hoodie mit dem Logo des Amber Falls College darauf.

Ich blieb etwa einen Meter vor ihm stehen und musterte ihn eingehend. Er breitete seine Arme zögerlich aus und verlagerte bereits sein Körpergewicht, aber dann sah er meinen Gesichtsausdruck und brach mitten in der Bewegung ab. Auf seiner Stirn bildeten sich nachdenkliche Falten, und auch wenn er nicht verstand, war es mir wichtig, diese Distanz zwischen uns zu wahren. Selbst wenn es sich falsch anfühlte, weil ich vorher nie darüber nachgedacht hatte, ob ich Will umarmen wollte, sondern es einfach getan hatte. Weil er mein bester Freund war. Nachdem wir uns ein paar Sekunden lang peinlich angeschwiegen hatten, trat er zur Seite und ließ mich eintreten. Ich war schon so oft hier gewesen, aber heute kam mir alles anders vor. Immer wieder ertappte ich mich dabei, wie ich mir Ausflüchte überlegte und mir Gründe einfallen ließ, warum ich wieder gehen müsste. Nur um nicht zusammen mit Will in einem Raum sitzen zu müssen. Doch Lexie hatte recht. Ich musste klarstellen, dass der Sex mit ihm ein Fehler war, der nicht noch einmal passieren durfte. Nur so konnte ich das retten, was ich fast zerstört hatte. Unsere Freundschaft.

Ich setzte mich auf die Sitzbank in der Küche, und Will nahm auf einem Stuhl mir gegenüber Platz.

»Es …«, sagten wir gleichzeitig und verstummten wieder.

»Oh Gott, wir klingen wie die Protagonisten eines kitschigen Liebesfilms, die sich nicht einigen können, wer anfängt.« Ich hielt kurz inne. »Und die nicht wissen, ob das, was sie zu sagen haben, richtig ist«, versuchte ich, die Stimmung aufzulockern.

Ich atmete ein letztes Mal tief ein und aus, ehe ich Platz für die Worte fand, die in meinem Kopf bereitstanden und darauf warteten, ausgesprochen zu werden.

»Es war ein riesengroßer Fehler. Das ist uns beiden, glaube ich, klar.« Meine Kehle war ganz trocken. Will, der bis eben noch entspannt gewirkt hatte, richtete sich kerzengerade auf.

»Es …«, begann er.

»… war meine Schuld«, beendete ich Wills Satz, denn ich wollte nicht zulassen, dass er sich schuldig fühlte. »Ich habe dich ausgenutzt. Ich hätte das nicht tun sollen.« Mein Kopf fühlte sich mit einem Mal viel schwerer an, und ich senkte den Blick.

»Hmm«, antwortete er nur. Als ich wieder zu ihm aufschaute, wich er meinem Blick aus. Mein Herz schlug immer schneller. Was hatte ich nur getan?

»Es tut mir so leid. Es war ein schrecklicher Fehler …«

»Schrecklich?«, unterbrach er mich, noch ehe ich meinen Satz vollendet hatte.

Er klang wütend, und auch wenn er versuchte, sich nichts anmerken zu lassen, konnte ich sehen, wie sich jeder Muskel in seinem Körper verhärtet hatte. Die Wut nahm ihn immer mehr ein, und ich verstand es.

»Es tut mir so unglaublich leid«, wiederholte ich und hoffte, dass er meine Entschuldigung akzeptierte, doch er schwieg, und so fuhr ich fort: »Ich wünschte, ich könnte all das rückgängig machen.«

Meine Hand lag auf dem Küchentisch. Etwas in mir wollte diese Hand ausstrecken und nach Will greifen, doch diese Nähe würde alles nur noch komplizierter machen. Zögerlich schaute ich Will in die Augen. Ich legte all meine Schuldgefühle und meinen verzweifelten Wunsch, die letzte Nacht ungeschehen zu machen, in meinen Blick. Ich wollte meinen besten Freund zurück.

»Ich glaube, es ist besser, wenn du jetzt gehst.« Will sprach diese wenigen Worte kalt und mit steinhartem Gesichtsausdruck aus.

All meine Bemühungen waren umsonst gewesen. Ich hatte meinen besten Freund verletzt. Ich hatte Will verloren.

Kapitel 28

Mein Blick klebte an meinem Laptop-Bildschirm. Ich las die Mail von Lucy schon zum dritten Mal und notierte mir die Details, die sie mir für den Book-Release geschickt hatte. Ich war unglaublich stolz auch mich.

Meine Hand schnellte zu meinem Handy, doch ich hielt mitten in der Bewegung inne. Ich wollte diesen Moment mit Will teilen. Doch jetzt schwebte meine Hand nur über dem Display, mein Daumen gefährlich nah an seinem Namen. Ich hätte so gerne seine Stimme gehört. Seine Stimme, die ich seit drei Wochen jeden Tag vermisste. Seitdem war kein Tag vergangen, an dem ich mir nicht wünschte, unser One-Night-Stand wäre nie passiert. Seit unserem letzten Gespräch wartete ich darauf, dass er sich bei mir meldete und mir verzieh. Ich gab Will den Raum und die Zeit, die er brauchte, aber gerade war alles unterbrochen. Mitten in einem Gespräch voller unausgesprochener Worte war alles angehalten worden, doch wenn er bereit war weiterzumachen, war ich da. Es klopfte an meiner Tür, kurz darauf öffnete sie sich und Cas betrat zögerlich mein Zimmer.

»Hast du einen Moment?« Sie lächelte mich an, doch das Lächeln erreichte nicht ihre Augen.

Ich drehte mich mit meinem Schreibtischstuhl zu ihr herum. Seit sie mir grundlos meine Zukunftspläne um die Ohren gehauen hatte, war es anders zwischen uns. Wir waren nicht mehr die zwei Schwestern, die sich bedingungslos liebten und gemeinsam das Leben meisterten, was auch passierte. Wir waren zwei Menschen, die auf engem Raum zusammenlebten, die nebeneinander existierten, jeder auf seiner Seite der Mauer, auf die wir mit jedem Tag einen weiteren Stein setzten.

»Klar«, sagte ich tonlos.

Cas ließ sich auf meinen Lesesessel fallen, der in seinem strahlenden Rot einen krassen Kontrast zu meinem sonst so weißen Zimmer abgab.

»Was machst du gerade?« Sie sah mich an, schien aber nicht wirklich interessiert.

»Lesen«, sagte ich und presste kurz die Lippen aufeinander, ehe ich weitersprach. »Eine wichtige Mail von *Peak Press*.«

Cas schaute mich verwundert an. »Was wollen die denn von dir?« Auf einmal lag ehrliches Interesse in ihrer Stimme, und ihre Augen wurden groß.

»Es geht um ein Event zum Erscheinen eines Buches.« Ich versuchte, meine Gefühle zu verbergen und möglichst neutral zu klingen. »Und noch ein paar andere organisatorische Dinge, die wir für unsere langfristige Zusammenarbeit klären.« Ich rieb meinen Arm und musterte meine große Schwester.

»Zeig mal her.« Cas stand auf und kam zu mir an den Schreibtisch.

Es lag kein Vorwurf oder Skepsis in ihrem Blick. Nicht einmal ihre Stimme klang sarkastisch. Vielleicht wollte sie wirklich sehen, was ich erreicht hatte? Vielleicht war sie sogar stolz auf mich? Es herrschte Stille, während sie die Mail las. Jede Sekunde, die verging, steigerte meine Neugier darauf, wie Cas wohl auf die Verlagsmail reagieren würde. Endlich löste Cas ihren Blick vom Bildschirm und sah mich an. Ein kurzer Augenblick verstrich, vermutlich überlegte sie, was sie von dem halten sollte, was sie gerade gelesen hatte. Von all den Terminen, der Arbeit, die in nächster Zeit auf mich zukommen würden.

»Hmm. Schön.« Cas schaute erst mich an und dann wieder den Bildschirm.

Ich hoffte darauf, dass sie endlich die Chance erkannte, die sich da für mich ergeben hatte Aber sie blieb still.

Bist du stolz auf mich?

»Danke«, sagte ich ruhig, weil sie das erwartete. Weil sie all das *schön* genannt hatte und das selbstverständlich ein Kompliment war, für das man sich bedankte.

»Aber ...«, setzte sie an, und ich konnte das rote Warnsignal immer deutlicher und heller blinken sehen. »Da steht drin, dass ihr das noch mal genauer besprecht, wenn du nächstes Semester mehr Zeit hast.« Cas richtete sich wieder auf, ihre Mimik veränderte sich. »Du hast dieses dämliche Urlaubssemester also wirklich beantragt?!« Sie verschränkte demonstrativ die Arme, und auch wenn sie nur wenige Zentimeter von mir entfernt stand, wirkte die Distanz zwischen uns mit einem Mal wieder viel größer.

»Du verstehst es einfach nicht!« Schnaubend atmete ich aus und, ohne sie eines weiteren Blickes zu würdigen, wandte ich mich wieder meinem Laptop zu.

»Was verstehe ich nicht?« Cas klang wütend und war kurz davor loszuschreien.

»Das hier. All das, was ich liebe und was mir wirklich wichtig ist.« Ich drehte mich zu ihr, mein Blick fixierte sie. Ich zwang mich, ruhig zu sprechen, wollte, dass sie verstand, wie viel mir Bookstagram und die Zusammenarbeit mit *Peak Press* bedeuteten. Wie viel mir ihre Meinung mal bedeutet hatte.

»Oh doch, ich verstehe sehr wohl. Du bist dabei, eine unglaublich unüberlegte und leichtsinnige Entscheidung ...«

»Schon gut«, unterbrach ich sie und drehte mich weg. »Du willst es einfach nicht verstehen.« Wütend zog ich die Augenbrauen zusammen. »Aber das ist ja auch nichts Neues.«

»Emely!«, schrie Cas empört, aber ich hielt den Blick wieder fest auf den Bildschirm gerichtet.

»Wie kannst du so etwas sagen?«, rief Cas jetzt noch lauter. Ich reagierte nicht, schaute nur auf meine Mails, ohne auch nur ein Wort von dem zu lesen, was dort geschrieben stand. »Schau mich gefälligst an!«, befahl Cas.

Ruckartig fuhr ich herum und stand auf. Auf gleicher Augenhöhe sah ich sie direkt an, wich ihrem Blick nicht länger aus. Sah direkt in das intensive Grün, das mich immer wieder traf.

»WAS?!«, schrie ich sie an. »Was willst du? Tu nicht so, als würdest du es wirklich versuchen! Du kennst nur deinen Weg und deine Pläne und nichts anderes kommt infrage. Nichts, was nicht du geplant hast, ist gut genug!« Ich atmete heftig, während Cas' Mund offen stand, doch sie blieb stumm. »Du verstehst nicht, warum ich das hier will.« Ich zeigte auf den Bildschirm und meine Bücherregale. »Und du hast noch nie verstanden, warum ich Mom nicht einfach abhaken kann. Du willst nichts davon verstehen, weil es nicht zu den Plänen passt, die du für mich gemacht hast.« Ich sah sie an, wie sie regungslos vor mir stand und nicht einmal blinzelte, weil mein Ausbruch sie völlig perplex machte. »Und weil nichts, was ich aus eigenem Antrieb mache, jemals gut genug für dich sein wird! Weil ich niemals gut genug für dich sein werde.«

Mein Herz pochte so schnell in meiner Brust, dass es mir den Atem nahm. Cas und ich standen uns gegenüber und blickten einander in die Augen. Sie sah in mir nur verlorene Träume und verpasste Chancen. Sie sah nicht mich. Das hatte sie noch nie gekonnt.

Kapitel 29

»Das kann doch so nicht weitergehen!« Lexie sah mich vorwurfsvoll an und drückte die Tür für uns auf. Wir waren auf dem Weg zum ersten Komiteetreffen, bevor die Vorbereitungen für den Frühlingsball starteten. Es war zwar erst kurz vor Weihnachten, aber der Frühlingsball war das wichtigste Event des College-Jahres und brauchte entsprechend Vorlaufzeit.

»Aha, und was schlägst du vor?« Ich sah Lexie fragend an und schüttelte den Kopf.

Das College war momentan ein befremdlicher Ort für mich, weil ich hier Will immer wieder über den Weg lief und trotzdem alles so seltsam normal schien, obwohl es das nicht war. Es war gleichzeitig der Ort, an dem ich auch David zum ersten Mal begegnet war. Er hatte sich seinem Vater gegenüber behauptet und war nach New York gezogen, um dort nächstes Semester Kunst zu studieren. Immerhin musste ich so nicht fürchten, auch ihm ständig zu begegnen. Lexie und ich betraten den Seminarraum, den wir für unser Treffen geblockt hatten, während ich immer noch an

David dachte. Er hatte mir eine SMS vom Flughafen aus geschickt, in der er sich bei mir bedankt hatte. Seine Nachricht machte mich glücklich. Nicht nur weil er endlich seinen Weg ging und es richtig war, das zwischen uns zu beenden, sondern auch, weil sie mich darin bestärkte, mit der Beantragung des Urlaubssemesters die richtige Entscheidung getroffen zu haben.

»Em? Hörst du mir überhaupt zu?« Lexie fuchtelte mit einer Hand vor meinem Gesicht herum und schaute mich fragend an.

»Nein, ich ...«, begann ich gerade mich zu entschuldigen, doch etwas in meinem Blickfeld zog meine volle Aufmerksamkeit auf sich. Will. Und eine attraktive Rothaarige an seiner Seite. Er hielt ihre Hand, und kurz lachte sie aus vollem Herzen, bis Will seine Lippen auf ihre presste.

»Was zum ...«, stotterte ich, den Blick immer noch fest auf die Unbekannte gerichtet, die gerade den Mann küsste, der bis vor Kurzem noch mein bester Freund gewesen war.

»Das hatte ich dir gerade sagen wollen, aber du hast ja nicht zugehört.« Lexie hob die Schultern und verzog entschuldigend das Gesicht.

»Was ... Wer ist ...?«, stotterte ich.

»Das ist Olivia. Sie und Will sind seit knapp einer Woche zusammen.« Lexie legte eine ihrer zierlichen Hände auf meine Schulter. »Em, ich ...«

»Nein. Schon gut.« Ich schaute sie an und warf dann noch einen Blick auf Will und Olivia. »Wirklich.«

Und genau in diesem Moment glaubte ich mir auch. Ich glaubte mir, dass es okay war, dass Will jemanden datete. Ich glaubte mir, dass ich mich für ihn freute. Auch wenn sich in mir ein ungutes Gefühl breitmachte, wurde es übertönt von der aufkeimenden Hoffnung, dass Will mit ihr glücklich werden würde und mir dann vielleicht auch meinen Fehler irgendwann verzieh. Will nickte mir und Lexie knapp zu. In mir keimten Schuldgefühle auf, weil ich Lexie mit reinzog. Ich verlangte nichts von ihr, doch sie verbrachte sehr viel Zeit mit mir, und die fehlte ihr jetzt für Will. Kurz hing mein Blick noch an Will und Olivia, bevor Lexie mich in den kleinen Seminarraum zog.

Ich saß neben Lexie, die in ihrer Lunchbox voller Nudeln herumstocherte, während die letzten Komiteemitglieder eintrudelten und sich setzten. Auf die digitale Tafel waren blühende blaue Akeleien projiziert, die für die Rocky Mountains so typisch sind und meine Vorfreude auf den Frühling weckten.

»Manchmal frage ich mich, warum ich uns immer wieder zu so was zwinge«, flüsterte Lexie und spießte mit der Gabel eine Nudel auf, während mein Blick nur an Will und Olivia hing, die am anderen Ende des Raums saßen.

Für einen kurzen Moment stellte ich mir vor, an Olivias Stelle neben ihm zu sitzen. Ein paar organisatorische Worte waren gefallen, doch ich hatte nicht zugehört, bevor es hieß, dass wir gleich mit der Arbeit in kleineren Gruppen starten würden. Wir teilten gerade die Kleingruppen ein, die sich um verschiedene Bereiche kümmerten. Ich seufzte erleichtert auf, als jemand anders für die Organisation des Caterings eingeteilt wurde und auch die Musikplanung an mir vorüberging. Olivia setzte sich zu uns an den Tisch.

»Und du bist ...?«, fragte Lexie betont provokant, obwohl sie genau wusste, wer sie war. Und wie ich Lexie kannte, hatte sie auch bereits alles über sie herausgefunden, was es zu wissen gab.

»Olivia«, sagte sie und strahlte uns an. Sie hielt Lexie sogar die Hand hin, die diese zaghaft schüttelte.

»Aha«, brachte sie hervor und zog skeptisch eine Braue hoch.

»Ihr seid doch Wills beste Freunde. Und da dachte ich, dass ich euch unbedingt kennenlernen muss.« Sie klang so euphorisch. Ihre Worte versetzten mir einen Stich.

»Also dachte ich, ich stell mich kurz bei euch vor.«

Mein Blick ging zwischen ihr und Lexie hin und her, die scheinbar auch wenig mit dieser Situation anfangen konnte.

»Du wirst jetzt aber nicht gleich aufstehen und anfangen, wie in einem dieser Disney-Filme über dich zu singen, oder?« Lexies Blick war ernst, doch ihr Sarkasmus unverkennbar. »Mit viel Glitzer und leicht bekleideten tanzenden Statisten mit Sixpack, die rein gar nichts beitragen, aber nett anzusehen sind?«

Ich stellte mir die Szene vor und lachte auf.

»Was?« Olivia schien ernsthaft verwirrt von Lexies Frage.

»Nimm sie nicht zu ernst«, sagte ich, denn wer Lexies Sarkasmus nicht gewohnt war, fand ihn sicher verunsichernd.

Einen kurzen Moment sagte keiner etwas, bevor Olivia verwirrt den Kopf schüttelte und dann unbeirrt da weitermachte, wo Lexie sie unterbrochen hatte.

»Also, ich bin Olivia. Und ihr müsst Lexie und Emely ...«

»Wenn du gleich fragst, ob wir beste Freundinnen werden wollen, muss ich mich in meine Nudeln übergeben.« Lexie verzog angewidert den Mund, woraufhin ich ihr unter dem Tisch einen Tritt verpasste.

Olivia presste ihre Lippen aufeinander, bevor sie unsicher lächelte. Ich hatte ja nichts dagegen, dass sie Olivia nicht um den Hals fiel, aber es gab auch keinen Grund, sie direkt so abweisend zu behandeln. Sie war jetzt mit Will zusammen, und das hieß, dass auch wir ihr eine Chance geben sollten.

»Also Olivia, du und Will, ihr seid also zusammen?«, versuchte ich, ein gutes Thema zu finden und nahm noch eine Gabel meiner Nudeln, bevor sie völlig kalt wurden. Auch wenn es sich komisch anfühlte, ausgerechnet dieses Thema anzusprechen.

»Ja, genau. Er ist einfach perfekt.« Ihr war anzusehen, wie glücklich sie war.

»Echt? Vielleicht muss ich ihn noch mal näher kennenlernen.« Lexies Augenbrauen klebten fast an ihrer Stirn. Olivia lächelte charmant. Sicher hatte sie mit diesem Lächeln schon dem einen oder anderen Mann den Kopf verdreht.

»Wie habt ihr euch kennengelernt?«, fragte ich sie mit aufrichtigem Interesse. Das Lächeln auf meinen Lippen fühlte sich aber falsch an.

»Im *Bronze*. Auf einmal stand er vor mir.«

Vermutlich hinter der Bar, dachte ich. Aber je mehr Olivia erzählte, desto mehr Bilder entstanden in meinem Kopf, die ich eigentlich nie dort haben wollte. Will und Olivia eng aneinandergeschmiegt auf der Tanzfläche. Will und Olivia, wie sie sich einen Cocktail teilten. Will und Olivia bei ihrem ersten Kuss.

»Also, wir sind für die Deko verantwortlich.« Sie holte ein pinkes Notizbüchlein hervor und blätterte eine Seite auf, auf der in Schönschrift bereits »Frühlingsball« stand. Keiner von uns sagte etwas, und sie winkte Will zu uns, der sich auf den Stuhl neben sie setzte. »Will ist ebenfalls in unserer Gruppe, ich dachte, das passt.« Ihr zartes Lächeln galt uns.

»Das passt ganz wunderbar«, sagte Lexie in gewohnt sarkastischem Tonfall. Ich verpasste ihr unter dem Tisch einen weiteren Tritt, weil es langsam reichte. Olivia schien wirklich nett zu sein.

»Also, was müssen wir machen?« Will legte eine Hand auf Olivias Oberschenkel.

»Es sind zwar noch ein paar Monate bis zum Ball, aber die Zeit werden wir auch brauchen. Wir haben zum Beispiel noch kein Design für das Plakat.« Sie notierte etwas in ihrer perfekt geschwungenen Handschrift und sprach unbeirrt weiter. »Das würde ich gerne mit Lexie machen, weil ich schon ganz konkrete Vorstellungen für die Ausgestaltung habe, und Lexie das sicher umsetzen kann.« Olivia schaute auf und sah Lexie fragend an.

»Sicher«, entgegnete sie lediglich.

»Und dann müssen die bestellten Deko-Elemente aufgebaut werden, sobald die Lieferung kommt. Das könnten dann Will und Emely machen.« Sie sah in die Runde, bemerkte Wills und meine ausweichenden Blicke. »Ist das ein Problem?« Olivia runzelte die Stirn, während ich die Lippen aufeinanderpresste.

Ja. Ein ganz großes. Ich kann das nicht. Ich kann nicht mit Will alleine sein.

»Nein, kein Problem.« Wills beiläufiger Tonfall ließ mich schwer schlucken. Er griff nach Olivias Hand und verschränkte seine Finger mit ihren.

»Nein«, sagte ich ebenfalls. Alles war vollkommen normal.

»Super! Dann hätten wir das ja geklärt.« Olivia machte einen großen Haken mit einem grün leuchtenden Textmarker hinter den ersten Punkt auf ihrer Liste

Das restliche Gespräch zog einfach an mir vorbei. Ich sah, wie sich Olivias Lippen bewegten, doch alles, was ich wirklich sah, war Will.

»Du bist eifersüchtig.« Lexie verräumte ihre Sachen in den Rucksack, während die letzten zwei Frauen aus dem Komitee den Raum verließen.

»Bin ich nicht!« Ich zog die Augenbrauen zusammen. Wie kam sie auf so einen Gedanken?

»Gut, vielleicht ein bisschen«, gab ich kleinlaut zu. »Aber ich weiß nicht einmal, worauf. Es ist ja nicht so, als wollte ich an ihrer Stelle mit ihm zusammen sein.«

»Gott, du bist so blind.«

Nach dem Komiteetreffen eilte Lexie zu ihrer nächsten Vorlesung. Ich hatte noch etwas Zeit vor meiner Schicht im *Book Attic* und machte einen Abstecher zur Mensa, während ich gleichzeitig eine kurze Textnachricht an Lucy von *Peak Press* tippte. Es ging um eine neue spannende Kampagne. Auf einmal hielt mich jemand sanft aber bestimmt an der Schulter fest. Ich schaute verdutzt von meinem Handy auf und blickte direkt in Wills Augen.

»Hey«, sagte er und versuchte ein Lächeln.

»Hey«, erwiderte ich so normal, wie es mir möglich war.

»Du wärst fast gegen die Säule da gelaufen.« Tatsächlich. Will hatte mich vor einer ziemlich schlimmen Beule bewahrt. Dennoch blieb danach nur peinliches Schweigen zwischen uns.

»Ich ... warte noch auf Olivia. Sie hat noch eine kurze Besprechung für ihr Semesterprojekt.« Ich verlagerte mein Gewicht von einem Bein aufs andere und starrte Will an.

»Okay.« Will fuhr sich mit der Zunge über die Lippen und sah mich weiter an. Ich erwartete, dass dieses Gespräch, das nicht mal richtig angefangen hatte, rum war, doch er regte sich nicht.

»Em, ich ...«

»Ich muss jetzt gehen«, unterbrach ich Will und ließ ihn stehen. Ich wollte Normalität, ich wünschte mir das wirklich. Aber ich konnte nicht alleine hier mit Will stehen und so tun, als wäre nichts. Als wären wir nicht dabei, uns jeden Tag ein kleines bisschen mehr voneinander zu entfernen.

Kapitel 30

Langsam drehte ich den Schlüssel im Schloss und war froh, endlich daheim zu sein. Den gesamten Heimweg hatte ich mich nach meinem Bett gesehnt. Ich schmiss meine Schuhe in die Ecke und störte mich nicht daran, dass der Mantel direkt wieder vom Haken fiel. Ich trottete zur Küche, um mir noch etwas Wasser zu holen, bevor ich für die nächsten zwölf Stunden in meinem Zimmer verschwand. Kurz war ich überrascht, Cas am Küchentisch zu sehen, schenkte ihr aber keine weitere Beachtung. Ich öffnete den Schrank und nahm mir ein Glas, während sie sich räusperte.

»Es sind Papiere vom College gekommen. Ich habe nachgeschaut, es geht um die finalen Anträge für dein Urlaubssemester. Du musst ...«

»Du hast meine Post geöffnet?«

Mit einem lauten Klacken stellte ich das Glas ab und wirbelte zu ihr herum. »Wer hat dir das Recht dazu gegeben?« Bemerkenswert, wie innerhalb eines Augenblicks aus trauriger Müdigkeit rasende Wut werden konnte.

»Ja. Es geht mich etwas an. Ich finanziere diese Pläne.« Das war ihr voller Ernst. Sie sprach, als würde sie mir die neue Menükarte aus dem *Green Basil* vorlesen und nicht darüber sprechen, wie sie sich in alles einmischte und versuchte, über mein Leben zu entscheiden.

»Du hast nicht das Recht dazu. Es ist mein Leben.« In mir tobte es, aber ich versuchte noch, mich zu zügeln. Ihr starrer Blick war weiter auf mich gerichtet. Kurz wandte sie ihren Blick wieder ab, schaute auf die ausgebreiteten Papiere vor ihr, ehe sie mich wieder fixierte.

»Du wirst diesen Antrag nicht fertig ausfüllen.« Ihre grünen Augen funkelten mich an, und die Art, wie sie ihre Augenbrauen zusammengezogen hatte, machte mir Angst.

»Ich habe dich immer um deine Unterstützung gebeten, Cas. Darum, dass du mich verstehst, mir zuhörst und mich akzeptierst. Mich siehst, anstatt auf mich herabzusehen.« Langsam atmete ich einmal durch. Ich hielt meine große Schwester fest im Blick. Die Person, der ich alles zu verdanken hatte.

»Ich habe dich immer um deine Unterstützung gebeten, Cas. Aber niemals um deine Erlaubnis.« Ihr Mund öffnete sich leicht, sie wollte etwas sagen, aber die Art, wie ich mit ihr gesprochen hatte, hatte sie sprachlos gemacht. Ich wandte mich ab, füllte mein Glas mit Wasser.

»Wie kannst du mir das antun?« Sie schaute mich nicht an und flüsterte es nur ihren Händen entgegen, die sie anstarrte.

»Wie kann ich dir was antun?«, fragte ich spöttisch. Ich konnte es nicht mehr hören, wie sie mir Dinge vorwarf, ohne mich ausreden zu lassen.

»All das hier.« Sie legte ihre Hände auf den Stapel Papiere, den ich innerhalb der nächsten Tage noch ausfüllen würde. »Wie kannst du so undankbar sein?«, fragte sie, und ich konnte nicht glauben, was ich hörte.

»Ich bin also undankbar, weil ich mein Leben lebe? Weil ich meine eigenen Entscheidungen treffe?« Ich stellte das volle Glas Wasser neben der Spüle ab und starrte sie ungläubig an.

»Ja, das bist du.« Jetzt schaute sie mich an. Ihre großen Augen wirkten glasig. »Weil ich verdammt noch mal ALLES für dich aufgegeben habe.« Die Worte klangen nach Wut, doch ihre leeren Augen sagten etwas anderes.

»Niemand hat dich dazu gezwungen, Cas. Glaub mir, ich bin dir dankbar, dass du das für mich getan hast. Dass ich diese erste Zeit dank dir überstanden habe. Aber es hat dich niemand gezwungen. Niemand hat von dir verlangt, dass du diese Entscheidungen für immer triffst.« Ich schüttelte den Kopf und spürte, wie etwas in mir zu Bruch ging.

»Niemand hat mich gezwungen?« Mit einer Hand fegte sie den gesamten Stapel Papiere vom Tisch und stand vor mir. »Welche Wahl hatte ich denn? Wir waren allein. Dad ist gestorben und unsere beschissene Mutter war weg. Sie hat mich gezwungen. Weil sie hätte da sein müssen. Für dich und für mich. Es war verdammt noch mal nicht mein Job, all das hier zu sein. Für dich nicht nur eine Schwester, sondern auch eine Mutter zu sein.« Sie atmete schwer, und mit jedem Atemzug hoben sich ihre Schultern. Ihre geballten Fäuste hielt sie so verkrampft, dass es wehtun musste.

»Sie hat mich gezwungen, Em.« Leise und gebrochen sprach sie diese Worte aus und löste ihre Hände. Ich sah meine Schwester an, doch fand sie nicht.

»Sie vielleicht, Cas. Aber nicht ich.« Ich verlagerte mein Gewicht, wollte einen Schritt auf sie zugehen, doch hielt mich zurück. Ich verstand, dass sie tief verletzt war. Seit Jahren. Und dass es sie jeden Tag aufs Neue verletzte.

»Ich tue dir nicht weh, Cas«, versuchte ich, sie zu beruhigen.

Ich war verletzt und wütend gewesen, aber Cas hatte sich mir geöffnet. Sie hatte mir die Narben und neuen Risse in ihrem Herzen gezeigt, die ich bis heute nicht einmal erahnen konnte. Ich wollte es wieder in Ordnung bringen.

»Oh doch, Em.« Ihr Blick senkte sich, dabei wünschte ich mir so sehr, dass sie mich ansah. Dass sie sah, wie sehr ich sie brauchte, sie liebte. Weil sie meine große Schwester war.

»Sag mir, was würdest du tun, wenn du jetzt wüsstest, wo deine Mutter ist?«, fragte mich Cas.

Ich sah sie an, doch nichts, was ich sah, erinnerte mich an meine Schwester. An die Schulter, an die ich mich in verzweifelten Momenten gelehnt hatte, an den beschützenden Arm, den sie so oft um mich gelegt hatte. An das herzerwärmende Lachen, das viel zu selten geworden war, und das funkelnde Grün, dem ich mich immer so verbunden gefühlt hatte. Ich blieb stumm, sagte nichts und ließ es zu, dass diese unausgesprochenen Worte sich zwischen uns stellten.

»Siehst du.« Sie stieß ein Schnauben aus und richtete sich mit Tränen in den Augen auf.

»Indem du nichts sagst, sagst du alles. Du würdest sie über mich stellen. Deine verdammte Neugier über die unverzeihliche Art, wie sie mit mir umgegangen ist. Du wusstest es, ich habe dir gerade gesagt, dass ich an einer Klippe stehe, dass mich das alles kaputt gemacht hat. Aber du brauchtest nichts zu sagen. Du hast es auch ohne Worte geschafft, mich in den Abgrund zu stoßen.«

Da war nichts mehr. Nichts, was uns zusammenhielt. Ich sah sie an, versuchte zu fassen, was sie gerade gesagt hatte. Sie ging, und in diesem Moment wusste ich, dass ich sie verloren hatte. Ich hatte den Menschen verloren, der alles für mich gewesen war. Ich hatte meine große Schwester verloren.

Kapitel 31

Es war seltsam, in Wills Wohnung zu sitzen. Ich dachte an meinen letzten Besuch hier, daran, wie ich verzweifelt versucht hatte, mich zu entschuldigen, und er mich am Ende weggeschickt hatte. Der kleine Weihnachtsbaum, der mitten in Wills Wohnzimmer stand und bunt geschmückt war, ging fast unter bei all den Geschenken, die darunter kaum noch Platz fanden. Lexie saß gemütlich auf der Couch und verwickelte Olivia in ein unverfängliches Gespräch. Will platzierte die letzten Geschenke unter dem Baum, als ich mich zu ihm stellte.

»Danke für die Einladung«, versuchte ich vorsichtig, ein paar Worte mit ihm zu wechseln.

»War Olivias Idee.« Er sah mich nicht einmal an und nestelte weiter an den Geschenken herum. Verzweifelt schaute ich zu Lexie, die mich aber ignorierte. Jetzt nahm ich es ihr übel, dass sie mich überredet hatte. Und mir nahm ich es auch übel, dass sie es geschafft hatte, mich zu überreden.

Wir saßen zu viert auf der Couch, vertieft in *Nightmare Before Christmas*, doch ich konnte mich nicht auf den Film konzentrieren. Lexie, Will und ich schauten diesen Film jedes Jahr an unserem kleinen Weihnachten, bevor Lexie und ich am nächsten Tag mit Cas feierten und Will nach Montana zu seiner Familie fuhr. Doch heute Abend war Olivia auch hier, und die Stimmung war anders.

»Ich mache neues Popcorn«, verabschiedete ich mich in die Küche, obwohl die erste Schüssel noch halb voll war. Ich wollte ein paar Minuten nicht mit diesem Ziehen in meiner Brust konfrontiert sein, wenn ich die beiden eng zusammengekuschelt auf der Couch sah.

»Alles gut?« Erschrocken fuhr ich herum. Will stand im Türrahmen, darauf bedacht, genug Distanz zwischen uns zu wahren.

»Ja, ich ... Alles gut«, waren die einzigen Worte, die ich herausbrachte. Betretenes Schweigen machte sich in der Küche breit, und ich griff nach einer Tüte Mikrowellenpopcorn.

»Es freut mich wirklich, dass du gekommen bist.«

Ich schluckte schwer, hielt einen Moment zu lange an seinen dunkelbraunen Augen fest, ehe ich mich losreißen konnte.

»Danke.« Ich rieb den Stoff meines dicken Wollpullovers zwischen den Fingern. Keiner von uns sagte etwas, obwohl es so viel zu sagen gab.

»Will, ich ...«, begann ich, doch ich brachte keine Worte heraus. Will sah mich an und kam ein paar Schritte auf mich zu. Er griff meine Finger, damit ich aufhörte, am Saum meines Pullovers zu zuppeln. Er hielt sie fest, sah mir in die Augen, bevor sein Blick zu meinen Lippen glitt.

»Ich vermisse dich.« Mein Herz setzte einen Schlag aus.

»Ich dich auch«, brach es sofort aus mir heraus.

Ein Lächeln legte sich auf Wills Lippen, und ich erinnerte mich daran, wie sie sich auf meinen anfühlten, wie sie schmeckten. Meine Augen brannten heiß, und ich konnte die einzelne Träne nicht zurückhalten, die über meine Wange kullerte.

Wills Daumen glitt sanft über meine Haut, wischte die Träne weg. Er hielt meinen Blick fest fixiert, war mir so nah, dass ich seinen Körper fast an meinem spüren konnte. Sein Daumen strich über meine Wange, während seine Hand in meinem Nacken lag. Ich spürte seinen Atem auf meiner Haut. Ich wollte ihm endlich wieder nah sein, ihn nicht mehr jeden Tag so schrecklich vermissen.

»Wo bleibt denn das Popcorn?« Lexies Stimme, die aus dem Wohnzimmer klang, riss uns beide aus unserer Starre, und erschrocken machten wir jeder einen Satz rückwärts.

»Kommt gleich«, rief ich automatisch, doch mein Blick ruhte immer noch auf Will, der mich mit weit aufgerissenen Augen ansah.

»Em, ich ...«, begann er stotternd, selbst ihm fehlten die Worte.

»Nein, nicht.« Ich hob die Hand, beendete das hier, bevor es noch schlimmer werden konnte. »Ich will dich nicht verletzen, das mit Olivia ...« Mit einem Mal schlug Wills Gesichtsausdruck um, und ich verstand die Welt nicht mehr.

»Was?!« Er zog die Augenbrauen zusammen, scheinbar hatte er etwas anderes erwartet.

»Ich habe Angst, dich zu verletzen, Will.« Noch als ich es aussprach, wusste ich, dass die Worte schlecht gewählt waren.

»Mich zu verletzen? Interessant, dass dich das jetzt auf einmal interessiert.« Seine Arme hielt er vor seinem Oberkörper verschränkt, in seiner Stimme lag ein klarer Vorwurf.

»Will ...«

»Nein. Kein Will. Ich habe dich schon viel zu lange reden lassen und geschwiegen, obwohl ich so viel zu sagen habe.« Seine Stimme wurde immer lauter.

»Du hast die letzten Wochen einen Scheiß darauf gegeben, ob du mich verletzt.« Er schrie nicht, und doch fuhr ich erschrocken zurück, weil Will noch nie so mit mir gesprochen hatte.

»Du bist rausgestürmt und hast mir seitdem kein einziges Mal zugehört. Kein einziges Mal konnte ich dir sagen, wie sehr du mich verletzt hast. Du wirst mir nicht mein Glück nehmen, nur weil du dir selbst nicht verzeihen kannst, dass du etwas wirklich Wertvolles weggeworfen hast, noch bevor du allem eine Chance gegeben hast.« Seine Worte drangen zu mir durch, und ich spürte, wie die Tränen sich schon wieder ihren Weg nach draußen bahnen wollten.

»Wie kannst du so was sagen, du warst der gleichen Meinung, als ich mit David Schluss gemacht habe?« Ich verstand die Welt nicht mehr und sah ihn mit weit aufgerissenen Augen an.

»Will«, versuchte ich es nochmals, aber ich sah, dass es bereits zu spät war.

Lexie tauchte im Türrahmen auf, sah mich aus großen Augen heraus an, und ich wusste, es war vorbei. Sie hatte alles gehört, Olivia auch. Ich hatte eine Beziehung zerstört. Mal wieder.

Peng. Ein weiteres Knallen und ein rötlich schimmerndes Licht, das für den Bruchteil einer Sekunde die undurchdringbare Dunkelheit hinter meinem Fenster erhellte. *Peng.* Gold, Blau, Grün. Ich lag seit Stunden in meinem Bett, ohne mich zu bewegen.

Die Uhr auf meinem Nachttisch sagte mir, dass es vorbei war. Dass das Jahr endgültig beendet war und das neue Jahr begonnen hatte. Ein Neuanfang, eine neue Chance. Aber ich wollte keine neue Chance, ich wollte nicht neu anfangen. Ich wollte die Zeit zurückdrehen und alles wiedergutmachen. Ich wollte all die Worte zurücknehmen, mit denen ich so viele Leute verletzt hatte. All die Stille verhindern, die nur noch mehr kaputt gemacht hatte. Cas hatte Weihnachten ohne mich mit Andrew und Margret gefeiert, während Lexie zu mir gekommen war. Ich hatte es geschafft. Ich hatte alles verloren. Ich hatte Cas verloren, meine große Schwester. Ich hatte Will verloren und die letzte Hoffnung darauf, dass ich das mit uns wieder hinkriegen würde, dass es jemals so wie vorher werden würde.

Mein Bett unter mir war kühl, doch ich wollte mich nicht unter die Decke legen. Seit Stunden lag ich einfach nur da, bewegte mich nicht und schaute in das schwarze Nichts, das seit wenigen Minuten immer wieder bunt aufleuchtete. Mit jedem Knall rückte das alte Jahr in immer größere Entfernung und damit auch die Möglichkeit, das alles wieder rückgängig zu machen. Jede Sekunde, die verstrich, war eine zu viel. Ich wollte die Welt anhalten. So lange, bis endlich alles wieder beim Alten war und ich noch wusste, dass sie mich so liebten, wie ich sie liebte.

Doch ich lag hier, starrte mit geöffneten Augen in die Nacht und wusste, dass das hier die Realität war. Niemand war hier, um mich in die Arme zu nehmen.

Plötzlich ergab alles einen Sinn. Die Leere in mir, die so unendlich schien. Mein Herz, das in tausend scharfen Scherben lag. Die Dunkelheit, die mich umgab. Die Stille, die mich erdrückte, und die Gewissheit, dass Glück etwas Unerreichbares war. All das hatte ich verdient.

Auf einmal traf mich gleißend helles Licht und durchflutete mein Zimmer. Ich riss meine Hand hoch und hielt sie schützend vor die Augen.

»Jetzt ist aber mal Schluss!« Lexie schmiss die Zimmertür hinter sich zu und ging zum Fenster, das sie in einer schnellen Bewegung öffnete.

»Aufstehen. Los. Das kann sich ja keiner mitansehen.« Entschlossen kam sie auf mich zu, doch ich hatte keine Ambitionen, das Bett zu verlassen.

»Lexie, wie ...«

»Ich habe dir schon damals gesagt, es war ein Fehler mir einen Zweitschlüssel zu geben«, beantwortete sie die Frage, die ich noch nicht einmal gestellt hatte.

»Los jetzt. Das ist kein Witz«, wiederholte sie und zog an meinem Arm.

»Lex, bitte«, flehte ich. Ich wollte einfach nur meine Ruhe.

»Ich werde so lange hier stehen, bis du deinen Hintern vom Bett bewegst. Mir ist völlig egal, was wir jetzt tun. Wir können die Küche aufräumen, einen *Game-of-Thrones*-Marathon machen, gedankenverloren den letzten Lichtern vom Feuerwerk am Nachthimmel hinterherschauen oder schweigend zehn Tassen Tee trinken. Aber du wirst das neue Jahr nicht allein starten.«

Ich schaute sie vorwurfsvoll an.

»Du bist selbst schuld. Wärst du an dein Handy gegangen oder hättest eine meiner Nachrichten gelesen, hätte ich mir nicht solche Sorgen machen müssen und wäre jetzt nicht hier. Aber jetzt hast du Pech gehabt.« Sie zuckte mit den Schultern, als wäre es selbstverständlich. Doch das war es nicht. Und der rationale Teil in meinem Kopf wusste das auch eigentlich. Er hatte nur gerade keine Lust, das zu zeigen.

»Okay, hör zu.« Mit einem Mal war jeglicher Sarkasmus aus ihrer Stimme verschwunden. Sie setzte sich an meine Bettkante und sah mir direkt in die Augen. »Ich weiß, das Leben ist scheiße. Es wirft dir Steine in den Weg, und diese Steine treffen dich manchmal mit voller Wucht am Kopf. Das tut weh, aber das hört auch wieder auf.« Sie sah mich weiter eindringlich an. »Der ganze Mist kommt in Wellen. All die Trauer und die Dinge, die du längst vergessen wolltest, schlagen immer höhere Wellen, mit denen du fertigwerden musst.«

Lexies Augen waren voller Verständnis und Liebe. Sie waren das Licht in meiner Dunkelheit, und ihr Strahlen war stark genug, diese Dunkelheit zu vertreiben. Ein erstes zaghaftes Lächeln schlich sich auf meine Lippen.

»Und ich weiß, heute fühlt es sich an, als würdest du es nicht schaffen. Es fühlt sich an wie ertrinken. Die Wellen werden mit einem Mal meterhoch und ziehen dich in das tiefe dunkle Wasser. Aber das lasse ich nicht zu.«

Sie reichte mir eine Hand.

»Komm. Wir lernen jetzt schwimmen.«

Kapitel 32

Mein Schreibtisch war ein einziges Chaos. Überall flogen Zettel und Notizbücher herum und meine bunten Textmarker lagen überall verteilt. Mein dunkler Hoodie war bequem und hielt mich warm. Ich saß an meinem Schreibtischstuhl und wärmte einen Fuß unter meinem Oberschenkel. Bald standen die Prüfungen an, doch anstatt zu lernen, plante ich die nächsten Wochen und bereitete mich auf ein Event bei *Peak Press* vor. Sogar ein Interview mit der Autorin eines Spitzentitels durfte ich führen.

Ich wechselte den Fuß, aber es nützte nicht viel, und so überkam mich das dringende Bedürfnis nach Kuschelsocken. Ich öffnete meinen Schrank und stieß ein enttäuschtes Schnauben aus. Das Fach war leer und erinnerte mich daran, dringend Wäsche zu waschen. Sollte ich mir welche bei Cas ausleihen? Früher war es selbstverständlich, dass wir uns gegenseitig Kleidung ausliehen. Aber seit unserem Streit fühlte es sich komisch an, in ihr Zimmer zu gehen und mir Socken zu borgen. Ich ging trotzdem und nahm mir fest vor, mich bald mit Cas auszusprechen, offen und ehrlich.

Ich machte ein paar schnelle Schritte zu ihrer Kommode und öffnete die unterste Schublade, wo ich ihren Vorrat an Kuschelsocken vermutete. Meine Hände wühlten sich durch die verschiedenen Farben der flauschigen Wolle, doch ich hatte ein ganz bestimmtes Paar im Sinn, für das ich bis ganz nach unten griff. Ich hob die Socken hoch und erstarrte. Ein weißer Umschlag kam zum Vorschein. Drei kleine Buchstaben bohrten sich in mein Herz.

Eme

Ich schob die Socken zur Seite, bis ich meinen Namen in voller Länge lesen konnte. Meinen Namen, meine Adresse, mein Brief.

Ich beäugte den oberen Rand des Umschlags, er war fahrig aufgerissen worden. Mein Atem ging tief und langsam. Ich starrte auf dieses weiße Papier und versuchte, in meinem Kopf einen Sinn darin zu sehen. Einen Grund zu finden. Ich zitterte, und in meinem Kopf herrschte nur noch Chaos. Ich ahnte, wer der Absender war, noch bevor ich den Umschlag umdrehte. Ich hatte recht. Meine Tränen trübten meine Sicht, doch da stand es, ganz klar.

Isabella Glen

Mom.

Kapitel 33

»Sag mir, was würdest du tun, wenn du jetzt wüsstest, wo deine Mutter ist.«

Cas' Worte hallten in meinem Kopf nach. Meine Beine waren von einer seltsamen Taubheit ergriffen, ich schaffte es auf die Wohnzimmercouch und sank in das weiche Polster, den Blick immer noch fest auf den weißen Umschlag in meiner Hand gerichtet. Der Brief meiner Mutter, an mich adressiert und bereits geöffnet und gelesen. Cas hielt diesen Brief versteckt, obwohl sie ganz genau wusste, wie sehr ich unsere Mutter vermisste. Ein Gedanke jagte den nächsten, während mein Blick den Umschlag taxierte. Ich zog einen fein säuberlich gefalteten Zettel hervor und begann zitternd zu lesen.

Liebe Emely, *12. Dezember*

Ich will hier nicht anfangen, mich zu rechtfertigen und dich inständig bitten, mir irgendetwas zu verzeihen. Ich will mich aus tiefstem Herzen entschuldigen und versuchen, dir ein paar Dinge zu erklären. Ich verlange von dir rein gar nichts, dazu habe ich nicht das Recht. Das Recht, irgendeine Rolle in deinem Leben zu spielen, habe ich an dem Tag abgegeben, als ich euch alle verlassen habe. Ich wünsche mir inständig, dass du diese Zeilen liest und mich danach vielleicht ein wenig besser verstehen kannst.

Ich musste gehen. Ich musste gehen, weil es für mich und euch die richtige Entscheidung war. Es ging mir nicht gut. Absolut nicht. Ich litt unter schweren Depressionen, und ich konnte nicht mehr. Irgendwann war ein Punkt erreicht, an dem mir alles zu viel wurde. Wie hätte ich mich um euch, um meine Familie kümmern können, wenn ich nicht einmal in der Lage war, mich um mich selbst zu kümmern? Ich ging und suchte mir Hilfe und bin jeden Tag glücklich darüber, dass ich sie gefunden habe.

Ohne jegliche Erklärung zu gehen, war ein Fehler. In dem Moment fühlte sich die Krankheit wie eine Schwäche an, als hätte ich versagt. Ich wollte meine Familie nicht enttäuschen, und am Ende habe ich genau das getan.

Ich habe die Chance zurückzukehren, verstreichen lassen. Das war ebenfalls ein Fehler. Ich habe mich so geschämt und war zu feige. Und dann habe ich den Zeitpunkt verpasst. Ich habe angefangen, euch Karten zu schreiben, um mir selbst etwas vorzumachen, doch sie niemals abgeschickt. Doch das ist heute anders. Dein Brief hat mich zutiefst berührt. Das hier ist mein ehrlicher und aufrichtiger Versuch, etwas wiedergutzumachen. Das hier ist mein Versuch, dir alles so gut wie möglich zu erklären. Meine Bitte, mich in dein Leben zu lassen, ganz egal, ob ich jemals wieder Teil davon werde oder nicht.

Du musst mir nicht antworten, wenn du dich dazu noch nicht in der Lage fühlst oder du verständlicherweise zu wütend auf mich bist.

F.m, ich bereue vieles,, was ich getan habe. Du und Cas, meine Familie, ihr gehört nicht dazu. Ich weiß, ich habe euch im Stich gelassen, aber ich könnte nicht stolzer sein auf die Frauen, die ihr geworden seid.

Mom

PS: Vielleicht solltest du dir jetzt eine Tasse Tee machen. Ich weiß, das hier muss viel sein, aber nach einer Tasse Tee sieht die Welt schon wieder ganz anders aus.

Cas hatte diese Worte gelesen und mir rein gar nichts gesagt. Nicht einen Ton. Kein Wort. Sie hatte mir die Möglichkeit verwehrt, meine eigenen Entscheidungen zu treffen. Mal wieder.

Der Schock, das erste Chaos und all die Tränen, die über mein Gesicht geflossen waren, wandelten sich zu unbändiger Wut. Meine Wut fühlte sich an wie ein loderndes Feuer, das alles in Brand steckte, nichts unversehrt ließ und schließlich zu einem flammenden Inferno wurde. Ich war es leid, all das mit mir machen zu lassen. Ich hatte es satt mitanzusehen, wie Cas ein Leben für mich plante, das ich nicht wollte. Wie sie Entscheidungen für mich traf, ohne mich auch nur ein einziges Mal einzubeziehen. Ich war es leid, dass sie behauptete, ich sei ihr das Wichtigste und sie würde alles nur für mich tun.

Wie ferngesteuert klickte ich auf Cas' Namen auf dem Display. Erst als das Freizeichen an mein Ohr drang realisierte ich, dass ich dabei war, sie anzurufen. In mir brannte die Wut. Mailbox. Ich konnte meine Schwester nicht erreichen, nicht mit ihr reden und ihr sagen, wie wütend ich war. Wie verletzt ich vor allem war.

Ich legte auf und wählte Lexies Nummer. Sie war zwar nicht in der Stadt, aber ich brauchte sie. Jetzt sofort. Sie war alles, was ich noch hatte.

»Na, vermisst du mich schon so sehr?« Lexie lachte in das Telefon, und der sarkastische Ton in ihrer Stimme ließ alles so normal wirken.

»Lexie ...«, brachte ich nur heraus und kämpfte mit jedem weiteren Wort.

»Em? Was ist passiert? Geht es dir gut?« Lexies Sarkasmus war weg, stattdessen hörte ich die Sorge in ihrer Stimme.

»Meine Mutter ... sie ... Cas ... und ...« Ich war nicht in der Lage, einen ganzen Satz zu bilden. In mir war nichts als blankes Chaos. Alles, was ich vorher geglaubt hatte zu wissen, stellte ich auf einmal infrage. Ich hielt meine flache Hand auf meinen Bauch und folgte meinem Atem. Vergewisserte mich, dass ich darin nicht auch noch versagen würde.

»Em.« Lexie klang hilflos.

Wie sollte ich ihr verständlich machen, dass sich in der letzten Stunde mein ganzes Leben verändert hatte.

»Emely.« Ihre Stimme war jetzt ganz fest, und allein das gab mir bereits Halt. Ich atmete einmal ganz tief ein und aus.

»Geh zu Will. Sofort.«

»Aber ...«

»Kein Aber. Ich bin nicht hier, Will aber schon.« Sie machte eine kurze Pause. »Ich weiß, es ist aktuell schwer zwischen euch. Aber Em, er ist dein bester Freund. Und er wird jetzt für dich da sein, weil du ihn brauchst.«

Ich drückte das Handy fest an mein Ohr und ließ ihre Worte sacken. Und auch wenn es sich nicht richtig anfühlte, nach allem, was zwischen Will und mir vorgefallen war, wusste ich doch, dass sie recht hatte. Dass ich jetzt meinen besten Freund brauchte.

Kapitel 34

Ich stand vor Wills Tür, die Hände in meinen Manteltaschen vergraben. Ich klopfte, die Tür schwang auf, und Will starrte mich völlig perplex an. Er musterte mich, bemerkte sicher meine zerzausten Haare und die rötlich geschwollenen Augen, weil ich es erst vor wenigen Minuten geschafft hatte, den Tränen ein Ende zu bereiten. Wir sagten nichts, wir standen einfach nur da und sahen uns an.

Plötzlich machte er einen Schritt auf mich zu und schlang seine Arme um mich. Er hielt mich ganz fest. Eine Hand an meinem Rücken, die andere auf meinem Kopf, drückte er mich gegen seine Brust. Seine Hand strich sanft über meine Haare, und so standen wir da. Die Tränen flossen wieder heiß über meine Wangen, doch das war nicht mehr bloße Trauer und Zorn. Ich umschloss Will mit meinen Armen und er mich. In diesem Moment zählte nicht, was vorgefallen war. Es zählte, dass wir immer füreinander da sein würden. Ich hatte es nur eine kurze Zeit vergessen, doch die Art, wie er mich hielt, keine Fragen stellte und mich nur beruhigte, erinnerte mich wieder daran.

»Lass uns reingehen.« Seine tiefe ruhige Stimme ließ mein Herz gleich ein paar Takte langsamer schlagen.

Er nahm mich bei der Hand, seine Finger waren mit meinen verschränkt, und ich folgte ihm in seine Wohnung. Er führte mich in sein Wohnzimmer und platzierte mich auf der Couch, bevor er eine dünne Decke holte und sich zu mir setzte. Ich legte meine Sachen zur Seite, zog meinen Mantel und meine Schuhe aus und machte es mir unter der Decke bequem. Will saß so nah neben mir, dass sich unsere Oberschenkel berührten, und wie von selbst lehnte ich meinen Kopf an seine Schulter. Keiner von uns stellte diese Nähe infrage.

»Oh Gott, nein.« Ich schreckte hoch und schaute ihn aus großen Augen heraus an. »Ich ... nein. Du bist mit Olivia zusammen, ich sollte ...«

»Em.« Er legte eine Hand an meine Wange, und auch wenn ich mir noch Vorwürfe machte, das nicht früher bedacht zu haben, beruhigte es mich.

»Erstens bist du mir wichtig, und Olivia müsste damit leben, dass du ein so wichtiger Teil meines Lebens bist. Und zweitens habe ich vor einer Woche mit ihr Schluss gemacht.«

Ich schaute ihn an, verstand, was das bedeutete. Ich beugte mich zu ihm vor, und da lagen meine Lippen auch schon auf seinen. Ich legte meine Hand in seinen Nacken, bevor ich sie langsam über seinen Oberkörper nach unten gleiten ließ. Kurz bevor ich am Bund seiner Hose angekommen war, packte Will mein Handgelenk und löste sich aus diesem Kuss. Sachte schob er mich ein paar Zentimeter von sich und sah mich an.

»Em, nicht«, hauchte er leicht außer Atem, und mein Herz schlug schneller. Seine Zurückweisung tat weh. Ich senkte meinen Blick, doch Will legte einen Finger an mein Kinn und hob meinen Kopf ganz leicht.

»Em.« Das dunkle Braun seiner Augen strahlte mich so voller Verständnis und Mitgefühl an, dass ich mich gleich besser fühlte.

»Ich wünsche mir das schon lange. Glaub mir. Aber das wäre jetzt nicht richtig.«

Will legte seine Hand flach auf meine Wange, ich legte meine Hand auf seine und spürte ein warmes Kribbeln.

»Es wäre falsch, deine Situation auszunutzen. Ich weiß noch nicht, was passiert ist. Aber was auch immer es war, es hat dich emotional so aufgewühlt, dass du in meinen Armen geweint hast, obwohl wir uns seit Wochen nicht mehr gesehen haben.« Sein Daumen fuhr langsam über mein Gesicht, und auf seinen Lippen lag ein sanftes Lächeln.

»Em, ich werde erst mit dir schlafen, wenn wir beide das wirklich wollen.«

Ich hielt meine Augen fest auf seine gerichtet. Er hatte recht. Seine Hand strich sanft über meine Haare, und ich legte meinen Kopf wieder an seine Schulter. Mein Atem wurde ruhiger, und irgendwann fühlte ich mich bereit, ihm alles zu erzählen.

»Ich werde zu Cas gehen und ihr endlich sagen, was ich ihr alles vorwerfe und dass ich das nicht mehr mit mir machen lasse. Ich habe keine Lust mehr, stumm zu bleiben, wenn ich eigentlich nur schreien will«, schloss ich meine Erzählung.

»Nein, wirst du nicht.« Will antwortete, ohne zu zögern, obwohl ich ihm keine Frage gestellt hatte.

»Ich will dir nicht vorschreiben, was du tun sollst, aber du hast mir eben selbst gesagt, dass nicht alles nur schwarz und weiß ist. Dass das Leben eine Mischung aus Hunderten von Graustufen ist und jede Entscheidung eine weitere Graustufe hinzufügt. Wenn du jetzt zu Cas gehst und sie mit all der Wut, die in dir ist, anschreist, wäre das zu einfach. Dann würdest du jedes Grau ignorieren.«

Ich hob meinen Kopf von seiner Schulter und sah ihn an.

»Und ich glaube, du würdest es danach bereuen. Es ist dein gutes Recht, mit Cas zu sprechen, es ist sogar wichtig, offen mit ihr zu sein, aber mit der Art, wie du es tust, entscheidest du darüber, wie all das ausgehen wird.« Will hielt meine Hand und malte mit seinem Daumen sanfte Kreise auf meinen Handrücken.

»Es ist schwer.« Ich seufzte und verdrehte angestrengt die Augen.

»Es ist nicht immer leicht, Größe zu beweisen«, sagte er, und meine Hand drückte seine, und ich lächelte ihn dankbar an. Endlich durfte ich mich wieder in seinen strahlend braunen Augen verlieren.

Kapitel 35

Ich hatte lange auf Cas gewartet, doch sie war nicht nach Hause gekommen. Also beschloss ich, zum *Basil* zu fahren und sie abzuholen. Ich betrat das Gebäude durch den Hintereingang und benutzte dafür den Sicherheitspin. Es war nach Ladenschluss und das *Basil* gespenstisch still. Bevor ich nach Cas rufen konnte, hörte ich ein Schluchzen.

»Wie konnte das alles nur so schrecklich schiefgehen?« Ich hörte Cas' erstickte Stimme und blieb abrupt an der Ecke stehen, hinter der ich sie vermutete.

»Wir können nicht alles in unserem Leben planen und steuern, Cassidy.« Margrets Stimme schien Cas zu beruhigen, da ihr Schluchzen leiser wurde.

»Ich habe absolut alles versaut, Margret.« Cas sprach diese Worte aus, und ich trat um die Ecke, ehe ich mich räusperte. Erschrocken fuhr Cas herum und wischte sich mit dem Handrücken über ihr Gesicht.

»Emely!« Sie riss ihre geröteten Augen auf.

»Ich glaube, ich gehe mal im Büro ein paar Papiere sortieren.« Margret strich mir im Vorbeigehen sachte über die Schulter, bevor sie die Treppe nach oben stieg.

»Was machst du hier?« Cas stand von ihrem Hocker auf und sah mich verwundert an.

»Ich wollte dich abholen.« Ich presste meine Lippen sacht aufeinander. Es stimmte, auch wenn das nicht die ganze Wahrheit war. »Cas, ich ...«, begann ich, doch sie trat einen Schritt auf mich zu und griff nach meiner Hand.

»Es tut mir so leid, Emely. Ich bin zu weit gegangen.« Sie sah mich mit verheulten Augen an. »Ich habe eine Grenze nach der anderen überschritten und es nicht einmal gemerkt.«

»Schon gut«, entgegnete ich fast automatisch und drückte ihre Hand.

»Nein, das ist es nicht.« Sie schüttelte leicht den Kopf.

Es stimmte, und doch wollte ich meine große Schwester nicht leiden sehen. »Ich habe das alles in dem Glauben getan, es sei das Beste für dich. In dem Glauben, dich zu beschützen.« Cas schluckte schwer. »Das macht es aber nicht weniger falsch.« Sie sah mich an, in ihren Augen sammelten sich Tränen. Ich zog Cas fest an mich, schloss sie in eine Umarmung und spürte, wie auch mir die Tränen über die Wangen liefen. »Es tut mir so leid«, flüsterte sie an meine Schulter gedrückt.

»Mir auch, Cas.« Ich ließ sie nicht los, hielt sie weiter so nah wie möglich bei mir, während die erstickten Worte zwischen all den Tränen ihren Weg fanden. »Ich wollte dich niemals so verletzen.« Langsam lösten wir uns voneinander, doch ich hielt weiter ihre Hand. »Ich wusste nicht einmal, was alles in dir vorgeht«, sagte ich, während ich mir ein paar Tränen aus dem Gesicht wischte.

»Das wusste keiner von uns, Em, weil wir das alles viel zu lange für uns behalten haben.« Ein sanftes Lächeln zeichnete sich auf ihren Lippen ab.

»Ich hatte das Gefühl, mit mir wäre etwas falsch, weil ich Dad so sehr vermisse, und du ohne Probleme klarkommst.« Unsicher sah ich sie an.

»Ohne Probleme?« Sie lachte auf. »Hast du eine Vorstellung davon, wie viele Abende ich hier schon mit Margret gesessen habe, weil ich einfach nicht mehr konnte?«

»Nein.« Traurig sah ich sie an.

»Ich dachte immer, ich könnte so etwas nicht mit dir teilen, dir diese Schwäche nicht zeigen.« Sie mahlte mit dem Kiefer und schaute kurz an die Decke. »Ich wollte immer für dich da sein. Ich wollte stark für dich sein.«

»Aber das bist du doch, Cas«, versicherte ich ihr. »Außerdem ist es viel größer und mutiger, sich auch mal schwach und verletzlich zu zeigen.«

»Hast du zu viele Glückskekse gefuttert?«, konterte Cas, und wir lachten auf. »Aber ganz im Ernst, Em. Danke«

Ich nahm Cas' Hände in meine. »Können wir uns etwas versprechen? Genau jetzt und hier?« Cas hob eine Augenbraue.

»Nie wieder Geheimnisse, nie wieder Trauer und vermeintliche Schwäche aus Angst verstecken, okay?« Cas nickte und schloss mich in eine weitere Umarmung.

Es kam mir vor wie Minuten, die wir einfach dastanden und uns in den Armen hielten. Irgendwann kam mir der Gedanke, dass Cas nicht länger nur meine große Schwester war. Dieses Groß und Klein, dieses Stark und Schwach, als müsste die eine die andere beschützen, war Schwachsinn. Sie war einfach nur meine Schwester und der wichtigste Mensch in meinem Leben. Und ich war das Gleiche für sie.

Als Cas und ich etwas später auf dem Weg zum Auto waren, blieb sie plötzlich stehen.

»Du, Em.«

»Hmm?« Ich drehte mich zu ihr, kramte bereits nach dem Autoschlüssel.

»Ich ... Ich habe einen Brief von Mom für dich.« Sie biss sich auf die Unterlippe, sah mich an, und ich erkannte die Sorge in ihren Augen.

»Ich weiß.« Ich lächelte sie sanft an. »Lass uns nach Hause fahren, Cas.«

Noch in der gleichen Nacht fuhr ich zurück zu Will. Ich hatte noch Stunden mit Cas geredet, ihr so viel erzählt und ihr noch länger zugehört. Doch nachdem ich meine große Schwester zurückhatte, wollte ich auch zurück zu Will. Auch wenn ich im Auto auf dem Weg zu ihm bereits den Sonnenaufgang beobachten konnte.

»Danke,« sagte ich aus tiefstem Herzen. Ich saß wieder neben ihm auf der Couch und hielt seine Hand.

»Ich habe doch gar nichts gemacht.« Will zuckte mit den Schultern.

»Doch Will, du findest immer die perfekten Worte. Du hast für alles, was ich bin und was ich tue, Verständnis. Du siehst mich, wie ich bin, hast das schon immer getan. Selbst dann, als kein anderer das konnte. Nicht einmal ich.«

Genau in diesem Moment verstand ich, warum Wills braune Augen für mich diese Magie hatten. Weil Will ein ganzes Universum für mich war, und all die Momente, die wir zusammen verbracht hatten, funkelten in ihm wie Millionen Sterne.

Ich legte meine Hand an seine Wange, spürte seine Bartstoppeln und versank ein letztes Mal in Wills Augen, bevor ich mich zu ihm beugte und meine Lippen sanft auf seine legte. Es war kein wilder Kuss, kein raues Verlangen, das mich überkam. Es war ein Kuss voller Zärtlichkeit, der all die Gefühle für Will ausdrückte, die schon so lange in mir schlummerten.

»Em«, hauchte Will, als sich unsere Lippen für einen kurzen Augenblick voneinander lösten. Ich legte meine Stirn an seine und schloss die Augen.

»Will. Mein Leben ist ein einziges Chaos. Ich weiß nicht, wie die nächsten Tage aussehen werden. Ich kann mir nicht sicher sein.« Ich machte eine kurze Pause. »Aber bei dir, Will, bin ich mir hundertprozentig sicher.« Ich sprach alles aus, was noch zwischen uns stand, ehe ich meine Lippen wieder auf seine legte und spürte, wie er den Kuss erwiderte.

Meine Hände wanderten seinen Rücken hoch, bis sie sich in seinem Nacken verschränkten, und ich ihm zärtlich durch seine Haare fuhr. Das hier war nicht wie beim letzten Mal. Keiner von uns war betrunken, keiner von uns würde das hier bereuen. Das Gefühl, ihm so nah zu sein, wissend, was es für uns bedeutete, war unbeschreiblich. Dieses Gefühl ließ mein Herz schneller schlagen und ein Kribbeln durch jeden Zentimeter meines Körpers fahren. Weil ich mir auf einmal sicher war. Weil ich Will kannte und wusste, wer er war. Weil er der Ruhepol zu meinen wirren Gedanken war und das helle Glimmen eines Leuchtturms, wenn ich auf der dunklen stürmischen See drohte, verloren zu gehen. Ich spürte seine Hände, die über meine nackte Haut fuhren, schloss meine Augen und kostete diesen Moment noch intensiver aus. Jeder sanfte Kuss war ein erneuter Ausdruck all der Gefühle, die wir uns endlich zeigten. Mit Will zu schlafen machte alles, was gewesen war, irrelevant, weil er alles war. Weil mit ihm zusammen zu sein sich wie nach Hause kommen anfühlte.

Die dünne Decke lag über uns ausgebreitet, während wir eng aneinandergeschmiegt auf der breiten Couch lagen, unser Herzschlag noch immer aus dem Takt.

»Du hast damals im Streit zu mir gesagt, ich hätte etwas wirklich Wertvolles weggeworfen, noch bevor ich allem eine Chance gegeben hätte«, sprach ich aus, was mir schon eine Weile durch den Kopf ging. Will drehte den Kopf so, dass er mich fest im Blick hatte.

»Wenn es das hier ist, was du willst, wieso hast du dann so etwas über mich und David gesagt?«

Seine in Falten gelegte Stirn entspannte sich, und ein zartes Lächeln trat auf seine Lippen.

»Du hast mich nie gefragt, was ich gemeint habe, Em.« Seine Finger strichen sanft über meine Haare, und ich genoss diese innige Berührung. »Ich habe nie über David gesprochen. Ich meinte uns.« Er stoppte ein weiteres Mal, um mir einen Kuss auf die Stirn zu hauchen.

»Ich habe das auf Jakes Party gewollt und dachte, du würdest vielleicht auch das empfinden, was ich für dich empfand, als ...«

»... als ich in deine Küche gestürmt kam und dir gesagt habe, es sei der größte Fehler unseres Lebens gewesen«, vollendete ich seinen Satz und kam mir auf einmal schrecklich dumm vor.

Ich war auch nicht besser gewesen als Cas und habe Entscheidungen für Will getroffen, obwohl es nicht mein Recht war. Hatte ihm meine Worte in den Mund gelegt, anstatt zuzuhören, was er mir zu sagen gehabt hätte.

»Em.« Wills Stimme holte mich zurück aus meinen Gedanken.

»All das spielt jetzt keine Rolle mehr.« Seine Lippen berührten wieder meine, und die Schmetterlinge in meinem Bauch fingen erneut an zu tanzen.

Ich lag noch immer in seinen Armen, hatte meinen Kopf auf seiner Brust abgelegt und war kurz davor einzuschlafen, als es an der Tür klingelte. Ich schreckte hoch, doch Will strich mir sanft über meinen Arm, weil er bereits dabei war, sich etwas überzuwerfen, um die Tür zu öffnen. Ich hörte eine Stimme und wie Will etwas antwortete, und noch während ich mich aufsetzte und die Decke etwas enger an mich zog, tauchte Lexie im Türrahmen auf. Kurz stockte sie, ließ ihren Blick über die verstreuten Klamotten auf dem Boden wandern, ehe sie mich unter der Decke ansah. Ganz langsam hoben sich ihre Mundwinkel.

»Na endlich!«

Lexie war hier. Sie war sofort nach unserem Telefonat abgereist. Nur weil ich sie brauchte.

»Warum hast du nicht einfach den Zweitschlüssel benutzt?« Will lachte und ließ sich wieder zu mir auf die Couch fallen.

»Ach... ich hatte da so ein Gefühl.« Lexie zuckte mit den Schultern und setzte sich ebenfalls zu uns.

Ich dachte an Cas, blickte von Will zu Lexie und wusste, ich hatte eine Familie, die ich liebte und von der ich geliebt wurde. Sie gaben mir das Gefühl von Glück, von dem ich vor wenigen Wochen noch geglaubt hatte, es für immer verloren zu haben.

Kapitel 36

Mein Wecker klingelte. Ich hastete zum Nachttisch und schaltete ihn aus. Ich war schon seit fast einer Stunde wach. Geduscht und aufgeregt. Für heute hatte ich die babyblaue Bluse ausgewählt, ich hielt sie mir neben das Gesicht und betrachtete mich im Spiegel. Sie brachte meinen Teint toll zur Geltung und harmonierte perfekt mit der Hose, die ich mir von Cas geborgt hatte. Auch der Lockenstab heizte bereits auf. Es klopfte an der Tür. Cas wartete mein »Herein« ab, bevor sie die Tür öffnete und den Kopf in mein Zimmer streckte.

»Na, Lampenfieber?«

Ich nickte. Heute fand das Event bei *Peak Press* statt. Seit Tagen schlug mein Herz in doppeltem Tempo.

»Das schaffst du ganz sicher.« Cas stellte sich neben mich vor den Spiegel, umarmte mich von hinten und sah mir durch den Spiegel hinweg in die Augen. »Du siehst fantastisch aus, Em. Dad wäre stolz auf dich. Und ich bin auch stolz auf dich. Unheimlich stolz.«

Sie nestelte an ihrer Hosentasche herum und zog eine silberne Kette hervor. Ich erkannte Dads Glücksbringer.

Ein Anhänger, den Dad immer an einer unauffälligen Kette unter seiner Kleidung getragen hatte. Drei Bergspitzen, die mich an den Mount Amber erinnerten.

»Ich dachte mir, dann trägst du Dad immer bei dir, auch wenn er manchmal fehlt. Dann kannst du dich an unsere drei Berge erinnern, weil niemand von uns wirklich für immer verschwinden wird.« Cas öffnete den Verschluss. »Und dann dachte ich, dass sie dir sicher wunderbar steht.« Sie legte mir das kühle Metall um den Hals. »Und siehe da, ich habe mal wieder recht.«

Sie lachte, und ich berührte die silbernen Bergspitzen, die sich an meinen Hals schmiegten.

»Danke!« Ich umarmte Cas und konnte ihr gar nicht sagen, was mir diese Kette bedeutete.

»Übrigens habe ich mir auch etwas überlegt«, sagte ich.

Cas sah mich skeptisch an. »Planänderungen?«

»Keine Sorge, diesmal geht es nicht um mich«, beruhigte ich sie schnell. »Ich dachte mir nur, wenn ich jetzt mehr durch meinen Blog verdiene, schaffen wir es sicher irgendwie, dir ohne deinen Job im *Basil* das Lehramtsstudium zu finanzieren.«

»Das ist ein wundervoller Vorschlag, Em.« Die anfängliche Skepsis wich einem Lächeln. »Aber das wird nicht nötig sein.«

Verwirrt zog ich die Augenbrauen zusammen.

»Ich bin mir mittlerweile sicher, dass der Platz an Andrews Seite im *Basil* das Richtige für mich ist. Es hat nur ein bisschen gedauert, das zu erkennen.« Sie lachte auf, und ich nickte.

»Nur ungefähr dreizehn Köche, von denen dir keiner gut genug war.« Ich griff lachend nach dem Lockenstab.

»Tja, mich kann wohl keiner ersetzen«, scherzte Cas.

»Das stimmt.« Ich lächelte sie warm an.

»Andrew wird pünktlich hier sein, dann sammeln wir Will und Lexie ein und sind immer noch früh genug dort. Wir wollen ja deinen großen Moment nicht verpassen!«

Sie nahm mein Gesicht in beide Hände und drückte mir einen Kuss auf die Stirn.

»Du führst dich auf wie eine peinliche Mutter, Cas.« Ich lachte und war froh, dass ich noch kein Make-up trug.

»Nein, ich bin nur die peinliche Schwester, die mindestens genauso stolz ist, wie eine Mutter es sein sollte.«

Epilog

Ich stellte die große Schüssel mit dem salzigen Popcorn auf unseren Couchtisch im Wohnzimmer und ließ meinen Blick durch den Raum gleiten.

Lexie diskutierte heftig und sehr laut mit Andrew über die besten Marvel-Helden Cas saß neben Andrew und hielt seine Hand. Will beobachtete mit einem amüsierten Lächeln auf den Lippen die Situation und saß entspannt auf der Couch.

Das hier war meine Welt. Andrew, der Cas glücklich machte und mit dem sie irgendwann einmal das *Green Basil* übernehmen würde. Lexie, die immer für mich da war und es auch immer sein würde. Und in all der Zeit dazwischen mit ihrem freundlichen Sarkasmus für gute Laune sorgen würde. Cas, die endlich wieder meine Schwester war. Unsere Mutter würde nie zu dieser Familie gehören, aber vielleicht konnte man ja auch hier ein paar Graustufen finden.

Ich wusste nicht, ob das mit Will die wahre Liebe war, oder ob es für immer halten würde. Aber Will brachte mich zum Lächeln, und mit ihm zusammen wurde die beste Version meiner selbst noch ein Stückchen besser.

Die letzten Monate hatten mich verändert. Ich hatte so viel über mich gelernt wie noch nie zuvor. Die Zeit war von schwindelerregenden Höhen und dunklen Tiefen geprägt gewesen. Aber jetzt sah ich in den Spiegel und war erstaunt, das erste Mal mich selbst zu sehen. Das erste Mal richtig zu wissen, was es bedeutete, Emely Glen zu sein.

Mut, Trauer, Angst, Wut, Liebe. Was war all das? Ein Konstrukt aus Gedanken und Gefühlen, das man im gesellschaftlichen Konsens definierte? Nicht alle Gefühle lassen sich in Worte fassen. Aber man sollte es versuchen und sich trauen, da sie sich sonst zwischen alles stellten, was einem wichtig war. Das würde ich nie wieder zulassen.

Nicht für alles gab es Worte oder ein paar Buchstaben, die etwas beschreiben konnten, was jeder durch seine Augen anders sah. Doch man konnte es versuchen.

So war Angst vielleicht etwas, mit dem man lernen musste zu leben. Es gab Ängste, die uns immer verunsichern würden, und Ängste, die dazu da waren, um überwunden zu werden.

Und auch Trauer war etwas, das zum Leben dazugehörte. Etwas, das jeder auf seine ganz eigene Art und Weise empfand, aber nichts, womit man allein kämpfen musste.

Und vielleicht war Mut nicht, sich an einer Sicherung kopfüber von der Brücke zu stürzen. Vielleicht war Mut, frei von jeder Sicherheit an den Rand der Klippe zu treten und festzustellen, dass man genau dort hingehörte.

ENDE

Danksagung

Hätte mir vor ein paar Jahren jemand gesagt, dass ich tatsächlich eines Nachts an meinem Schreibtisch sitze und eine Danksagung schreibe, hätte ich vermutlich erst mal laut gelacht. Aber jetzt sitze ich tatsächlich hier und habe mein erstes Buch beendet.

Dafür muss ich so unendlich vielen Menschen danken, dass ich befürchte, der Platz reicht nicht aus. Also holt euch lieber eine Tasse Kaffee oder Bratapfeltee für das hier.

Ich danke dem gesamten Team von Heyne, dass ihr mir und meinen Geschichten ein Zuhause bei euch gegeben habt. Manchmal muss ich mich selbst noch kneifen, um das zu glauben. Ich danke meiner Lektorin Frederike Labahn für deine klugen Anmerkungen, dafür dass du von Anfang an Fan von Amber Falls warst und für die geteilte *Gilmore-Girls*-Liebe. Meiner Lektorin Nina Basovic Brown für die absolut intensive Zeit, in der wir diesen ersten Band von vorne bis hinten auseinandergenommen und wieder zusammengesetzt haben.

Ich danke meiner absolut fabulösen Agentin Eva. Vom ersten Moment an warst du Feuer und Flamme und immer da, wenn ich mit einer meiner komischen Fragen um die Ecke kam. Meike, DANKE, dass es dich gibt, ich mit dir über alles reden kann, und du es warst, die mich gefragt hat, ob ich denn nicht mal so wirklich ernsthaft dieses Buch veröffentlichen will. Danke, Irmi, weil du die Erste warst, der ich in dieser verrückten Buchwelt von Em und Cas erzählt habe. Weil du die Allerallerkrasseste bist und der Anfang von alldem hier. Wirklich. Können wir darauf das nächste Mal mit Wein anstoßen?

Danke an #jomilaphily für die verwirrtesten Konversationen und die besten Erinnerungen. Miri, danke für die unvergesslichen Sommertage, Laura, danke für die besten nächtlichen Yogamemos. Ich glaube immer noch, dass Dinos die Antwort auf alles sind. Danke an Emi für siebenstündige Skype-Gespräche, in denen du mir, Em, Will und Lexie immer helfen konntest, für Diskussionen über Hügel und Berge (die ist übrigens nicht zu Ende!!) und dass ich weiß, dass du absolut immer da bist. Danke Phibie, für ... ach, wo soll ich da anfangen? Für das erste Wochenende in Würzburg. Danke für Lemon und das Dachspitz, für Barista-Phibie und Aperol im Sonnenuntergang. Für das morgendliche Käffchen-Skype und die ewige Vermissung. Ach ja und danke für die moralische Desorientierung mit Lama und Maulwurf. Danke Sarah für die Frage, ob ich einen Podcast mit dir machen will und alles, was seitdem folgte. Dass Menschen in sehr kurzer Zeit sehr wichtig werden können, hast du mir gezeigt.

Ihr alle hattet auf jede meiner Fragen eine Antwort, und ohne euch würde ich vermutlich immer noch am ersten Satz dieses Manuskripts hängen.

Danke auch meinen Testleser*innen der ersten Stunde. Luisa, Juliana, Steffi, Josia. Ihr habt mir mehr geholfen, als ihr je ahnen könntet. Und ja, Josia: #LexieLiebe ist dank dir ein Ding und wird es für immer bleiben. Steffi, Macarons gehen für immer auf mich.

Danke Viola für nächtliche Schreibsessions und Berenike für die allerbesten Memos. Maren, danke fürs Mutmachen immer und jederzeit.

Ich danke meiner besten Freundin Sven, du kennst mich seit einer Zeit, in der ich noch komischer war als jetzt schon, und hast mich bis heute ertragen. Verrückt. Ich weiß, du hast genau erkannt, was in diesem Buch *du und ich* ist.

Danke an die Eddersheimer Gang (könnten wir diesen Begriff bitte etablieren) für all die Zeit auf dem Platz und daneben. Für die Nächte in Helens Keller oder auf der berühmten Couch (jetzt endlich auch mit Heizung). Für mich sagt ihr sogar Dates ab, und das will was heißen.

Danke Papa und Odetta dafür, dass ihr die Buchliebe mit dem Dussmann-Ritual wieder habt aufflammen lassen und für all die Gespräche mit neuen Perspektiven, in denen ich meine Liebe für neues Wissen entdeckt habe.

Meinen Schwestern und meiner Mama ist dieses Buch gewidmet. Natürlich ist das so ein Ding, wenn man in eine große Familie hineingeboren wird, man kann es auch so richtig schlecht erwischen, aber dieser Clan hier ist perfekt. Danke Juli für die beste Kindheit, für die Tatsache, dass wir eher Zwillinge sind und niemand uns all das jemals nimmt. Danke Jessi, dass du da warst, als andere es nicht konnten. Für deine Worte und dass du an mich geglaubt hast, als alle anderen, inklusive mir selbst, mich infrage gestellt haben. Danke Jacqueline fürs Vorbildsein, für perfekte, wichtige Gespräche genau vor dem Bachelor-Abend. Danke Anki, adoptierte Schwester, fürs Gründen der Buffy-Gang (rraww oder so). Danke Timur fürs Du-Sein, also der perfekte kleine ganze Halbbruder. Mama, ich weiß, du bist nicht da, wenn ich dieses Buch das erste Mal in den Händen halte und es dir ganz stolz zeigen will. Aber das ist okay, weil du irgendwo auf dieser Welt unterwegs bist und ein Bild fürs Erste reicht. Wir leben in der besten WG überhaupt, und niemand kann mich vom Gegenteil überzeugen. Du hast mich in all dieser Zeit ertragen, mich gesehen und mich immer aufgefangen. Ich will jetzt nicht in dieses »Was würde ich nur ohne dich machen?« verfallen, aber ganz im Ernst: Was würde ich nur ohne dich machen?

Danke an die Uni-Girls Anna, Jessie, Lena. Dank euch sind diese Online-Semester erträglicher. Danke für die besten Pflanzengespräche und Abgaben-Verwirrungen. Danke für knarzende Stühle und Knoblauch-Fehler-Finden, was ihr mich zum Glück nie vergessen lasst. Danke auch Lena E. für jeden gemeinsamen Moment in dieser verrückten Buchbubble.

Martin, du warst der Erste, der jemals etwas aus diesem Roman gelesen hat. Zugegeben, das war 2016 noch eine leicht andere Version, aber in dieser einen Deutschstunde hast du gesagt: Das hat Potenzial. Für dich war das vielleicht nicht viel, aber ich hab mich immer daran erinnert, was du gesagt hast. Danke dafür. Ach so ... und dafür, dass du all die Jahre meine Kommasetzung ertragen hast. Wirklich, sorry.

Danke an alle, die Bookstagram zu dem machen, was es für mich seit Jahren ist. Unzählige Menschen, die ganz genau wissen, dass sie sich angesprochen fühlen sollen, habe ich darüber kennengelernt, und heute sind viele von ihnen meine besten Freunde.

Ich danke allen, die dieses Buch hier lesen und sich tatsächlich auch die Danksagung bis hierhin antun. Von Herzen danke, dass ihr dieser Geschichte eine Chance und einen kostbaren Platz in eurem Regal gebt.

Und zu guter Letzt danke ich meinem früheren Ich. Verrückt, ich weiß. Aber schau mal, was du alles verpasst hättest, wenn du dich nicht getraut hättest. Es war das alles absolut wert.

Kürbissuppenrezept à la Em & Cas

1 Hokkaidokürbis
½ Zwiebel
1 Zehe Knoblauch
4-5 Kartoffeln
2 Karotten
Gemüsebrühe
150 ml Sahne
1 kleines Stück Ingwer
Salz und Pfeffer nach Belieben

1. Kürbis gut waschen, zerteilen und entkernen. In Würfel schneiden (je kleiner die Würfel, desto kürzer die Garzeit). Restliches Gemüse waschen, schälen und klein schneiden.
2. Zwiebeln und Knoblauch in etwas Öl anbraten. Kürbis und restliches Gemüse dazugeben und einige Minuten scharf anbraten. Das Ganze mit etwa 1 Liter Gemüsebrühe ablöschen (alles muss bedeckt sein). 20-30 Minuten (je nach Größe der geschnittenen Gemüsestücke) auf leichter Hitze köcheln lassen.
3. Je nach gewünschter Konsistenz etwas Brühe abgießen und alles mit einem Stabmixer pürieren. (Achtung: heiß!) Anschließend Sahne hinzugeben und unterrühren.
4. Nach Belieben mit Salz und Pfeffer würzen und mit Kürbiskernen und Kürbiskernöl anrichten.

Guten Appetit!